俄语系列图书

俄语专业八级水平考试分类模拟题

EYUZHUANYE BAJISHUIPING KAOSHI FENLEI MONITI

总 主 编　陈国亭
主　　编　吕　卉
副主编　　潘盈汕　周丽霞
编　　者　（以下按姓氏笔画排序）
　　　　　吕　卉　冷　莹　刘茂媛　陈国亭
　　　　　周丽霞　黄天德　潘盈汕　Э. А. Саракаева

贴近生活 ● 语言规范
内容丰富 ● 实用

大家一起从**早**到**晚**说俄语

哈尔滨工业大学出版社
HARBIN INSTITUTE OF TECHNOLOGY PRESS

图书在版编目(CIP)数据

俄语专业八级水平考试分类模拟题/陈国亭等主编.—哈尔滨：哈尔滨工业大学出版社,2017.3
 ISBN 978-7-5603-6477-3

Ⅰ.①俄… Ⅱ.①陈… Ⅲ.①俄语-高等学校-水平考试-习题集 Ⅳ.①H350.421-44

中国版本图书馆 CIP 数据核字(2017)第 030863 号

责任编辑	甄淼淼
封面设计	刘长友
出版发行	哈尔滨工业大学出版社
社　　址	哈尔滨市南岗区复华四道街 10 号　邮编 150006
传　　真	0451-86414749
网　　址	http://hitpress.hit.edu.cn
印　　刷	哈尔滨工业大学印刷厂
开　　本	787mm×960mm　1/16　印张 16　字数 500 千字
版　　次	2017 年 3 月第 1 版　2017 年 3 月第 1 次印刷
书　　号	ISBN 978-7-5603-6477-3
定　　价	38.80 元

(如因印装质量问题影响阅读,我社负责调换)

前　言

为了满足2017年俄语专业八级考试广大备考生的迫切要求,我们编写了这本《俄语专业八级水平考试分类模拟题》。

本书分两部分内容。

模拟题部分按题目类型分项列出,总计为真题10套的量,便于学生根据实际需要集中训练。本书是编者根据教学大纲编写,在题型、题量和难度方面力求贴近真题,语法、词汇、修辞、文学和国情知识部分附有答案解析、阅读理解部分附有答案,翻译部分附有答案译文,作文部分附有范文。各个题型均可用作单项模拟考试,如按真题形式随机抽取配置便可全面检测复习程度,并对知识缺欠点查遗补漏,真题部分共3套,为2014~2016年的全国俄语专业八级考试真题,其语法、词汇、修辞、文学和国情知识部分附有答案解析,阅读理解部分附有答案,翻译部分附有答案译文(作文部分范文略)。

本书使用建议:先行做真题,看自己在五个部分中哪个部分较好,哪个部分较差,对较差部分可集中进行模拟题复习,需要的时候可随机将模拟题各个内容组合成相当于真题的试卷对自己进行测试。这样反复演练,必有提高。

在本书编写过程中,编者秉承"用俄语看世界"理念,注重语言文化因素融合,语言材料题材新颖广泛,涉及俄罗斯、中国、韩国、日本及英语国家经济文化诸多方面,如最新俄罗斯电影和韩国电视剧等内容。本书编者均为国内高校一线教师,具有丰富的教学、命题和辅导考试的实践经验。

全书模拟题部分由吕卉、周丽霞、黄天德、冷莹负责编写,潘盈汕和刘茂媛负责模拟题和真题解析，俄罗斯外教 Э. А. Саракаева 负责全书俄文审定，最后由总主编对全文通篇校对审定。

在本书的编撰过程中，海南大学在校生王鲁平、廖子晴、崔涛、刘永浩、原清和范鹏超等为书稿编写提供了技术支持，在此一并表示感谢！

相信备考生在学习完本书之后，能使考试成绩有所提高。

由于编者水平有限，书中缺点错误和不足在所难免。诚望读者批评指正。

编 者

2017 年 1 月

目 录

§1. 语法、词汇和修辞模拟题（答案与解析） //1

模拟题 1 //1
模拟题 2 //5
模拟题 3 //9
模拟题 4 //14
模拟题 5 //17
模拟题 6 //22
模拟题 7 //26
模拟题 8 //31
模拟题 9 //35
模拟题 10 //39

§2. 文学和国情知识模拟题（答案与解析） //44

模拟题 1 //44
模拟题 2 //46
模拟题 3 //49
模拟题 4 //51
模拟题 5 //54
模拟题 6 //56
模拟题 7 //58
模拟题 8 //61
模拟题 9 //64
模拟题 10 //66

§3. 阅读理解模拟题（答案） //69

 模拟题1 //69

 模拟题2 //77

 模拟题3 //85

 模拟题4 //94

 模拟题5 //102

 模拟题6 //110

 模拟题7 //119

 模拟题8 //129

 模拟题9 //138

 模拟题10 //148

§4. 翻译模拟题（答案） //158

 模拟题1 //158

 模拟题2 //159

 模拟题3 //160

 模拟题4 //162

 模拟题5 //163

 模拟题6 //164

 模拟题7 //165

 模拟题8 //167

 模拟题9 //168

 模拟题10 //170

§5. 作文模拟题（题目与范文） //172

 模拟题1 //172

 模拟题2 //173

 模拟题3 //174

 模拟题4 //175

 模拟题5 //176

模拟题 6   //178
模拟题 7   //179
模拟题 8   //181
模拟题 9   //182
模拟题 10   //183

§6. 全国高校俄语专业八级水平测试试卷真题（解析）   //185

2014 年俄语专八真题   //185
2014 年俄语专八真题解析   //200
2015 年俄语专八真题   //207
2015 年俄语专八真题解析   //222
2016 年俄语专八真题   //228
2016 年俄语专八真题解析   //242

§1. 语法、词汇和修辞模拟题（答案与解析）

模拟题 1

ЗНАНИЯ ПО РУССКОМУ ЯЗЫКУ
（25 баллов, 30 минут）

Прочитайте предложения. Выберите правильный вариант и отметьте соответствующую букву на матрице.

ГРАММАТИКА, ЛЕКСИКА И СТИЛИСТИКА

16. Китай и Россия рассматривают возможность создания самой протяженной в Северо-Восточной Азии туристической зоны _____ Амур.
    A. на реке   B. к реке   C. вдоль реки   D. по реке

17. Они разговаривают громче обычного _____ привычки.
    A. в силах   B. под силу   C. в силу   D. в силе

18. До начала XVII века Покровский собор считался самым высоким зданием в Москве, _____ воздвигли колокольню Ивана Великого.
    A. по мере того как   B. как только   C. пока не   D. между тем как

19. Когда мы беседуем с _____ человеком, обладающим энциклопедическими знаниями, то понимаем, что он получил их в результате нелегкого труда.
    A. каким-то   B. некоторым   C. каким-нибудь   D. кое-каким

20. Его рабочие очень любили _____ за то, что он был человеком скромным и осмотрительным.
    A. как раз   B. почти   C. прямо   D. именно

21. _____ возрождается монументальная живопись, существовавшая в архитектурных ансамблях еще в 18 веке.
    A. Нашими днями   B. В наши дни   C. Наши дни   D. В наших днях

22. _____ интернет является глобальной информационной сетью планеты, его сведения доступны каждому человеку, где бы он ни находился.
    A. Благодаря тому, что   B. Несмотря на то что
    C. Когда   D. Где

23. Диссертант во второй главе ушел от первоначального плана, _____ композицию работы.
    A. нарушивший   B. нарушенный   C. нарушив   D. нарушая
24. Люди, склонные воспринимать жизнь с юмором, обычно терпимы _____.
    A. к окружающим   B. с окружающими
    C. окружающим   D. окружающими
25. Этот музей _____ считается одним из лучших не только в России, но и в мире.
    A. на праве   B. по праву   C. в праве   D. с правой
26. Я давно ничего не слышал об Анне: _____ сам не интересовался, _____ вестей от нее не получал.
    A. и, и   B. либо, либо   C. не то, не то   D. да и, да и
27. Сосед пожаловался _____ в милицию, потому что Виктор ночью всегда включает магнитофон.
    A. Виктора   B. к Виктору   C. на Виктора   D. с Виктором
28. В первый же день Петр увидел, что все складывается _____ сложнее, чем он ожидал.
    A. куда   B. да   C. еще   D. просто
29. _____ педагоги и не дают какую-нибудь клятву, как врачи, тем не менее они несут ответственность за духовное здоровье молодого поколения.
    A. Когда   B. Если   C. Хотя   D. Раз
30. В продаже появился универсальный справочник с расписаниями движения поездов под названием «_____ транспорт России и СНГ».
    A. Другой   B. Всякий   C. Каждый   D. Весь
31. Нынешняя молодежь несет в себе куда больше самой разнообразной _____, чем мы, когда были в ее возрасте.
    A. новости   B. известия   C. сообщения   D. информации
32. Фразеологизм «синие чулки» говорит о женщине, _____.
    A. не лишенной женственности.
    B. вкусно одетой.
    C. которая уделяет должное внимание своей внешности.
    D. поглощенной научными и служебными интересами.
33. В строке Н. Гоголя «Все спит — и человек, и зверь, и птица.» используется стилистический прием _____.
    A. синекдоха   B. сравнение   C. олицетворение   D. метонимия

1. 语法、词汇和修辞模拟题

☞ 答 案

| 16. C | 17. C | 18. C | 19. C | 20. D | 21. B | 22. A | 23. C | 24. A |
| 25. B | 26. A | 27. C | 28. A | 29. C | 30. D | 31. D | 32. D | 33. A |

16. 正确选项为 C。该题考查前置词的意义和用法。本句译文：中国和俄罗斯正在研究在东北亚阿穆尔河沿岸建立跨度最广的旅游区的可能性。"沿着河流（包括两岸广大区域）"之意，应用 вдоль реки 表示。而 A. на реке 指"在河岸上"，B. к реке 指"向着河流"，D. по реке 指"沿着河流（水面）"，都与本句意思不符。

17. 正确选项为 C。该题考查固定组合的意义和用法。本句译文：由于习惯的原因，他们谈话的声音比一般人大些。几个选项中，只有 в силу 是表示原因关系的复合前置词，接 кого-чего。是正确答案。而 в силах 指"有能力做某事"，通常与动词不定式连用，под силу 指"能胜任，能担当"，可与名词或动词不定式连用，主体用第三格。в силе 指"有权，有势"，都与本句意思不符。

18. 正确选项为 C。该题考查时间关系在句中的表示法。本句译文：17 世纪以前，直到伊凡大帝钟楼建成，波克罗夫教堂一直被认为是莫斯科的最高建筑。主句与从句之间构成异时关系，且主句行为发生在从句行为之前，选项中只有 пока не 可以作为该句的连接词，表示主句行为持续到从句行为结束时为止。

19. 正确选项为 C。该题考查不定代词的用法。本句译文：当我们与某位通晓很多知识的人聊天时，才会明白他是通过艰辛的努力才获得这些知识的。从句子要表达的意思看，通晓很多知识的人是说话人也不知道是否存在的人，这样的意思需用带 -нибудь 的不定代词表示。

20. 正确选项为 D。该题考查语气词的意义和用法。本句译文：工人们非常喜欢他，(正)是因为他是个谦虚谨慎的人。所给选项都是限定语气词，在所强调成分之前起到限定、确切句中某个词或词组的意义，但是四个语气词意义不同。как раз 表示"正好"的意思，почти 表示"差不多"的意思，прямо 表示"简直"的意思，而 именно 是"正是"之意，符合本句要表达的意思。

21. 正确选项为 B。该题考查时间状语的习惯搭配。本句译文：我们这个时代再次兴起的大型壁画在 18 世纪建筑群中就已经存在。表示"在什么样的时代、时期、阶段、日子、年月"时，习惯上用 в + 第四格名词连用，这些词一般需要用形容词、物主代词、指示代词等作一致定语，或者需要用行为或事件的名词第二格作非一致定语。

22. 正确选项为 A。该题考查因果关系在复合句中的表示法。本句译文：互联网是全球信息网络，得益于互联网，每个人无论身在何处，都能获得信息。按照本句要表达的意思，从句表示促成主句所述内容的有利原因，故应用 благодаря тому что 作连接词。

23. 正确选项为 C。该题考查副动词的用法。本句译文：论文答辩人在第二章偏离了最初计划，破坏了论文的结构。从句意和句子结构来看，首先排除形动词选项。未完成体副动词在不表示"通常、反复、经常性的行为"时，通常表示与主要行为同时发生的行为，而完成体副动词的行为与主要行为构成异时关系，本句中从句的行为发生在主句行为之后，能这样用的只有完成题副动词。

24. 正确选项为 A。该题考查形容词短尾的意义和支配关系。本句译文：喜欢以幽默的态度去理解生活的人，一般对周边的人都很宽容。形容词 терпимый 的短尾形式可表示"对……宽容，对……能忍让"之意，接 к кому-чему。

25. 正确选项为 B。该题考查固定组合的用法。本句译文：这个博物馆不仅在俄罗斯，而且在全世界都有资格被认为是最好的博物馆之一。по праву 表示"有权、有资格"的意思，是副词，可与动词谓语连用，在句中作状语。

26. 正确选项为 A。该题考查并列复合句中联合关系的表示法。本句译文：我很久没听说安娜的事了：我既没去打听，也没得到她的消息。本句后部分是个并列复合句，从意义上看两部分是联合关系，应使用连接词 и..., и...，同时有加强语气的作用。而 да и..., да и... 形式不正确，应排除。叠用的连接词 либо..., либо... "不是……，就是……"和 не то..., не то... "不知是……，还是……"表示区分关系，前者表示现象之间的相互排斥，后者表示所列举的现象是不清楚、不确定的，两者都不符合本句意思。

27. 正确选项为 C。该题考查动词的意义和支配关系。本句译文：邻居到警局去告维克多的状，因为他在夜里总是开收录机。"抱怨，控诉"之意应用 пожаловаться 接 на кого-что 表示。

28. 正确选项为 A。该题考查语气词。本句译文：彼得第一天就发现，一切都比他预想的要复杂得多。куда 这里是语气词，口语中常与形容词、副词比较级连用，表示"……得多"的意思。

29. 正确选项为 C。该题考查让步关系在复合句中的表示法。本句译文：教育工作者不会像医生那样发什么誓言，但是他们会对年青一代的心理健康负责。主句句首有对别连接词 тем не менее，根据语义逻辑关系，主句与从句有对立意义，应用表示让步关系的连接词 хотя，与主句连接词相呼应。

30. 正确选项为 D。该题考查形容词和限定代词的词义辨析。本句译文：一本名为《俄罗斯和独联体国家交通大全》的列车时刻表通用指南已在销售。表示"大全"（即全部、所有）之意的只有限定代词 весь，而形容词 другой 表示"别的，其他的"，限定代词 всякий 表示"概括的，无所不包的同类事物中的任何一个"，限定代词 каждый 表示"同类事物中的每一个，通过个别来概括其全部"，故只有 весь 为正确答案。

31. 正确选项为 D。该题考查名词的词义辨析。本句译文：和我们当年比，现在的青年所掌握的各种信息要比我们多得多。根据句子要表达的意思，"信息（资料)",应用информация表示。而новость指最近才知道的"新闻",即"国内外大事",известие指报纸发布的重大消息或报道,具有书面语色彩,сообщение意为"通知,报道",往往要指明信息的发布者,都不符合本句意思。

32. 正确选项为D。该题考查俄语熟语结构的意义。本句译文:熟语"синие чулки"说的是只专注于学术和公务事务的女人。"синие чулки"意为"女学究",俄语中常用来指缺乏女人味、只专注于学术和事业的女人,含有讽刺的意味。

33. 正确选项为A。该题考查语义辞格的辨析。本句译文:在果戈里的Все спит — и человек, и зверь, и птица. 这句话里使用了换喻修辞手法。本句中,果戈里用人、野兽、鸟的单数形式来表达复数意义,属于典型的синекдоха(提喻)辞格,以少喻多或以多喻少。而сравнение(比喻)、олицетворение(拟人)、метонимия(换喻)都不是本句使用的修辞手法。

模拟题 2

ЗНАНИЯ ПО РУССКОМУ ЯЗЫКУ
(25 баллов, 30 минут)

Прочитайте предложения. Выберите правильный вариант и отметьте соответствующую букву на матрице.

ГРАММАТИКА, ЛЕКСИКА И СТИЛИСТИКА

16. Все мы, как известно, _____ совершаем глупости, а потом говорим, что на ошибках учимся.
    A. во время   B. со временем
    C. от времени   D. время от времени

17. _____ сегодня охране природы уделяется значительное внимание, серьезных мер по ее сохранению пока еще не принято.
    A. По мере того как   B. Поскольку
    C. Несмотря на то что   D. В результате того что

18. Человек, _____ оригинальные идеи, не может быть художником, он может только смешивать краски, думая при этом, что творит.
    A. отвергнутый   B. отвергаемый
    C. отвергающий   D. отвергший

19. Здесь только один выход, _____ и выбирать нечего.
    A. так как   B. так что   C. Если   D. когда

20. _____ с работы, я обедал и ложился на часок отдохнуть.

A. Возвратившийся B. Возвращающийся
C. Возвратившись D. Возвращаясь

21. _____ вход в национальные музеи Великобритании стал бесплатным, их посещаемость выросла на семьдесят пять процентов.
    A. Пока B. После того как
    C. В то время как D. Между тем как

22. _____ свидетельствует не только активная авторская позиция, но и многое другое.
    A. Это B. Об этом C. Этот D. Для этого

23. Организаторы получили неблагоприятный отзыв о музыкальном фестивале, потому что _____ из исполнителей пел под фонограмму.
    A. кое-кто B. кто-нибудь C. кто то D. кто-либо

24. _____, найденных археологами на Урале, встречаются очень интересные экземпляры.
    A. Среди камней B. В камнях C. С камнями D. К камням

25. Я был на экскурсии в Москве _____ переводчика.
    A. на роли B. ролью C. в роли D. в роль

26. Между Москвой и Парижем ведется активный политический диалог, _____ на совпадении взглядов по вопросам европейской безопасности.
    A. основавший B. основывающий
    C. основанный D. основывая

27. Во многих странах полиция борется _____ пользуется мобильными телефонами за рулем автомобиля.
    A. в тех, кто B. от тех, кто C. по тем, кто D. с теми, кто

28. У студентов, совмещающих работу с учебой, зарплата небольшая, _____ молодежь приобретает ценный ответ.
    A. и B. зато C. а D. да

29. Специфика технологических революций заключается _____ она меняет привычные формы всех видов человеческой деятельности.
    A. с тем, что B. в том, что C. для того, что D. к тому, что

30. Многие ветераны революции ныне занимают _____ посты в правительстве.
    A. известные B. видные C. ответственные D. видимые

31. Как сообщает сайт «Газета», каждый пятый житель Земли, выходящий на улицу с зонтиками, берет его на _____ случай.
    A. иной B. любой C. каждый D. всякий

32. Этот обманщик _____ неприятностей.

A. ждет B. ожидает C. дождется D. подождет

33. Русская пословица гласит: «Видеть _____ во сне, значит быть свадьбе».

A. рака B. медведя C. тигра D. лошади

☞ 答　案

| 16. D | 17. C | 18. C | 19. B | 20. D | 21. B | 22. B | 23. A | 24. A |
| 25. C | 26. C | 27. D | 28. B | 29. B | 30. B | 31. D | 32. C | 33. B |

16. 正确选项为 D。该题考查固定组合的意义和用法。本句译文:众所周知,我们所有人都时不时地做些蠢事,事后又说是在错误中学习。"偶尔,时不时"的意思,用 время от времени 表示。其他几个都不能表达这个意思。

17. 正确选项为 C。该题考查让步关系在复合句中的表示法。本句译文:尽管如今环境保护倍受重视,但暂时尚未采取严格的环保措施。在从句"如今环境保护倍受重视"和主句"严格的环保措施尚未采取"之间是让步关系,选项中只有 несмотря на то что 是表示让步关系的连接词。而 поскольку 和 в результате того что 是原因从句的连接手段, по мере того как 是时间从句的连接手段,都不适用于本句。

18. 正确选项为 C。该题考查形动词的用法。本句译文:排斥独特想法的人当不了艺术家,他在想要创作什么东西时,他会做的不过是把颜料都混在一起而已。句中修饰 Человек 的是独立定语,可以用定语从句替换:Человек, который отвергает оригинальные идеи, не может быть художником... 该句所用的动词是现在时,表示惯常行为,据此可以判定,应选用现在时主动形动词。

19. 正确选项为 B。该题考查结果从句连接词的意义和用法。本句译文:这里就一个出口,所以没什么可选择的。从句子前后两组成部分的意义关系看,后部分说明了前部分的结果,故应用结果连接词 так что。其他几个连接词不适用于本句。

20. 正确选项为 D。该题考查副动词的用法。本句译文:每次我下班回来,吃过饭,就躺下休息一小时。题干的两个部分用逗号连接,前句中没有主语成分,填补动词的话,只能用副动词形式,所以首先排除形动词的选项。从句意来看,虽然两个分句构成异时关系,但是句中主要行为用未完成体动词,说明是经常发生的行为,应用未完成体副动词。未完成体副动词可以表示在主要行为发生之前发生的行为。

21. 正确选项为 B。该题考查时间关系在复合句中的表示法。本句译文:自从大不列颠各个国家博物馆免门票之后,参观量增加了 75%。"免门票"与"参观量增加"之间构成异时关系,主句行为发生在从句行为之后,符合这一用法的只有 После того как。

22. 正确选项为 B。该题考查动词的意义和支配关系。本句译文：证明这一点的不单单是作者积极的立场，还有很多其他的事儿。Свидетельствовать（证明，说明）接 о ком-чём，由于句中已有主语，说明空白处应为补语。故正确答案为 Об этом。

23. 正确选项为 A。该题考查不定代词的用法。本句译文：组织方得到了关于音乐汇演的负面反馈，因为有的演唱者搞假唱。说话人确切知道哪些演唱者假唱，但是没明说，这个意思用带 кое- 的不定代词表示。而带 -нибудь（-либо）的不定代词表示说话人不清楚该人、事物、特征存在与否，带 -то 的不定代词表示说话人确知有某人、事物、特征的存在，但不能明确指出。

24. 正确选项为 A。该题考查前置词的意义和用法。本句译文：考古学家们在乌拉尔山上挖掘到的石头里面常见到有趣的标本。"在……之（当）中"之意，用 среди 接 кого-чего 表示。

25. 正确选项为 C。该题考查固定搭配的意义和用法。本句译文：我曾经作为翻译到莫斯科旅游过。в роли 表示"担任……角色；作为……"之意，常与动物名词第二格的形式连用。

26. 正确选项为 C。该题考查形动词的用法。本句译文：莫斯科和巴黎进行积极的政治对话是基于对欧洲安全问题的看法一致。основывать/основать 可表示"以……为基础"之意。根据上下文，动词应用过去时被动形动词长尾形式作定语，修饰名词 диалог，表示其直接承受的行为，并与其保持性、数、格的一致。

27. 正确选项为 D。该题考查动词的支配关系。本句译文：在很多国家，警察都在为制止开车打手机而奋战。动词 бороться 表示"与……战斗，与……斗争"，接 с кем-чем。

28. 正确选项为 B。该题考查并列复合句中连接词的用法。本句译文：半工半读的学生工资不高，但是年轻人还是获得了有价值的回报。两个分句之间表达的是对别关系，选项中能够表达对别关系的连接词有 а、да、зато。连接词 а 用于指出两个分句所述内容的差异之处，对比意味强；连接词 да 用于指第二个分句所述内容与第一个分句对立、相反；而连接词 зато 表达对别——补偿关系，所连接的第二个分句内容往往是对第一个分句的消极内容的补偿。根据句子要表达的意思，зато 为正确答案。

29. 正确选项为 B。该题考查限定关系的相应关系在复合句中的表示法。本句译文：工业革命的特点是它改变着所有类型人类活动的习惯形式。该复合句用成对的指示代词——限定代词（...то，что...）表示限定关系，动词词组 заключаться в чём 表示"在于（是）……"的意思，根据支配关系，指示代词 то 用第六格形式，作动词的间接补语，从句用 что 引导，使主句代词意义具体化。

30. 正确选项为 B。该题考查形容词的词义辨析。本句译文：许多革命老干部在政府中担任着显要的职务。Известный 意为"有名的，知名的"，видный 意为"显要的,重要的",ответственный 意为"责任重大的",видимый 意为"可看见的,明显的",根据句子要表达的意思,正确答案是B。

31. 正确选项为D。该题考查代词和形容词的词义辨析。本句译文:《报纸》网站发布消息称,五分之一的人出门带伞是为了以防万一。形容词 иной 意为"别的、有的",限定代词 любой 意为"任何的、随便哪一个",限定代词 каждый 意为"无一例外、(同类事物中的)每一个",而 всякий 意为"各式各样的",本句中"以防万一"应用 на всякий случай 表示。

32. 正确选项为C。该题考查动词的词义辨析和动词体的用法。本句译文:这个骗子肯定有倒霉那一天!完成体动词的将来时可以表示说话者对实现某种行为的信心或可能性的估计,ждать 和 ожидать 均为未完成体动词,所以可以排除。подождать 表示"等一会儿,等(若干时间)"之意,而 дождаться 意为"等到",接 кого-чего。根据句子要表达的意思,正确答案是C。

33. 正确选项为B。该题考查俄语谚语的表示法。本句译文:俄语有句谚语说梦见熊就意味着快举行婚礼了。熊有"未婚夫"的附加意义,所以有了"梦见熊就意味着快举行婚礼了"的这种说法。

模拟题 3

ЗНАНИЯ ПО РУССКОМУ ЯЗЫКУ
（25 баллов, 30 минут）

Прочитайте предложения. Выберите правильный вариант и отметьте соответствующую букву на матрице.

ГРАММАТИКА, ЛЕКСИКА И СТИЛИСТИКА

16. Россиянин Федор Конюхов всегда мечтал совершить путешествие _____.
    A. вдоль земного шара   B. вокруг земного шара
    C. около земного шара   D. снаружи земного шара

17. _____ сотовые телефоны превращаются в источник информации, рекламодатели все чаще задумываются о размещении в них рекламы.
    A. Пока   B. Между тем как
    C. Как только   D. По мере того как

18. Путешествуя по Индии, в любом ее уголке обязательно можно найти _____ храм, который славиться своими святынями.
    A. какой-то   B. какой-нибудь   C. чей-либо   D. некоторый

19. _____ осуществления национального проекта «Здоровье в России постро-

ены новые центры высоких медицинских технологий».

  A. От   B. В результате   C. Под действием   D. Под влиянием

20. Изучение Мирового океана началось _____ великих географических открытий, но продолжается и сегодня.

  A. в эру   B. к эре   C. с эрой   D. через эру

21. _____ технику, человек получил возможность менять условия своего существования.

  A. Создав   B. Создавая   C. Создавший   D. Создаваемый

22. В результате ряда переговоров, проходивших _____ полного взаимопонимания, появились новые перспективы в отношениях двух стран.

  A. в обстановке   B. в атмосфере   C. в условии   D. в обстоятельстве

23. Я вас _____ не упрекаю, — продолжал я.

  A. ни с чем   B. ни для чего   C. ни к чему   D. ни в чем

24. На юге идут проливные дожди, _____ на севере сравнительно сухо.

  A. в то время как   B. после того как   C. пока   D. прежде чем

25. Но здесь есть и другая сторон а медали, _____ определенную напряженность у большинства детей этого возраста.

  A. создавшая   B. созданная   C. создающая   D. создаваемая

26. В 1993 году число членов ООН _____ 183, она стала и более представительной, и более влиятельной.

  A. достигло   B. достало   C. добрало   D. дошло

27. Картина «Андрей Рублев», _____ в прокат в 1971 году, вошла в число лучших фильмов мирового кино.

  A. выпускавшая   B. выпущенная   C. выпустившая   D. Выпускающая

28. Я не думаю _____ вам свое мнение, поступайте, как хотите.

  A. связывать   B. завязывать   C. перевязывать   D. навязывать

29. Только _____ одной жизнью с народом, писатель сможет создать хорошие произведения.

  A. прожив   B. живущий   C. живя   D. проживший

30. Почему Москва пребывает _____ от ярости из-за проникновения Соединенных Штатов в Грузию?

  A. с собой   B. собой   C. вне себя   D. вне тебя

31. Хотя родители и взрослые люди, но не всегда знают, как _____ со своими детьми.

  A. делать   B. поступать   C. вступать   D. наступать

33. Французский диетолог Жан-Поль Преве утверждает, что _____ женщине

необходимо начинать утро с овсяной каши.

A. всей   B. каждой   C. всякой   D. любой

33. В строке «Утомленное солнце грустно с морем прощалось.» используется стилистический прием _____.

A. синекдоха   B. сравнение   C. олицетворение   D. метонимия

☞ 答　案

16. B	17. D	18. B	19. B	20. A	21. A	22. A	23. D	24. A
25. C	26. A	27. B	28. D	29. C	30. C	31. B	32. B	33. C

16. 正确选项为 B。该题考查前置词的意义和用法。本句译文：俄罗斯人菲奥多尔·科纽霍夫总梦想着实现环球旅行。"在……周围，围绕着……"的意思要用 вокруг 表示，接 кого-чего。

17. 正确选项为 D。该题考查时间关系在复合句中的表示法。本句译文：随着手机逐步成为信息源，广告发布者越来越多地考虑将广告植入手机。表示主句的行为随着从句的行为进展而进展，从句应用连接词 по мере того как 来引导。其他几个连接词都没有这个意思。

18. 正确选项为 B。该题考查不定代词的用法。本句译文：在印度旅行时，在任何一个角落都可以找到以其信奉的神物闻名的寺庙。带-то 的不定代词表示说话人知道有其人、其物或某种特征，但知道得不确切，常译为"不知是……"，带-нибудь 的不定代词表示说话人未肯定或不知道是否存在某人、某物或某特征，常译为"任何……""无论……"，чей-либо 有"任何人的，随便哪一个人的"之意，用于表示事物的领属关系，некоторый 表示"某种的"，表示说话人确切知道但不指明。根据句子要表达的意思，正确答案是 B。

19. 正确选项为 B。该题考查前置词的用法。本句译文：由于国家《健康》方案的实施，俄罗斯成立了一批新的高级医疗技术中心。под действием чего 表示"在……的作用下"的意思，в результате чего 表示由于某事而产生的结果，под влиянием чего 表示"在……影响下"，от чего 表示引起主体不自觉地反应的原因。根据句子要表达的意思，正确答案是 B。

20. 正确选项为 A。该题考查时间状语表示法。本句译文：对世界大洋的研究起始于地理大发现时代，但该研究延续至今。表示"在什么样的时代、时期、阶段、日子、年月"时，常用 в + 第四格名词连用来表示行为的时间，这些词一般需要用形容词、物主代词、指示代词等作一致定语，或者用行为或事件的名词第二格作非一致定语。

21. 正确选项为 A。该题考查副动词的用法。本句译文：创造了技术设备后，人们便获得了改变自己生存条件的可能性。在主要行为之前完成的动作（在……

· 11 ·

后)应用完成体副动词表示。

22. 正确选项为 A。该题考查固定组合的意义和用法。本句译文：由于在充分相互理解的条件下举行了一系列谈判，两国关系出现了新的前景。в обстановке 表示"在……情况下（条件下）"，这种情况强调各种因素形成的总局势、总情况，其出发点是人们之间或者事物之间的相互关系。в атмосфере 表示"在……气氛下"，指特定环境下给人的感觉；в условии 表示"在……的环境（条件）下"，多指自然环境、社会环境、日常生活物质条件等；в обстоятельстве 指事情发生或进行的当时所处的具体情况、条件的总和。根据句子要表达的意思，正确答案是 A。

23. 正确选项为 D。该题考查动词的支配关系和否定代词的用法。本句译文："我不会在任何事情上责备您的，"我继续说道。упрекать/упрекнуть 表示"责备，指责"的意思时，接 кого в чём。此外，句子为否定句，谓语动词带否定词 не，为了加强否定的作用，须使用带 ни- 的否定代词，根据动词的接格关系，前置词位于 ни- 与疑问代词之间。

24. 正确选项为 A。该题考查时间关系在复合句中的表达法。本句译文：南方经常下倾盆大雨，而北方则比较干燥。主句和从句构成同时关系，所以排除表示异时关系的选项 B、D。连接词 пока 引导的时间从句强调主句行为时间的长短以从句行为的时间为限，而连接词 в то время как 具有对比意义，常用于指出主从句所述内容的差异。根据句子要表达的意思，正确答案是 A。

25. 正确选项为 C。该题考查形动词的使用形式。本句译文：但这里有奖牌的另一面，就是这会使这一年龄段的多数孩子产生一定的紧张情绪。根据 определенную 修饰 напряженность，说明该词组用于第四格，能与第四格连用的只有主动形动词，这样便可以排除 B、D。再由于句中有 есть，这是现在时形式，故正确答案是 C。

26. 正确选项为 A。该题考查具有相同前缀的非同根动词词义辨析。本句译文：1993 年联合国成员国达到了 183 个，联合国成为一个不仅更具代表性，同时也更具影响力的组织。所给四个动词的意义分别如下：A. достигло 意为：达到，B. достало 意为：拿到，C. добрало 意为：收完、收足，D. дошло 意为：走到。根据句子要表达的意思，正确答案是 A。

27. 正确选项为 B。该题考查。本句译文：1971 年被租出去的电影《安德烈·鲁布廖夫》进入了全球 100 部最佳影片之列。该句用定语从句可以替换为：Картина «Андрей Рублев», которую выпустили в прокат в 1971 году...根据句意，须使用过去时被动形动词作定语，修饰名词 картина，并与其保持性、数、格一致。

28. 正确选项为 D。该题考查同根动词词义辨析。本句译文：我不想把我的观点强加给你们，你们想怎么做就怎么做吧。связывать 意为"连接，把……与……连接起来",接что或что с чем;завязывать 意为"系上、包扎",接что;перевязывать 意为"重系、重捆",接что;而навязывать 本义表示"把……系到……上",接что на что,其转义表示"强使……接受、强加给……",接кому что。根据句子要表达的意思,正确答案是 D。

29. 正确选项为 C。该题考查副动词的用法。本句译文:作家只有和人民过着同一种生活,才能够创作出好的作品。根据句子的语义逻辑关系,主要动作"创作出好作品"发生在副动词"和人民过着同样的生活"的过程中,应用未完成体副动词,表示同时关系,而不能用完成体副动词 проживы。另外,由于 писатель 前面有逗号,形动词便不能用来构成短语来修饰它(形动词短语不能在名词前做独立定语),故 B、D 两项都不能用于本句。

30. 正确选项为 C。该题考查固定组合的意义和用法。本句译文:为什么莫斯科会因为美国插手格鲁吉亚事务而感到愤怒,以至于到了失控的程度呢?人的情绪"失控、失常",应用 вне себя 来表示。

31. 正确选项为 B。该题考查动词词义辨析。本句译文:虽然父母也是成年人,但是他们并不总是知道如何与自己的孩子相处。вступать 有"加入"的意思,一般与表示某个组织、政党、工会、团体等意义的词连用,接 во что;поступать с кем 意为"与……相处";наступать 可表示"(某种时间)来临"的意义;делать 意为"做",强调做事,根据句子要表达的意思,正确答案是 B。

32. 正确选项为 B。该题考查限定代词的词义辨析。本句译文:法国的营养学家让·保罗·普列韦指出,每个女人的早晨都应该从燕麦粥开始。Весь 意为"全部,所有"的,具有集合意义;каждый 意为"无一例外"、"(同类事物中的)每一个",всякий 意为"各式各样的人或事物";любой 意为"任何的","随便哪一个",具有任选的意味。根据句子要表达的意思,正确答案是 B。

33. 正确选项为 C。该题考查语义辞格的用法。本句译文:"疲倦的太阳忧郁地和大海告别",这句话里用了拟人手法。作者让太阳和大海具有了人性色彩,以物拟人,属于辞格中的拟人手法,指将人的某些特征赋予非动物或抽象的事物,或者相反,以此来抒发情感、激发想象和增强言语的表现力。而 синекдоха(提喻)、сравнение(比喻)、метонимия(换喻)都不是本句使用的修辞手法。

模拟题 4

ЗНАНИЯ ПО РУССКОМУ ЯЗЫКУ
(25 баллов, 30 минут)

Прочитайте предложения. Выберите правильный вариант и отметьте соответствующую букву на матрице.

ГРАММАТИКА, ЛЕКСИКА И СТИЛИСТИКА

16. Не осуждай своего друга: человек _____, _____ он есть.
    A. так, как   B. таков, каков   C. таков, как и   D. каков, таков
17. В этом году зима в Европе запаздывает _____ теплых масс воздуха из Атлантики.
    A. с проникновением   B. вследствие проникновения
    C. для проникновения   D. по проникновению
18. Благодаря разумной ценовой политике московского Дома моды его одежда доступна _____.
    A. среднему классу   B. средним классом
    C. со средним классом   D. к среднему классу
19. Он не ожидал, что _____ его предложение она попросит подождать.
    A. в ответ   B. в ответ на   C. на ответ   D. на ответ на
20. _____ остаться одной она вышла замуж за первого встречного.
    A. В страхе   B. Из страха   C. У страха   D. Со страхом
21. Если человек может посмеяться _____, то депрессия ему не страшна.
    A. о себе   B. над собой   C. в себе   D. с собой
22. Статус крупного экспортера зерна оказался России _____.
    A. не по глазам   B. не по плечу   C. не по ногам   D. не по рукам
23. _____ на рассвете, она спускалась в кухню и готовила закуску к чаю.
    A. Вставала   B. Вставая   C. Вставшая   D. Встав
24. Если бы хоть один процент сетевого мусора возвращался в интернет-компанию, _____ его, то проблема со спамом решилась бы очень быстро.
    A. отправившую   B. отправляемую   C. отправляя   D. отправив
25. Он нашел друга, _____ можно делиться каждой мыслью и каждым движением души.
    A. который   B. которому   C. с которым   D. которого

26. _____ закон, правительство приняло во внимание мнение общественности.
    A. Издав   B. Издавая   C. Изданный   D. Издаваемый

27. Могучий поток новой жизни смывает, как будто _____, все старое.
    A. без спроса   B. без вопроса   C. без следа   D. без условия

28. В российских университетах проводится конкурс новых технологий обучения, _____ на получение премии Президента Российский Федерации.
    A. выдвигаемых   B. выдвигающих   C. выдвигая   D. выдвинув

29. Глубокая река молчит, _____ — шумит.
    A. маленькая   B. мелкая   C. малая   D. мальчишеский

30. Лифт сможет _____ до 24 пассажиров.
    A. вмещать   B. перемещать   C. размещать   D. совмещать

31. Он не виноват, на него _____.
    A. нагнали   B. наговорили   C. разговорили   D. наглядели

32. Русская пословица гласит: «Как _____ в колесе».
    A. собака   B. крыса   C. слон   D. белка

33. Русская пословица гласит: «У _____ нянек дитя без глаза».
    A. четырех   B. пяти   C. шести   D. семи

☞ 答 案

16. B	17. B	18. A	19. B	20. B	21. B	22. B	23. B	24. A
25. C	26. B	27. C	28. A	29. B	30. A	31. B	32. D	33. D

16. 正确选项为B。该题考查限定关系连接词在复合句中的使用。本句译文：不要指责你的朋友：他就是那样的人。指示代词+限定代词（如：таков, каков...）使用时哪个跟哪个搭配是相对固定的，指示代词 таков 用于指出指称事物的特征，在主句中作谓语，从句用 каков 引导，使主句代词意义具体化。

17. 正确选项为B。该题考查前置词的用法。本句译文：今年，欧洲冬天姗姗来迟是因为从大西洋吹来了大量暖气团。前置词 с 表示引起主体不自觉行为的心理、生理、自然现象等原因，常用于口语中；вследствие 表示引起某种结果的原因，常用于书面语中；для 意为"为了……"，是表示目的关系的前置词；по 表示由于主体本身而产生不理想的结果的原因。根据句子要表达的实际意思，B 是正确答案。

18. 正确选项为A。该题考查形容词短尾的意义和搭配关系。本句译文：多亏了莫斯科时装商店合理的价格政策，中产阶级才能消费得起它的衣服。доступна 接 кому-чему。

19. 正确选项为B。该题考查固定组合的意义和用法。本句译文：他没有料到她会要求暂缓答复自己的求婚。"对…作回答(回报)"的意思要用 в ответ на (что)表示,与名词第四格连用。

20. 正确选项为 B。该题考查原因状语表示法。本句译文:因害怕变成单身,她嫁给了一位初次见面的男人。"害怕变成单身"是主体有意识采取"嫁人"这一自觉行为的主观原因,这样的意思要用前置词 из 与表示思想感情、心理意义的名词第二格连用来表示。

21. 正确选项为 B。该题考查动词的支配关系。本句译文:如果一个人能够自嘲,抑郁(症)对于他就没那么可怕。посмеяться 表示"嘲笑,嘲弄"之意时,接 над кем-чем。

22. 正确选项为 B。该题考查固定组合的意义和用法。本句译文:俄罗斯看来无力胜任粮食出口大国的地位。"不能胜任"之意应用 не по плечу 表示,这一短语可与名词、名词词组或不定式连用,主体用第三格。

23. 正确选项为 B。该题考查副动词的用法。本句译文:每天黎明起床,她都下楼到厨房准备茶点。未完成体副动词可以表示被说明动作之前发生的动作。这类句子中的副动词所表示的动作往往是多次重复或是经常性的,副动词必须位于被说明动词之前。

24. 正确选项为 A。该题考查形动词的用法。本句译文:哪怕有百分之一的网络垃圾返回到发送这些垃圾的互联网公司,垃圾邮件的问题都会很快得以解决。отправлять/отправить 可表示"发送(信函、邮件等)"的意思。根据上下文,该动词应用过去时主动形动词的长尾形式作定语,修饰名词 интернет-компании,表示其发出的行为,并与其保持性、数、格的一致。故 отправившую 是正确答案。

25. 正确选项为 C。该题考查动词的支配关系与限定关系在复合句中的表示法。本句译文:他找到了可以分享每一个想法和心事的朋友。делиться/поделиться 表示"与……分享"的意思,接 чем с кем,关联词 который 与主句中名词 друг 的性和数一致,格取决于动词 делиться 的支配关系。故 с которым 是正确答案。

26. 正确选项为 B。该题考查副动词。本句译文:颁布法律时,政府考虑到了社会舆论。根据句意和句子结构,首先排除形动词选项。未完成体副动词可表示与动词谓语同时发生的行为,意义是"在……时"。故 Издавая 是正确答案。

27. 正确选项为 C。该题考查固定组合的意义和用法。本句译文:新生活强大的洪流正在把一切旧的东西冲刷得好像一干二净。без следа 表示"踪迹全无"之意,该组合可作副词,可以用来修饰句中的动词。

28. 正确选项为 A。该题考查。本句译文:俄罗斯高校举行教学新工艺技术竞赛,这些教学新工艺技术将被推荐获取俄联邦总统奖。выдвигать/выдвинуть 指"推举,推荐",接 кого-что,根据上下文,表示多次、经常发生的动作,应选用现在时被动形动词长尾形式作定语，修饰名词 технологий，表示其承受的行为，并与其保持性、数、格的一致。故 выдвигаемых 是正确答案。

29. 正确选项为 B。该题考查形近易混词的词义辨析。本句译文：水深的河悄无声息，而水浅的河才会哗哗作响。（深河沉静，浅水闹腾。）маленький 和 малый 都可以用来表示事物从尺寸、体积、面积、规模等方面是"小的"，但是前者不能构成短尾形式，后者常用短尾形式；мальчишеский 表示"稚气的，孩子气的"，用来修饰人的样貌、行为、举止等；而 мелкий 除了与 маленький 和 малый 都可以表示"小的"意义外，还有"浅的"意思。故 мелкая 是正确答案。

30. 正确选项为 A。该题考查同根动词词义辨析。本句译文：电梯最多承载24人。вмещать 意为"容得下"，перемещать 意为"移动；调动"，размещать 意为"分别安置"，совмещать 意为"使结合"，根据句子要表达的意思，вмещать 为正确答案。

31. 正确选项为 B。该题考查有相同前缀的易混动词词义辨析。本句译文：他没有过错，是有人诬赖他。"诽谤，诬赖"之意只有 наговаривать/наговорить 可以接 на кого-что 表示。其他几个动词都没有这个意义。

32. 正确选项为 D。该题考查俄语谚语的构成。Как белка в колесе. 是谚语，意为"像松鼠蹬轮子似的"，形容人忙得不亦乐乎（忙得团团转）。故正确答案是 белка。

33. 正确选项为 D。该题考查俄语谚语表达法。"У семи нянек дитя без глаза"是俄语的谚语，"七个保姆都照看不了一个孩子"的意思是：人多了互相依靠，反而照顾不好孩子。该谚语具有贬义色彩，比喻一件事情虽然有很多人负责，但还是失败了。谚语中用的是 семи。

模拟题 5

ЗНАНИЯ ПО РУССКОМУ ЯЗЫКУ
（25 баллов，30 минут）

Прочитайте предложения. Выберите правильный вариант и отметьте соответствующую букву на матрице.

ГРАММАТИКА, ЛЕКСИКА И СТИЛИСТИКА

16. В 1961 году первый космонавт Юрий Гагарин облетел Землю _____.
    A. за сто восемь минут   B. сто восемь минут
    C. на сто восемь минут   D. ста восьмью минутами

17. Все эти произведения _____ связаны с военной темой.

A. так   B. иначе   C. так или иначе   D. так и иначе

18. _____ великие путешественники открывали новые земли, крупные европейские державы сразу направляли туда свои войска.

     A. Пока   B. Перед тем как   C. Как только   D. В то время как

19. Благодаря развитию современной техники ученые могут определить время наводнения _____ до его начала.

     A. через семь часов   B. после семь часов
     C. за семь часов   D. до семь часов

20. Рассказывая о себе, известный певец отметил, что у него есть _____ сбережения, позволяющие покупать дорогие вещи.

     A. какие-нибудь   B. кое-какие   C. какие-то   D. какие-либо

21. Отношение между государствами развиваются _____ укрепления торговых и культурных связей.

     A. в линии   B. с линии   C. на линии   D. по линии

22. Лингвисты полагают, что поговорка «Наготовлено, как на Маланьину свадьбу», _____ с именем молодой казачки, возникла на Дону в XVIII веке.

     A. связывающая   B. связавшая   C. связанная   D. связывавшая

23. Великий полководец Александр Македонский имел суровый характер, но и сострадание было _____ не чуждо.

     A. ему   B. для его   C. им   D. у него

24. Молодость хороша _____ она имеет будущее.

     A. тем, что   B. тому, что   C. в том, что   D. с тем, что

25. _____ обещание, сдержи его, чего бы тебе это ни стоило.

     A. Давая   B. Дав   C. Данный   D. Давший

26. Теплое Азовское море смягчает сухой степной воздух, _____ горячее дыхание степей уменьшает влажность моря.

     A. а   B. но   C. и   D. или

27. _____ труднее было дело, за которое приходилось браться, _____ настойчивее доводил он его до конца.

     A. Тем, чем   B. Чем, тем
     C. Столько, сколько   D. Сколько, столько

28. Желание быть принятым и оцененным окружающими _____ любому человеку.

     A. свойственное   B. свойственный   C. свойственно   D. свойствен

29. Все, _____ молодежь, должны учиться.

     A. тем более   B. тем больше   C. тем не менее   D. тем не меньше

1. 语法、词汇和修辞模拟题

30. Специалист, который не будет самостоятельно _____ и обновлять свои знания, быстро отстанет от требований жизни.

    A. заполнять　　B. наполнять　　C. пополнять　　D. выполнять

31. Вчера я отказалась от ваших услуг, а теперь, я _____.

    A. думала　　B. придумала　　C. обдумала　　D. обдумалась

32. Русская пословица гласит: «_____ раз примерь, один раз отрежь.»

    A. Семь　　B. Восемь　　C. Девять　　D. Десять

33. В строке Ю. Нагибина «Когда в доме восемь ртов, выбирать не приходится.» используется стилистический прием _____.

    A. синекдоха　　B. сравнение　　C. олицетворение　　D. метонимия

☞ 答　案

| 16. A | 17. C | 18. C | 19. C | 20. B | 21. D | 22. C | 23. A | 24. A |
| 25. B | 26. A | 27. B | 28. C | 29. A | 30. C | 31. D | 32. A | 33. A |

16. 正确选项为 A。该题考查时间状语的表示法。本句译文：1961 年，第一位宇航员尤里·加加林用了 108 分钟环绕了地球。句子中谓语动词为完成体动词，不能与表示"行为或状态持续时间"的第四格数名词组连用，也不能与第五格数名词组连用。从句子要表达的意思看，句子不是表示"行为结束后其结果延续的时间"，因而 на 与第四格名词组合不能用。句子实际要表示的是"用了 108 分钟环绕了地球(即在一定时间内完成某一行为)"，这个意思只能用 за + 数名词组(时段)表示。

17. 正确选项为 C。该题考查固定组合的意义和用法。本句译文：所有这些作品都不同程度地与战争题材有关。так или иначе 在句中作副词，表示"某种方式地"的意思。

18. 正确选项为 C。该题考查时间关系在复合句中的表达法。本句译文：一旦大旅行家们发现新大陆，欧洲大国马上就派自己的军队过去。本句中，从句和主句之间是先后异时关系，从句行为在前，因而 Перед тем как 表示的时间关系相反，不能用。而 Пока 和 В то время как 表示同时关系，与本句意思不符。只有 как только 表示主句行为紧跟在从句行为之后的异时关系。根据句子要表达的实际意思，как только 为正确答案。

19. 正确选项为 C。该题考查时间状语的表示法。本句译文：多亏现代化技术的发展，科学家才能在七个小时前确定洪水爆发的开始时间。"在……前的（分钟、小时、周、月、年等）"的意思应用前置词 за + 表示时间段意义的名词(或数名词组) + 前置词 до + 名词(或动名词组)表示。故 за семь часов 为正确答案。

20. 正确选项为 B。该题考查不定代词的用法。本句译文:著名的歌手在谈到自己时,说自己有些能够购买贵重物品的存款。带-нибудь 的不定代词表示说话人完全不清楚存在与否的人、事物、特征,带-либо 的不定代词与带-нибудь 的不定代词同义,但多用于口语中,带-то 的不定代词表示说话人确知有某事物、某特征的存在,但不能明确指出,而带 кое- 的不定代词表示说话人确切知道但不明说。根据句子要表达的实际意思,кое-какие 为正确答案。

21. 正确选项为 D。该题考查固定搭配的意义和用法。本句译文:各国之间的关系通过加强贸易和文化交流在不断发展。"通过……"的意思要用 по линии 这一复合前置词表示。

22. 正确选项为 C。该题考查形动词的用法。本句译文:语言学家认为,俗语《菜肴做得就像喜宴上的一样》的出现与一位哥萨克年轻女人的名字有关,事情发生在 18 世纪的顿河边上。该句如用定语从句替换,便可知道应用什么动词形式:… поговорка «Наготовлено, как на Маланьину свадьбу», которую связали с именем молодой казачки, … 。动词 связывать/связать 表示"使……与……相关",接 что с чем,显然,根据上下文,应选用过去时被动形动词长尾形式作定语,修饰名词 поговорка,表示其直接承受的行为,并与其保持性、数、格的一致。故 связанная 为正确答案。

23. 正确选项为 A。该题考查形容词短尾的意义和支配关系。本句译文:大统帅马其顿王亚历山大一世性格刚强,但不乏怜悯之心。形容词 чуждый 的短尾形式作谓语,与主语 сострадание 保持性数的一致,其接 кому-чему。故 ему 为正确答案。

24. 正确选项为 A。该题考查形容词短尾的意义和支配关系。本句译文:青春之美好在于它拥有未来。形容词 хороший 的短尾形式在句中作谓语,与主语 молодость 保持性和数的一致,其接 чем,表示"(哪方面)好"的意义。故 тем, что 为正确答案。

25. 正确选项为 B。该题考查副动词的用法。本句译文:许下诺言(承诺过后),就要遵守,无论你需要付出多少代价。发生在动词谓语之前的行为(意义为"在……之后")应用完成体副动词表示。故 Дав 为正确答案。

26. 正确选项为 A。该题考查并列复合句中连接词的用法。本句译文:温暖的亚速海使干燥的草原空气变得温和,而草原的热气流降低了海洋的湿度。连接词 и 表示联合关系,分句之间通常为同时、先后和因果关系;连接词 или 表示区分关系,即分句中的内容只能有其中一个存在;连接词 но 和 а 都表示对别关系,前者强调后一个分句的内容与前一个分句的对立和限制,后者常用来表示两种现象的对比。根据句子要表达的实际意思,连接词 а 为正确答案。

27. 正确选项为 B。该题考查对比关系在复合句中的表示法。本句译文:必须承担的事情越困难,他越会坚持把它做到底。主句和从句所指特征或行为对称地增强或减弱,应用连接词 чем-тем 表示,此时两个连接词后都紧跟形容词或副词的比较级。

28. 正确选项为 C。该题考查形容词短尾的意义和用法。本句译文:希望受到别人的认可和称赞,是任何一个人(与生俱来)的本性。句中作谓语的形容词带补语时,应用短尾形式。本句给出了补语 любому человеку,说明谓语形容词应用短尾形式,故 свойственно 为正确答案。

29. 正确选项为 A。该题考查固定组合的意义和用法。本句译文:所有人,尤其是年轻人,人人都应该学习。本句不是由 чем-тем 与比较级搭配连接起来的复合句,因而选项 B、D 不能用,可以排除。тем более(更何况、尤其是)用作语气词或插入语,强调和突出所在部分,用来表示对比区分,加强语气。тем не менее 可用作连接词或插入语,意为"但是,然而",表示转折对别。根据句子要表达的实际意思,тем более 为正确答案。

30. 正确选项为 C。该题考查同根动词词义辨析。本句译文:不能独立地补充和更新自己知识的专业人员很快就会落后于生活的要求。заполнять 意为"装满,填满",常用于"填表格"之类的场合;наполнять 意为"充满,具有",常与表示空气、声音、思想、情感的词连用;пополнять 意为"补充,充实",指对事物从数量上使其增加;выполнять 意为"执行、完成",跟表示"任务"的一类词连用。根据句子要表达的实际意思,пополнять 为正确答案。

31. 正确选项为 D。该题考查同根动词词义辨析。本句译文:昨天我拒绝了您的帮忙,而现在我改变主意了。думать 意为"想,认为,打算",придумать 意为"(经过考虑后)想出,发明",обдумать 意为"斟酌,深思熟虑",而 обдуматься 意为"改变主意,回心转意"。根据句子要表达的实际意思,обдумалась 为正确答案。

32. 正确选项为 A。该题考查俄语谚语的构成。"Семь раз примерь, один раз отрежь."是俄语的谚语,意为"量七次剪一次",比喻做事要谨慎,小心稳妥,与汉语的"三思而后行"有异曲同工之妙。根据俄语谚语的结构,正确答案是 Семь。

33. 正确选项为 A。该题考查语义辞格的用法。纳吉比娜用"口"来代替"人口",属于 синекдоха 提喻,是借代修辞格的一种,特点是以部分代替整体。而сравнение(比喻)、олицетворение(拟人)、метонимия(换喻)都不是本句使用的修辞手法。

模拟题 6

ЗНАНИЯ ПО РУССКОМУ ЯЗЫКУ
(25 баллов, 30 минут)

Прочитайте предложения. Выберите правильный вариант и отметьте соответствующую букву на матрице.

ГРАММАТИКА, ЛЕКСИКА И СТИЛИСТИКА

16. Лауреат Нобелевской премии писатель Габриэль Гарсиа Маркес _____ молчания написал новый интересный роман.

    A. через десять лет	B. после десяти лет
    C. десять лет	D. десятью годами

17. Было видно, _____ по зеленым волнам, немного впереди корабля, грациозно плыли дельфины.

    A. зачем	B. чтобы	C. когда	D. как

18. Все замолчали, услышав такой _____ отказ.

    A. решительный	B. решающий	C. решаемый	D. решивший

19. Директор не стал настаивать на своем, _____ мои аргументы показались ему убедительными.

    A. поскольку	B. хотя	C. если	D. раз

20. Было объявлено штормовое предупреждение, _____ аэропорт не закрывался.

    A. хотя	B. зато	C. тем не менее	D. тем более

21. В стране создан комитет по чрезвычайным _____.

    A. обстановкам	B. ситуациям	C. положениям	D. остановкам

22. Ребенок, _____ в приемную семью, сохраняет право на все социальные выплаты и компенсации.

    A. передающий	B. передаваемый	C. передававший	D. передавший

23. По его мнению, лед еще тонок и _____ выдержит тяжесть машин.

    A. небось	B. вряд ли	C. едва ли нет	D. пожалуй

24. В иллюминаторе самолета появилось много мелких островов, _____ причудливый рисунок на поверхности моря.

    A. созданным	B. создаваемых	C. создающих	D. создавшим

25. _____ на севере большие деньги, он решил переехать жить в южный го-

род на берегу моря.

  A. Зарабатывая   B. Заработав

  C. Заработавший   D. Зарабатывавший

26. Петр I вошел в российскую историю как великий реформатор, _____ понимал значение науки и образования для становления государства.

  A. после того, как   B. благодаря тому, что

  C. притом что   D. отчего

27. Когда сын уезжает надолго в экспедицию, она лишается _____, так как знает, какие трудности ждут его в тайге.

  A. покоя   B. покой   C. покоем   D. за покоем

28. Описывая героев своих произведений, писатель Иван Бунин всегда внимателен _____.

  A. к деталям   B. на детали   C. для деталей   D. деталями

29. Многим старинным зданиям реставраторы возвращают давно _____ черты.

  A. утраченные   B. утратившие   C. утрачиваемые   D. утрачивающие

30. Если вы куда-нибудь спешите, то _____ попытка задержать вас не вызывает ничего, кроме раздражения.

  A. любая   B. иная   C. другая   D. самая

31. Посередине стола женщина _____ глубокую тарелку с водой.

  A. оставила   B. составила   C. поставила   D. доставила

32. Фразеологизм «козел отпущения» говорит о человеке, _____.

  A. на которого постоянно сваливают ответственность за ошибки других.

  B. который всегда говорит неправду.

  C. который любит хвастаться перед людьми.

  D. у которого много денег.

33. Выражения «горло бутылки», «ручка двери» относятся к тропу _____.

  A. метафора   B. метонимия   C. олицетворение   D. перифраза

答案

16. B	17. D	18. A	19. A	20. C	21. B	22. B	23. B	24. C
25. B	26. C	27. A	28. A	29. A	30. A	31. C	32. A	33. A

16. 正确选项为 B。该题考查时间状语的表示法。本句译文:诺贝尔文学获奖者作家加夫列尔·加西亚·马尔克斯在十年沉寂后,再次创作完成了一本有趣的小说。句中,当时间数量词组有动名词做非一致定语说明时,习惯上用前置词

после(不用 через),表示行为发生"在……之后(多长时间)"。故正确答案是 после десяти лет(молчания)。

17. 正确选项为 D。该题考查说明关系在复合句中的表示法。本句译文:可以看到,在轮船前面不远的地方,海豚随着绿色的海浪优美地游着。这句话中说明从句用来说明主句中的 видно,强调行为发生的具体过程,应用连接词 как。

18. 正确选项为 A。该题考查形容词的词义辨析。本句译文:听到坚决的拒绝后,所有人都沉默了。"果断的、坚决的"的意思应用 решительный 表示,其他几个词都没有这个意思。

19. 正确选项为 A。该题考查原因关系在复合句中的表示法。本句译文:经理不再坚持自己的看法,因为他觉得我的证据是有说服力的。主句"经理不再坚持自己的看法"和从句"我的证据说服了他"之间构成因果关系,应用 поскольку 引导原因关系从句。而 хотя 引导让步关系从句,если 和 раз 引导条件关系从句,都不适用于本句。

20. 正确选项为 C。该题考查固定词组的意义和用法。本句译文:已经播报了暴风雨预警,不过机场并没有关闭。хотя 引导的从句表示未能阻止主句行为实现的条件,不符合逻辑;并列复合句的连接词 зато 表示对别——补偿关系,是对前一个分句消极内容的补偿;тем не менее 可用作连接词或插入语,意为"但是,然而",表示转折对别,与前一分句所预期的相反。而 тем более 可用作语气词或插入语,意为"更何况、尤其是",用来加强语气,表示对比区分,强调和突出所在部分。根据句子要表达的实际意思,тем не менее 为正确答案。

21. 正确选项为 B。本题考查名词的词义辨析。本句译文:国家成立了紧急状态委员会。остановка 是"车站"的意思,排除此干扰项。其余三个选项均有"情况、状态"的意思,但是侧重和词汇搭配不同。ситуация 特别强调促使行为或事件发生的具体情景、局势,обстановка 常与政治、军事、国际关系等词汇搭配,положение 指的是"某人某地所处的境况、状况"。根据句子要表达的实际意思,ситуация 为正确答案。

22. 正确选项为 B。该题考查形动词的用法。本句译文:被领养的孩子也要保留享受社会救助金和补偿金的权力。передавать/передать(转给、转让)是及物动词,接 кого-что(куда),根据上下文判断,孩子进入寄养家庭是被动行为,而且是多次发生的惯例性行为,所以应用现在时被动形动词长尾形式作定语修饰名词 ребёнок,表示其直接承受的行为,语法上与其在性、数、格上一致。故正确答案为 передаваемый。

23. 正确选项为 B。该题考查语气词的辨析。本句译文:他认为,冰还很薄,未必承受得住车的重量。небось 用作插入语或语气词,意为"大概、恐怕";语气词 вряд ли 意为"未必、不见得",表示一种预测、猜测,пожалуй 作为语气词,意为"好吧、行吧";едва ли не 是语气词,意为"几乎是、差不多是"。根据句子要表达的实际意思,вряд ли 为正确答案。

24. 正确选项为 C。该题考查动词不同形式的意义和用法。本句译文:飞机的舷窗中浮现了很多小岛,这些小岛在海面上勾勒出一幅新奇别致的画面。создавать/создать 表示"创立;形成",接 что,根据句子要表达的意思(很多小岛在海面上勾勒出一幅新奇别致的画面)和句中词之间的语法关系来判断,应用现在时主动形动词作定语,修饰复数二格名词 остров,并与其保持性、数、格的一致。正确答案为 создающих。

25. 正确选项为 B。该题考查副动词的用法。本句译文:他在北方赚到一大笔钱后,决定搬到南方的海滨城市居住。根据上下文可以知道,搬家是在赚到大笔钱之后,故发生在动词谓语之前的行为应用完成体副动词表示。所以本句正确答案为 Заработав。

26. 正确选项为 C。该题考查原因关系在复合句中的表示法。本句译文:彼得大帝作为改革者载入俄国历史,而且他还懂得科学和教育对国家构建的意义。根据上下文判断,这是一个带接续从句的主从复合句,从句补充主句信息量,故正确答案是 притом что。

27. 正确选项为 A。该题考查动词 лишаться 的意义和支配关系。本句译文:当儿子长时间出去探险时,她便失去平静,因为她知道原始森林里会有什么样的困难在等着他。лишаться 表示"失去,丧失"的意思,接 кого-чего。

28. 正确选项为 A。该题考查形容词 внимательный 短尾的意义和支配关系。本句译文:作家布宁在描写作品中的主人公时,总是很关注细节。形容词 внимательный 的短尾形式 внимателен 在句中作谓语,意为"专心,留意",接 к кому-чему。

29. 正确选项为 A。该题考查形动词的用法。本句译文:古籍修复家给许多古老的建筑复原其早已失去的原貌。утрачивать/утратить 意为"使丧失,使遗失",是及物动词,接 что。根据上下文判断,"早已失去的原貌"是被岁月或人为造成的,是既成结果,因而该动词应用过去时被动形动词长尾形式作定语,修饰名词 черты,表示其直接承受的行为,并与其保持性、数、格的一致。故正确答案是 утраченные。

30. 正确选项为 A。该题考查代词和形容词的词义辨析。本句译文:如果您是急着要去什么地方的话,那么任何阻拦您的企图,除了引起愤怒之外,什么都不会带来。"任何一种企图",应用 любая (попытка) 表示。

31. 正确选项为 C。该题考查同根动词词义辨析。本句译文:女人把盛着水的深碟放在桌子中间。оставить 意为"(离开时)留下",составить 意为"组建,形成",поставить 意为"摆放,放置",доставить 意为"把……送到,给予"。根据句子要表达的实际意思,поставила 为正确答案。

32. 正确选项为 A。该题考查对熟语"козёл отпущения"的理解。本句译文:"替罪羊"指代人受过的人（别人的错误总是推到这个人的身上），源自《圣经》。古代犹太人经常用活羊祭祀，成为一种宗教仪式。отпущение 是 отпустить（宽恕）的动名词，常用在 козёл отпущения 这个融合性成语里，意为"替罪羊""替死鬼"或"代人受过的人"。

33. 正确选项为 A。该题考查语义辞格的辨析。基于两个事物在某方面相似的特征，用一个事物名称来称谓另一个事物。горло бутылки 意为"瓶颈"，ручка двери 意为"门把手"，属于典型的 метафора（隐喻）辞格。不是 метонимия（换喻），олицетворение（拟人）或 перифраза（迂喻法）。

模拟题 7

ЗНАНИЯ ПО РУССКОМУ ЯЗЫКУ
(25 баллов, 30 минут)

Прочитайте предложения. Выберите правильный вариант и отметьте соответствующую букву на матрице.

ГРАММАТИКА, ЛЕКСИКА И СТИЛИСТИКА

16. Всю ночь ему не спалось, _____ на другой день он отправился в путь.
    A. тем более   B. тем больше   C. тем не менее   D. тем не меньше

17. Алеша решил _____ свой отпуск с зимы на лето.
    A. выдвинуть   B. передвинуть   C. продвинуть   D. сдвинуть

18. Доктор спросил у пациента, _____ его состояние после лечения.
    A. если изменилось   B. что изменилось
    C. пока изменилось   D. изменилось ли

19. Ветры возникают, _____ солнечные лучи неодинаково поглощаются различными участками земной поверхности.
    A. хотя   B. при том что
    C. несмотря на то что   D. вследствие того что

20. Каждый пользователь компьютера, включившись в Интернет, получает свой _____ адрес, как, впрочем, и в локальной (局部的) сети.
    A. собственный   B. частный
    C. личный   D. индивидуальный

21. _____ в открытый космос космонавты получили последние инструкции из Центра управления полетом.
    A. У выхода   B. Перед выходом

C. С выходом   D. На выходе

22. Глобализация новостей — это активный обмен информацией между регионами мира, _____ посредством спутниковых и компьютерных систем.

　　A. осуществляемый　　　　B. осуществлявший
　　C. осуществляя　　　　　　D. осуществив

23. _____ ребенку делать что-либо, надо обязательно объяснить ему причину запрета.

　　A. Запрещая　　B. Запретив　　C. Запрещавший　　D. Запретивший

24. Наше государство оказывает _____ помощь многим странам Африки и Азии.

　　A. дружелюбную　　B. дружную　　C. дружескую　　D. дружественную

25. О чём говорится во фразеологизме «А Васька слушает да ест»?

　　A. О ситуации, когда один говорит, а другой не слушает его и продолжает делать свое дело.
　　B. О сильно запущенных делах, беспорядочном скоплении бумаг, документов.
　　C. О первом участии в бою.
　　D. О том, что Васька это важный и влиятельный человек.

26. _____ все написанное относится к речи письменной.

　　A. Далеко　　B. Далеко не　　C. Дальше　　D. Дальше не

27. _____ сделаться корреспондентом американской промышленной печати, гость был крупным инженером.

　　A. Как　　B. С тех пор как　　C. До того как　　D. Когда

28. По мнению нашего тренера, ничья в матче с командой-чемпионом равноценна _____.

　　A. победу　　B. победы　　C. победе　　D. победа

29. Скорость современных лайнеров доходит до _____ сотен километров в час, и это не предел мощности этих самолетов.

　　A. скольких-нибудь　　B. некоторых　　C. нескольких　　D. каких-то

30. — Я хочу объяснить тебе свой поступок.
　　— Лучше было бы _____ без всяких объяснений.

　　A. обойтись　　B. обходиться　　C. обойдёмся　　D. обошлись

31. _____ итоги всему ранее изложенному, сформулируем основные принципы успешного ведения деловой беседы.

　　A. Подводя　　B. Переводя　　C. Приводя　　D. Отводя

32. Что означает фразеологизм «Бабье лето»?

A. Дождливые дни в ранней осени.
B. Дождливые дни в поздней осени.
C. Ясные теплые дни в ранней осени.
D. Ясные теплые дни в поздней осени.

33. Что является предметом стилистики?
A. Язык, языковая система и ее речевая реализация.
B. Фонетические, лексические, морфологические, словообразовательные и синтаксические средства языка.
C. Слово, предложение и текст.
D. Научный, официально-деловой, газетно-публистический и разговорный стили.

☞ 答　案

| 16. C | 17. B | 18. D | 19. D | 20. C | 21. B | 22. A | 23. B | 24. D |
| 25. A | 26. B | 27. C | 28. C | 29. C | 30. A | 31. A | 32. C | 33. B |

16. 正确选项为 C。该题考查固定组合。本句译文:他一整夜都没睡着觉,但第二天还是上路了。本句不是由 чем-тем 与比较级搭配连接起来的复合句,因而选项 B、D 不能用,可以排除。тем более(更何况、尤其是)用作语气词或插入语,强调和突出所在部分,用来表示对比区分,加强语气。тем не менее 可用作连接词或插入语,意为"但是,然而",表示转折对别。根据句子要表达的实际意思,тем не менее 为正确答案。

17. 正确选项为 B。该题考查同根动词词义辨析。本句译文:阿廖沙决定把冬天的假期推到夏天。选项中的动词只有 передвинуть 可表示"改期,变更"的意思,接 что на что。

18. 正确选项为 D。该题考查说明关系在复合句中的表示法。本句译文:医生询问病人,治疗过后状况有没有变化。主句是个疑问句,这提示从句应是一个有疑问的内容。从所给几个选项看,只有带连接词 ли 的说明从句(结构为:表示疑问点的词位于从句句首,ли 紧跟其后)可以用来说明主句中表示疑问、怀疑、不确信等意义的词。根据句子要表达的实际意思,изменилось ли 为正确答案。

19. 正确选项为 D。该题考查原因关系在复合句中的表示法。本句译文:风产生的原因在于地球上不同地方获得的太阳辐射不一样。根据句子的语义逻辑,从句表达的内容是造成主句行为的原因,应该用表示原因关系的连接词。选项中,хотя 和 несмотря на то что 引导让步关系从句,притом что 引导接续从句,只有 вследствие того что 引导原因从句。故正确答案是 вследствие того что。

20. 正确选项为 C。该题考查形容词的词义辨析。本句译文:每一位电脑用户在进入互联网之后,都会获得一个个人地址,就像在局域网那样。собственный 指个人有所有权的,частный 指私人的,有别于公家的;личный 指归个人使用(但不一定有所有权)的,индивидуальный 指独有的,有别于其他人的。根据句子要表达的实际意思和词的搭配限制,личный 为正确答案。

21. 正确选项为 B。该题考查前置词的用法。本句译文:进入太空之前,宇航员会得到控制中心发来的最后指令。在表示"临……之前"的时间关系时,用前置词 перед 与名词(多数是动名词)第五格连用。

22. 正确选项为 A。该题考查动词的接格关系。本句译文:新闻全球化是世界各地区之间通过卫星或计算机系统进行的积极的信息交流。осуществить/осуществлять 表示"实现",接 что,根据上下文,应选用现在时被动形动词作定语,修饰名词 обмен,表示交流行为是通过卫星或计算机系统被动发出的,并与其保持性、数、格的一致。

23. 正确选项为 B。该题考查副动词的用法。本句译文:禁止孩子做某事之后,一定要跟他解释禁止的原因。发生在主要行为之前的行为要用完成体副动词表示。故正确答案是 Запретив。

24. 正确选项为 D。该题考查形容词的词义辨析。本句译文:我国对非洲和亚洲的很多国家给予友好援助。дружный 指"和睦的,相亲相爱的",дружелюбный 指对待别人的态度是"友善的,友爱的",дружеский 和 дружественный 都表示双方关系是"友好的",但是前者多用于朋友之间的关系,后者多用于国与国之间正式的、隆重的场合。根据句子要表达的实际意思和词的搭配习惯,дружественную 为正确答案。

25. 正确选项为 A。该题考查俄语熟语的意义。本句译文:熟语"А Васька слушает да ест(而瓦西卡听着并吃着)"说的是什么?选项 A"有人在说话,而其他人没有听,都继续做自己的事",选项 B"一些被搁置的案子,毫无次序地积攒文件",选项 C"第一次参加战斗",选项 D"瓦西卡是个重要的有影响力的人"。这句俄语熟语有讽刺意味。根据该熟语要表达的实际意思,选项 A 为正确答案。

26. 正确选项为 B。该题考查固定组合的意义和用法。本句译文:决不是一切书面写的东西都属于书面语范畴。"远不是,根本不是"的意思要用 далеко не 表示,常在口语中使用,放在某个词或词组的前面增加限制意味。

27. 正确选项为 C。该题考查带时间从句的主从复合句中连接词的用法。本句译文:这位客人在成为美国工业报刊记者之前,曾是一位工程师。几个选项中,只有连接词 до того как 表示"在……之前"发生的行为,而且主句和从句表示同一个人的行为时,从句的谓语动词可以用不定式,根据该句要表达的实际意思,选项 C 为正确答案。

28. 正确选项为 C。该题考查形容词短尾的意义和支配关系。本句译文:我们的教练认为,在与冠军队的比赛中打平手就等于胜利。равноценны(意义相同)要求接кому-чему,故победе为正确答案。

29. 正确选项为C。该题考查不定代词和不定副词的意义和用法。本句译文:现代化大型客机的时速可达几百公里,而且这还不是这类飞机的功率极限。сколько-нибудь 表示说话人未加肯定或不知存在与否,一般用于表疑问、祈使、条件意义的句中,意为"随便多少,一些";какой-то 表示说话人确知某种特征的存在,但知道得不具体,意为"不知是……样的",而带не-的不定代词некоторый与带кое-какой同义,表示说话人知道但不明说,意为"某些,一些",而несколько除了是不定副词外,还可以作不定量数词,表示"几个,一些"的意思,与名词连用,处于第一格或同第一格的第四格时,与其连用的名词用复数二格,处于其他间接格时,与名词同格。根据语法搭配规则和该句要表达的实际意思,选项C为正确答案。

30. 正确选项为A。该题考查动词式和体的用法。本句译文:"我想跟你解释一下我的行为。""最好是无须任何解释就能把事情解决。"根据句子结构和语法关系,句中有было бы,说明句子是无人称句,须使用动词不定式与其搭配,再由于行为是一次性的完成行为,故应用完成体动词强调行为的结果,因而正确答案是обойтись。

31. 正确选项为A。该题考查同根动词的词义辨析。本句译文:对之前所有讲过的东西作总结时,我们一定要确定一下成功进行商务会谈的基本原则。"总结,归纳"之意需用подводить/подвести与итоги构成词组表示。故正确答案是Подводя。

32. 正确选项为C。该题考查成语"Бабье лето"的意义。本句译文:成语бабье лето的意思是什么? Бабье лето 意为"秋老虎",指的是夏末初秋晴朗温暖的日子。故正确答案是Ясные теплые дни в ранней осени。

33. 正确选项为B。本题考查修辞学研究的对象。本句译文:修辞学研究的对象是什么? A.语言、语言体系及其言语表现,B.修辞学研究的对象是语言的语音手段、词汇手段、词法手段、构词手段和句法手段,C.词、句子和篇章,D.科学语体、正式公文语体、报刊语体和会话语体。正确答案是B。

模拟题 8

ЗНАНИЯ ПО РУССКОМУ ЯЗЫКУ
（25 баллов, 30 минут）

Прочитайте предложения. Выберите правильный вариант и отметьте соответствующую букву на матрице.

ГРАММАТИКА, ЛЕКСИКА И СТИЛИСТИКА

16. Мир разноязычен, _____ все люди одинаково плачут и смеются.
    A. и   B. да   C. а   D. но
17. Первый государственный закон, _____ с охраной природы, появился на Руси в XI веке в годы правления Ярослава Мудрого.
    A. связавший   B. связывающий   C. связывавший   D. связанный
18. Поездку пришлось отложить _____ непредвиденных обстоятельств.
    A. в результате   B. в зависимости от
    C. ради   D. в силу
19. Никогда не употребляйте лекарства _____ срока годности.
    A. впоследствии   B. по истечении   C. вплоть до   D. вследствие
20. _____ соединить в одну линию все нити ДНК человека, то она будет в восемьсот раз длиннее, чем расстояние от земли до Солнца.
    A. Когда   B. Так как   C. Если   D. Раз
21. Герберт Уэллс был первым английским литератором, _____ антифашистский роман.
    A. написавший   B. написавшим   C. написан   D. написав
22. Известный писатель XIX века И. А. Гончаров отправился в кругосветное путешествие _____ с экипажем фрегата «Паллада».
    A. за три года   B. тремя годами   C. на три года   D. три года
23. _____ заповедника Аскания-Нова удалось спасти от гибели сайгаков (高鼻羚羊) — древнейших животных, ровесников мамонтов (猛犸).
    A. Благодаря созданию   B. Из-за создания
    C. При создании   D. В создании
24. Он осознал, _____ дороги ему эти воспоминания.
    A. если   B. настолько   C. поскольку   D. насколько
25. Каждое государство должно следить _____ используются его природные

богатства.

　　A. по тому, как　　B. тем, как　　C. за тем, как　　D. то, как

26. Убедив меня _____ этой работы, он предложил свой план действий.

　　A. в необходимости　　　　　　B. за необходимость

　　C. необходимостью　　　　　　D. необходимость

27. Мать, _____ не шуметь посудой, наливала чай и вслушивалась в плавную речь девушки.

　　A. постаравшись　　B. старавшийся　　C. стараясь　　D. постаравшийся

28. Книжные знания, _____ обширны они ни были, являются односторонними и неполными.

　　A. если бы　　B. какой бы　　C. как бы　　D. что бы

29. Продавцу нужно знать, что сейчас _____, на что большой спрос.

　　A. в ходу　　B. в ходе　　C. на ходу　　D. на ходе

30. Обсудив план работы, мы пришли к _____ мнению о сроках выполнения заказа.

　　A. единственному　　B. единому　　C. единичному　　D. одинокому

31. Катя, как мать, _____ маленького брата спать.

　　A. уложила　　B. отложила　　C. вложила　　D. положила

32. Что означает фразеологизм «Делать из мухи слона»?

　　A. Сильно преувеличивать что-либо, придавать чему-либо незначительному большое значение.

　　B. Выдающийся человек, оказывающий сильное духовное и интеллектуальное влияние на своих современников.

　　C. Важный, значительный и влиятельный человек.

　　D. Жить в полном довольстве, достатке.

33. Выражения «Класс шумит.», «Вся аудитория молчит.» относятся к тропу _____.

　　A. метафора　　B. метонимия　　C. олицетворение　　D. перифраза

答　案

| 16. D | 17. D | 18. D | 19. B | 20. C | 21. B | 22. C | 23. A | 24. D |
| 25. C | 26. A | 27. C | 28. C | 29. A | 30. B | 31. A | 32. A | 33. B |

16. 正确选项为 D。该题考查并列复合句中连接词的用法。本句译文:虽然世界上有不同的语言,但所有人的哭和笑都是一样的。句子表达的是对别关系,首先排除选项 A。连接词 только 强调限制色彩,意为"只有",连接词 a 强调两个分

句内容间的差异性，具有对比意义，而连接词 но 表示第二个分句与第一个分句内容的对立、相反。根据该句要表达的实际意思，но 为正确答案。

17. 正确选项为 D。该题考查形动词的用法。本句译文：与环境保护相关的第一部国家法律出现在 11 世纪雅罗斯拉夫统治时期的古罗斯。"……与……相关"，应用 связать 的过去时被动形动词形式(接 с чем)表示。связанный 为正确答案。

18. 正确选项为 D。该题考查前置词的用法。本句译文：由于一些未预料到的情况，不得不将旅行推迟。首先先排除不表示原因关系的前置词选项 B 和 C。в результате 指由于某种原因而产生的自然后果，强调的是后果(результат)，而 в силу 表示某项决定是由于某种情况发生作用而被迫作出的，强调的是原因。本句关键要强调的是原因，故 в силу 是正确答案。

19. 正确选项为 B。该题考查前置词的用法。本句译文：任何时候都不要服用过期药。впоследствии 是副词，先排除选项 A。вплоть до 指"一直到……"，вследствие 是原因前置词，而 по истечении (чего)指"过期"。根据该句要表达的实际意思，по истечении 为正确答案。

20. 正确选项为 C。该题考查条件关系在复合句中的表达法。本句译文：如果将人的 DNA 链条连接成一条线，那么它的长度是地球到太阳的距离的 800 倍。根据句子表达的实际意思，该句是带条件从句的主从复合句。以此可以排除时间连接词 Когда 和原因连接词 Так как。再看主句的构成(она будет)，可以知道，从句表示的是现实条件，因而应用连接词 Если 来引导。而 Раз 表示即成条件，不适用于本句。

21. 正确选项为 B。该题考查动词形式的正确用法。本句译文：赫伯特·威尔斯是第一位写反法西斯小说的英国文学家。根据句子语法结构的整体性要求，不能用 C. написан 和 D. написав 填空。根据上下文，应选用过去时主动形动词长尾形式作定语，修饰名词 литератор，表示其发出的行为，并与其保持性、数、格的一致。故正确答案是 написавшим。

22. 正确选项为 C。该题考查动词与时间状语的搭配。本句译文：19 世纪的著名作家冈察洛夫跟随"帕拉达"号巡航舰的船员们进行了为期 3 年的环球旅行。表示行为预期将持续的时间量，应用前置词 на 与时段名词第四格连用。正确答案是 на три года。

23. 正确选项为 A。该题考查原因前置词的表达法。本句译文：多亏建立了阿斯卡尼诺夫自然保护区，才避免了与猛犸同一时期的远古动物——高鼻羚羊的灭绝。选项中 благодаря 和 из-за 能与名词连用，表示行为产生的原因，但 из-за 与第二格名词连用，所产生的结果是不好的，而 благодаря 与第三格名词连用，产生的良好结果符合行为者的愿望。根据该句要表达的实际意思，Благодаря созданию 为正确答案。

24. 正确选项为 D。该题考查复合句连接词的使用。本句译文:他意识到这些回忆对他来说多么重要。首先,复合句所带的是说明从句,凭此可以排除指示词 настолько,也可以排除条件连接词 если 和原因连接词 поскольку。由于本句要表达的是"珍贵"到什么程度,因而须用关联词 насколько 来引导从句。

25. 正确选项为 C。该题考查受动词支配关系制约的连接手段的表示法。本句译文:每一个国家都应该关注本国的自然资源利用得如何。主句中的动词 следить 接 за кем-чем,故 за тем, как 为正确答案。

26. 正确选项为 A。该题考查动词的意义和支配关系。本句译文:说服我相信这份工作的必要性后,他提出了自己的实施方案。убедить 接 кого в чём,正确答案为 в необходимости。

27. 正确选项为 C。该题考查副动词的用法。本句译文:母亲尽量不让餐具发出声响,一边倒茶,一边倾听女孩平缓的谈话。句中有两个同时发生的主要行为,要表示其行为方式(即尽量不让餐具发出声响),应用未完成体副动词。故 стараясь 为正确答案。

28. 正确选项为 C。该题考查带让步从句的主从复合句中关联词的用法。本句译文:书本知识无论多丰富,都是片面的、不完整的。从语义关系来看,主句与从句之间是让步关系。可排除条件关系连接词 если бы。从句中的中心关键词 обширны 是形容词短尾复数形式,与其连用的不能是代词长尾单数形式 какой(бы)和代词中性形式 что(бы)。与 обширны 搭配的只能是关联词 как (бы)。正确答案为 как бы。

29. 正确选项为 A。该题考查固定组合的意义和用法。本句译文:售货员必须了解现在什么东西流行,什么东西需求量大。所给选项中,в ходу 意为"……流行,畅销",作表语,в ходе 意为"在……过程中",接非一致定语;на ходу 意为"在行驶中",作表语,而 на ходе 一般不用。根据该句要表达的实际意思,в ходу 为正确答案。

30. 正确选项为 B。该题考查形近形容词的词义辨析。本句译文:讨论完工作计划后,我们就完成定货期限统一了意见。所给选项中,единственный 指"唯一的,仅有的",единый 指"一致的,共同的",единичный 指"个别的,非典型的",одинокий 指"孤单的"。根据该句要表达的实际意思,единому 为正确答案。

31. 正确选项为 A。该题考查同根动词词义辨析。本句译文:卡佳像妈妈那样照顾小弟弟睡下。所给选项中的动词都含有"将客体安排在某个位置"的涵义,但是行为方式和搭配不同,区别来自前缀。уложить 指"使躺下(睡觉)",前缀 у 有"安排妥当、搞好"的内在含义。отложить 指"放在一边",前缀 от 表示离心动作结果。вложить 指"放入,装入",前缀 в 表示由外向内,接 что во что。положить 指"放下",前缀 по 表示动作完成,接 что (куда)。根据该句要表达的实际意思,уложила 为正确答案。

32. 正确选项为 A。该题考查俄语成语的意义。本句译文：成语"Делать из мухи слона"指的是什么？所给选项中，A. 极力夸大某种东西，把一种意义不大的东西说成具有很大的意义；B. 一个优秀的人，给同时代的人产生精神上的强烈影响；C. 一个重要的、影响力很大的人；D. 生活在非常满意和富足之中。该成语直译是"把苍蝇说成大象"，形容说话者所述内容不符合实际，夸大其词。故正确答案是 A。

33. 正确选项为 B。该题考查语义辞格的辨析。本句译文：语句"Класс шумит.（全班学生都在吵）Вся аудитория молчит.（整个教室里的学生都在沉默）"的表达法属于语义辞格"换喻（转喻）"。所给选项中，A. метафора 意为：隐喻，B. метонимия 意为：换喻，C. олицетворение 意为：拟人，D. перифраза 意为：迂喻法。本句中，说话者根据两个事物内部或者外部的相关性，用地点或机构名称代替里面的人。класс 和 аудитория 用来表示"教室里的人"，属于典型的换喻（转喻）。故正确答案为 метонимия。

模拟题 9

ЗНАНИЯ ПО РУССКОМУ ЯЗЫКУ
（25 баллов, 30 минут）

Прочитайте предложения. Выберите правильный вариант и отметьте соответствующую букву на матрице.

ГРАММАТИКА, ЛЕКСИКА И СТИЛИСТИКА

16. _____ высоких технологий особое внимание уделяется компьютеризации производства.
    A. В век   B. С веком   C. В веке   D. С века

17. _____ дети взяли брошенного котенка домой и стали за ним ухаживать.
    A. Из жалости   B. С жалостью   C. От жалости   D. Из-за жалости

18. Старику было страшно, _____ волны не перевернули лодку.
    A. что   B. чтобы   C. как   D. будто

19. Мы не проехали еще и четверти дороги, _____ вдруг я услышал за собой крик.
    A. как   B. как только   C. пока   D. пока не

20. Нет необходимости _____ с решением этого вопроса.
    A. спешил   B. спешили   C. спешат   D. спешить

21. _____ веди меня в дом, показывай, как живешь тут с матерью.

A. Давай B. Пусть C. Лучше D. Пожалуй
22. _____ упомянутого, я хочу подчеркнуть несколько важных моментов.
A. Касаясь B. Коснувшись C. Коснувшийся D. Касающийся
23. Музыканты готовились к выступлению очень серьезно: разучивали пьесы с утра _____.
A. к вечеру B. на вечер C. до вечера D. для вечера
24. Интеллигентный человек отличается от других _____, _____ на свои поступки смотрит через призму морали.
A. тому, что B. в том, что C. тем, что D. с тем, что
25. Но _____ человеку неудобно пользоваться длинным цифровым адресом, каждому абоненту присваивают еще и собственное имя.
A. сколько B. поскольку C. столько D. несколько
26. До недавнего времени цифровые подписи на документах, _____ по компьютерным сетям, ставили прежде всего бухгалтеры.
A. посылавших B. посылаемых C. посылая D. послав
27. На этом острове мы будем чувствовать себя _____ от всего мира.
A. отрезаны B. отрезанные C. отрезанными D. отрезанным
28. Большинство россиян считают, что муж и жена должны _____ участвовать в ведении домашнего хозяйства.
A. в меру B. в мере C. в равную меру D. в равной мере
29. _____ любви к народу пронизывает весь роман.
A. Мысль B. Идея C. Идеология D. Мышление
30. В телеграмме сообщалось, что ему на городском конкурсе _____ первая премия за лучший проект моста.
A. суждена B. обсуждена C. присуждена D. обслужена
31. Жизнь даётся один раз и прожить ее надо так, _____ второй раз уже не захотелось!
A. что B. чтобы C. как D. будто
32. В разговорном стиле используется модель _____.
A. образования существительных со значением лица с помощью суффиксов -ух (старуха)
B. образования отглагольных существительных с суффиксами — ани-, (транспортирование)
C. образования слов с исконно русскими приставками (соавтор)
D. образования сложных слов, состоящих из трех и более основ (трубопроводостроительный)

33. Научная статья, монография и диссертация относятся к _____.
   A. научному стилю   B. художественному стилю
   C. официально-деловому стилю   D. газетно-публистическому стилю

答　案

| 16. A | 17. A | 18. B | 19. A | 20. D | 21. A | 22. A | 23. C | 24. C |
| 25. B | 26. B | 27. C | 28. D | 29. B | 30. C | 31. D | 32. A | 33. A |

16. 正确选项为 A。该题考查时间状语的表示法。本句译文:在高科技的时代,生产的计算机化尤其受重视。表达"在什么样的时代、时期、阶段、日子、年月等",须用 в + 第四格名词,往往修饰语为一致或非一致定语。

17. 正确选项为 A。该题考查前置词的用法。本句译文:孩子们出于同情把这只被丢弃的猫带回家来照看。选项中的前置词都可以表示原因关系,但搭配和语义不同。из 表示行为是主体自觉的、有意识发生的,с 和 от 表示主体产生不自觉行为、状态的原因,前者带有口语色彩;из-за 表示产生不好结果的原因;根据句子要表达的实际意思,正确答案是 Из жалости。

18. 正确选项为 B。该题考查带说明从句的主从复合句中连接词的习惯用法。本句译文:老人担心怕浪把船打翻。主句如有表示害怕、担心等意义的词,说明从句要用连接词 чтобы (не)来指出害怕、担心,即不希望发生的事情。

19. 正确选项为 A。该题考查带时间从句的主从复合句中连接词的用法。本句译文:我们还没走完四分之一的路程,我就忽然听见身后的呼喊声。не(проехали)..., как... 是表达时间关系的成语性固定结构,表达"还没有……就已经……"的意思。

20. 正确选项为 D。该题考查词之间的搭配关系。本句译文:没有必要急着去解决这个问题。一些抽象名词(如 необходимость)可以与动词不定式搭配,句中необходимость делать (что)表示"有必要做……",据此其他动词变位形式均可排除。

21. 正确选项为 A。该题考查语气词的意义和用法。本句译文:你带我到你家里去,给我看看你和妈妈生活得怎么样吧。表示"让、请"等单数第二人称祈使意义,要用 Давай。

22. 正确选项为 A。该题考查副动词的用法。本句译文:谈到以上所述内容,我想强调一下几个关键点。要表示与主要行为同时发生的行为,应用未完成副动词,Касаясь 的意思是"在谈到……时"。

23. 正确选项为 C。该题考查两个前置词结构的习惯搭配。本句译文:演奏者很认真地为演出做准备,从早到晚排练乐曲。"从早到晚"习惯上用前置词 с 与前置词 до 搭配表达时间关系,构成复合前置词结构。

24. 正确选项为 C。该题考查限定关系连接词在复合句中的用法。本句译文:有文化有知识的人与其他人的不同之处在于,他们通过道德标准来审视自己的行为。该句表示限定关系用的是指示代词——限定代词习惯组合(то，что),由于动词 отличаться（от кого-чего）需接 чем,指示代词 то 须变第五格形式,而从句用 что 引导,使主句代词所指具体化。故正确答案是 тем，что。

25. 正确选项为 B。该题考查复合句连接词的意义和用法。本句译文:但由于人们不愿意使用很长的数字地址,所以就给每个用户配上一个归自己使用的名字。根据句子上下文,可以判断主句与从句之间是原因——结果关系,从句说明主句行为的原因。所给选项中只有 поскольку 是原因连接词。故正确答案是 поскольку。

26. 正确选项为 B。该题考查形动词的用法。本句译文:直到最近,通过计算机网络发来的文件上的数字签名,最先都是会计们签上去的。文件都是由人操作发来的,因而应用被动形动词表示。本题正确答案是 посылаемых。

27. 正确选项为 C。该题考查语法结构的习惯搭配。本句译文:在这个岛上,我们将感觉到与世隔绝。动词 чувствовать 要求接（кого）каким。故正确答案是 отрезанными。

28. 正确选项为 D。该题考查词组的意义和用法。本句译文:大部分俄罗斯人认为,丈夫和妻子应当平等地分担家务。в равной мере 表示"平等地,相等地"意义,在句中作状语修饰谓语动词。

29. 正确选项为 B。该题考查同近义名词的词义辨析。本句译文:整个小说贯穿着热爱人民这一主题思想。мысль 指"想法,念头",идея 指"(作品内容)的主体思想,中心思想",идеология 指"意识形态,思想体系",мышление 指"思维,思维方式"。根据句子要表达的实际意思,正确答案是 идея。

30. 正确选项为 C。该题考查形近易混动词的词义辨析。本句译文:电报上说,他凭借优秀的桥梁设计方案在市竞赛中获得了一等奖。судить 指"判断;审判",обсудить 指"讨论",присудить 意为"授予,颁发",обслужить 指"为……服务"。根据句子要表达的实际意思,正确答案是 присуждена。

31. 正确选项为 D。该题考查带行为方法从属句的主从复合句中连接词的用法。本句译文:生命只给人一次,这次生命应当过得好像不想再过第二次了似的!这类复合句中,主句中有指示词 так,从句可以用 будто 来衔接,表示行为方法意义。根据句子要表达的实际意思,正确答案是 будто。其他几个连接词也都可以跟 так 连用,只是用在其他场合。请比较:Рассказывала Мария так，что я забывал обо всём。玛利亚讲得我把什么都忘了。К женщине надо относиться так，чтобы она тебя помнила вечно，да ещё всем рассказывала，какой ты замечательный! 对待女人得这样:要让她永远记得你,而且她要对所有人讲你是多么好的人! Уезжая，он делает все так，как велела Кабаниха. 走的时候,他所有事情都是按卡芭妮哈的要求做的。

32. 正确选项为 A。该题考查所给选项中哪一个是口语语体的构词手段。本句译文:俄语口语语体中使用借助后缀-ух（старуха）构成表人名词这一构词模式。所给选项:A. 构词模式:借助后缀-ух（старуха）构成表人名词, B. 借助后缀-ани-,（транспортирование）构成动名词这一构词模式, C. 构成带俄语原始前缀的词这一构词模式, D. 构成三个词根的复合词这一构词模式。根据俄语口语语体特点和句子要表达的实际意思,正确答案是 A。

33. 正确选项为 A。该题考查俄语功能语体的体裁类型。本句译文:科研文章、学术专著和学位论文属于科学语体。所给选项:A. 科学语体, B. 文学语体, C. 公文事务语体, D. 报刊政论语体。俄语修辞学把现代俄语标准语按功能原则划分为五大基本语体:科学语体、公文事务语体、报刊政论语体、日常口语体、文学语体。科学语体是为科学领域的交际目的服务的一种功能语体,使用在科学论文、学术专著、学位论文等专门科学文献及学术讲座和报告中,可体现为书面语形式和口头形式。根据句子要表达的实际意思,正确答案是 A。

模拟题 10

ЗНАНИЯ ПО РУССКОМУ ЯЗЫКУ
（25 баллов, 30 минут）

Прочитайте предложения. Выберите правильный вариант и отметьте соответствующую букву на матрице.

ГРАММАТИКА, ЛЕКСИКА И СТИЛИСТИКА

16. Подключив выделенную линию, вы можете войти в Интернет и _____ найти любую необходимую информацию.

    A. на считанные минуты   B. по считаным минутам
    C. со считанными минутами   D. за считанные минуты

17. В настоящее время компании предъявляют высокие требования _____.

    A. у современного специалиста   B. в современном специалисте
    C. современным специалистом   D. к современному специалисту

18. В Гвинее-Бисау туристов привлекают острова Болама и Бижагош, _____ уникальным животным и растительным миром.

    A. обладающие   B. обладавшие   C. обладая   D. обладаемые

19. _____ он занимался русским языком, но сейчас совсем его забыл.

    A. В настоящее время   B. В прошлое время

C. В его время   D. В свое время
20. _____ на место происшествия сбегались люди, крики становились все громче.
    A. С того времени как   B. После того как
    C. По мере того как   D. Перед тем как
21. Все горы на Земле разрушаются _____ воды, ветра и времени.
    A. с действием   B. к действию
    C. под действием   D. в силу действия
22. Когда я собираюсь в путешествие, я тщательно _____ маршрут.
    A. продумываю   B. придумываю   C. выдумываю   D. задумываю
23. Фарфоровые изделия требуют к себе _____ при перевозке и хранении.
    A. бережного отношения   B. бережное отношение
    C. бережному отношению   D. с бережным отношением
24. Этот руководитель уже привлечён к уголовной ответственности _____.
    A. финансовым мошенничеством   B. за финансовое мошенничество
    C. в финансовом мошенничестве D. финансового мошенничества
25. Важнейшей частью исторического наследия Чингисхана является _____ им свод закона пoд названием «Ясы».
    A. составляя   B. состав   C. составлявший   D. составленный
26. В понедельник мы должны приступить _____ нового договора.
    A. обсуждения   B. с обсуждением   C. к обсуждению   D. на обсуждение
27. _____ в других странах, начинаешь лучше понимать свою страну.
    A. Бывающий   B. Бывавший   C. Побывав   D. Побывавший
28. Космонавт подошел к микрофону и начал говорить _____ него.
    A. за   B. в   C. на   D. под
29. Лёд на реке очень тонкий, _____ идти по нему опасно.
    A. что   B. чтобы   C. как   D. так что
30. Подлинную историю трудового народа нельзя знать, не _____ устного народного творчества.
    A. зная   B. знающий   C. знавший   D. знай
31. В хрестоматийной форме _____ история русской литературы с древних времен до XIX века.
    A. поставлена   B. проставлена   C. обставлена   D. представлена
32. Русская пословица гласит: «Труслив как _____ ».
    A. мышь   B. крыса   C. заяц   D. собака
33. Выражения «переход через улицу», «въезд в город» относятся к тропу

1. 语法、词汇和修辞模拟题

_____.

A. метафора   B. метонимия   C. олицетворение   D. перифраза

☞ 答 案

| 16. D | 17. D | 18. A | 19. D | 20. C | 21. C | 22. A | 23. A | 24. B |
| 25. D | 26. C | 27. C | 28. B | 29. D | 30. A | 31. D | 32. C | 33. B |

16. 正确选项为 D。该题考查前置词的用法。本句译文:接通专线,您可以进入网络,并在一定的时间内找到任何需要的信息。句中行为动词是完成体,表示完成的行为,那么,"在某一时间内完成(某一行为)",应用前置词 за 与第四格名词连用表示,故正确答案是 за считанные минуты。

17. 正确选项为 D。该题考查名词 требование 要求的格。本句译文:如今,公司对现代的专业人才有着很高的要求。动名词 требование 要求接 к кому-чему。故正确答案是 к современному специалисту。

18. 正确选项为 A。该题考查形动词的用法。本句译文:在几内亚比绍,游客被拥有独一无二的动植物资源的博拉马和比热戈斯群岛所吸引。所给选项都是动词 обладать(拥有)的变化形式,均要求接 чем,根据句子结构的要求,应选用现在时主动形动词长尾形式作名词 острова 的定语,揭示其特点,并与其在性、数、格上一致。正确答案为 обладающие。

19. 正确选项为 D。该题考查固定组合的意义和使用。本句译文:他过去曾经学过俄语,可现在全都忘干净了。这是一个对照关系的并列复合句,后面分句中有 сейчас(现在),应与前一分句中表示"当时,在(过去)某个时候"的时间状语相对应,根据句子要表达的实际意思,正确答案是 в своё время。

20. 正确选项为 C。该题考查复合句中连接词的使用。本句译文:随着人们向事发点聚拢,喊叫声越来越大。句中动词 сбегались 和 становились 都是未完成体,主句动词跟有 все громче,说明两个行为是同时发生和发展的,这表明从句应用连接词 по мере того как(随着)引导。而 С того времени как 意为"从……时起",После того как 意为"在……之后",Перед тем как 意为"在……之前",都不适用于本句。

21. 正确选项为 C。该题考查习惯搭配的意义和用法。本句译文:所有的山体会在水、风力和时间的作用下发生侵蚀现象。这里,под действием(在……作用下)是习惯搭配,其后需跟第二格名词连用,第二格名词揭示起作用的因素。正确答案是 под действием。

22. 正确答案为 A。该题考查同根动词的词义辨析。本句译文:当我打算去旅游时,我会很仔细地考虑旅行路线。所给同根动词区别在于前缀。продумывать 指把事情前前后后"(详细)考虑",придумывать 指"(经过考虑后)想好(琢磨

41

出)"一个方法或什么东西,выдумывать 指"虚构,臆造"出一个莫须有的东西,задумывать 指"打算,想起"要做什么事情。根据句子要表达的实际意思,正确答案是 продумываю。

23. 正确选项为 A。该题考查动词的意义和支配关系。本句译文:瓷制品在运输和存放时要小心对待。требовать(потребовать)(要求,需要)接格关系是 чего。故正确答案是 бережного отношения。

24. 正确选项为 B。该题考查名词 ответственность 要求的格。本句译文:这位领导因金融诈骗已经被追究刑事责任。名词 ответственность 要求接 за кого-что(对……负责)。

25. 正确选项为 D。该题考查被动形动词的用法。本句译文:成吉思汗历史遗产最重要的部分是由他编写的、名为《亚斯》的法律汇编。句中有人称代词第五格 им 表示行为的主体,指的是前面所提到的 Чингисхан,这说明 составить(编成,写成)应用过去时被动形动词形式与其连用,作定语修饰名词 свод。故составленный 是正确答案。

26. 正确选项为 C。该题考查动词 приступить 要求的格。本句译文:星期一我们得着手讨论新合同。приступить(着手于……)接 к чему,正确答案是 к обсуждению。

27. 正确选项为 C。该题考查动词形式的正确选择。本句译文:只有到过其他的国家,才会开始更好地了解自己的国家。本句分前后两部分,两部分中均无主语,两个行为属同一主体,从结构意义来看,后面的动词为变位形式,应为主,前面的动词为辅,按语法规则要求,形动词不能直接与动词变位形式搭配,而只能用副动词形式,副动词可以用作条件状语,表示主要动词行为实现的条件。故 Побывав 为正确答案。

28. 正确选项为 B。该题考查固定搭配的结构。本句译文:宇航员走到麦克风跟前,开始对着麦克风讲话。"对着麦克风讲话"即 говорить в него(микрофон),这个搭配是固定的。

29. 正确选项为 D。该题考查带结果从句的主从复合句中连接词的用法。本句译文:河上的冰很薄,所以在上面走很危险。本句分前后两部分,前部分语义结构完整,这说明后部分是用来补充说明前部分内容(产生的结果)的,是结果从句,应用 так что 引导。此句很容易与带程度度量关系从句的主从复合句混淆,请比较带程度度量关系从句的主从复合句:Лёд ещё слишком тонкий, чтобы по нему ходить.(冰还太薄,在上面不能走。)Лёд на реке такой тонкий, что его даже не видно.(河上的冰薄得甚至都看不见。)

30. 正确选项为 A。该题考查副动词的用法。本句译文:不了解民间口头创作,就不能真正地了解劳动人民的历史。本句分前后两部分,前部分语义结构不完整,这说明后部分是用来补充说明前部分内容(条件)的,根据句子要表达的意思和句法结构的限制,应该排除形动词形式。后部分所述内容作为前部分内容的条件,应用副动词形式表示。正确答案是 зная。

31. 正确选项为 D。该题考查同根动词(被动形动词短尾形式)的词义辨析。本句译文:通过选集的形式来介绍从古代到 19 世纪的俄罗斯文学史。поставлена 指"(被)摆放",проставлена 指"(被)填上,注明",обставлена 指"(被)陈设",而 представлена 指"(被)介绍,供了解"。根据句子要表达的实际意思,正确答案是 представлена。

32. 正确选项为 C。该题考查俄语谚语的意思。本句译文:有一句俄语谚语(Трусливкак заяц.)说"胆小如兔。""胆小如兔。"是俄语的谚语,在俄罗斯文化中兔子是"怯弱"的象征。

33. 正确选项为 B。该题考查语义辞格的识别与辨析。本句译文:переход через улицу(过街人行通道),въезд в город(进城的入口处)这样的词语是换喻(转喻)修辞辞格。根据两个事物内部或者外部的相关性,用行为(переход 步行走过;въезд 乘车、骑马进入)代替行为地点(переход 人行通道;въезд 车、马入口处),属于典型的 метонимия(换喻、转喻)。而 метафора(隐喻),олицетворение(拟人),перифраза(迂喻法)都不是本句所用的修辞手法。

§2. 文学和国情知识模拟题（答案与解析）

模拟题 1

ЛИТЕРАТУРА

34. К какому жанру можно отнести роман Платонова «Котлован»?
    A. Автобиография.　　　　　　　B. Эпистолярный роман.
    C. Утопия.　　　　　　　　　　D. Антиутопия.
35. Какое направление литературы представлял Николай Гумилев?
    A. Футуризм.　　B. Акмеизм.　　C. Символизм.　　D. Реализм.
36. Какая пьеса считается вершиной творчества А. М. Горького?
    A. «На дне».　　　　　　　　　B. «Свои люди-сочтемся».
    C. «Вишневый сад».　　　　　　D. «Мещане».
37. Какую поэму сочинил Александр Блок?
    A. «Сто один».　　　　　　　　B. «Семнадцатый год».
    C. «Сороковые».　　　　　　　 D. «Двенадцать».
38. Кто из этих авторов — выдающиеся советские поэты?
    A. Брюсов, Бальмонт, Мережковский, Хлебников.
    B. Твардовский, Евтушенко, Маяковский, Вознесенский.
    C. Маяковский, Есенин, А. К. Толстой, Цветаева.
    D. Пушкин, Лермонтов, Некрасов, Тютчев.
39. Трилогию «Хождение по мукам» написал _____.
    A. М. Горький.　　　　　　　　B. И. А. Бунин.
    C. А. Н. Толстой.　　　　　　　D. М. А. Шолохов.

СТРАНОВЕДЕНИЕ

40. Какой юбилей Тараса Шевченко отмечается в 2016 году?
    A. 200-летие.　　B. 202-летие.　　C. 100-летие.　　D. 102-летие.
41. Настоящая фамилия И. В. Сталина — _____.
    A. Джугашвили　　B. Ульянов　　C. Бухарин　　D. Молотов.
42. Когда газета «Правда» отметила 100-летний юбилей?
    A. 5 мая 2010 года.　　　　　　B. 5 мая 2011 года.

C. 5 мая 2012 года. D. 5 мая 2013 года.
43. Первый русский царь Иван IV получил в истории имя _____.
    A. «Добрый»   B. «Мягкий»   C. «Грозный»   D. «Жестокий»
44. Назовите республику, которая вошла в состав России в 2014 году?
    A. Республика Татарстан.   B. Республика Крым.
    C. Республика Башкортостан.   D. Республика Казахстан.
45. Какой император проводил реформы в России в начале XVIII века?
    A. Александр I.   B. Александр II.   C. Петр I.   D. Николай II.

☞ 文学答案

| 34. D | 35. B | 36. A | 37. D | 38. B | 39. C |

34. 正确选项为 D。普拉托诺夫的作品《基坑》是一篇著名的反乌托邦小说。作家用荒诞的手法勾勒出了一个荒谬的世界：建造全体无产阶级都能住进去的大厦和利用一只熊进行消灭富农的农村集体化运动。本文试图通过人的生存困境这一理论，通过主人公们的不同生存困境表现这部作品的悲剧性，揭示人类生存困境的无限循环。

35. 正确选项为 B。尼古拉·古米廖夫(1886—1921)，杰出的俄罗斯诗人，现代主义流派阿克梅派宗师。出身贵族。他才华卓越，充满幻想，酷爱冒险和猎奇，曾留学法国，漫游英国、意大利等，并三次深入非洲探险。著有成名作《珍珠》，以及《浪漫之花》《异国的天空》《箭囊》《火柱》等八部诗集和一系列诗评。

36. 正确选项为 A。《在底层》是高尔基写于 20 世纪初的一部颇具特色的剧作，堪称高尔基戏剧创作的代表作。这部剧本蕴含着丰富的思想内容，作品的主人公是住在某城市下等客店里的小偷、妓女、手艺匠、过去的演员、落魄的贵族、潦倒的知识分子等。作者不仅真实描写了这些已经成为流浪汉或即将沦为流浪汉的人们的悲惨命运，而且深刻抨击了剥夺了他们重返生活的可能和希望的专制制度。

37. 正确选项为 D。前苏联作家勃洛克于 1918 年仿照十二使徒寻找耶稣基督的故事创造了长诗《十二个》，写了十二个赤卫军战士在十月革命后的风雪之夜巡视彼得格勒的大街。那些旧制度的维护者资本家、雄辩士、神父、贵妇人在黑暗中咒骂革命。而代表新世界的十二个战士则英勇刚强，坚定地向前迈进。该长诗是诗人献给伟大十月的艺术杰作，他运用象征主义方法歌颂革命时代的精神，揭示旧世界灭亡的必然性，预示新生活的广阔前景。

38. 正确选项为 B。特瓦尔多夫斯基(1910—1971)，前苏联著名诗人，作家，代表作有长诗《瓦西里·焦尔金》。叶夫图申科，1933 年出生，前苏联年轻一代的代言人，马雅可夫斯基(1893—1930)著名的俄国诗人，代表作有长诗《列宁》《穿裤子的云》。沃斯涅辛斯基(1933—2010),前苏联著名的诗人、政论家、艺术家、建筑师。

39. 正确选项为 C。《苦难的历程》是俄国作家阿·托尔斯泰撰写的三部曲,包括《两姐妹》《一九一八年》和《阴暗的早晨》。

☞ **国情答案**

| 40. B | 41. A | 42. C | 43. C | 44. B | 45. A |

40. 正确选项为 B。2016 年是乌克兰诗人达拉斯·舍甫琴科诞辰 202 周年。
41. 正确选项为 A。斯大林原姓朱加什维利,斯大林这个姓氏是化名,意思是钢铁。
42. 正确选项为 C。2012 年,《真理报》庆祝了自己的 100 周年纪念日。
43. 正确选项为 C。伊凡四世在历史上又被称为伊凡雷帝。
44. 正确选项为 B。2014 年,克里米亚加入俄罗斯联邦共和国。
45. 正确选项为 A。18 世纪初,亚历山大一世进行了改革。

模拟题 2

ЛИТЕРАТУРА

34. Светлана Алексиевич получила нобелевскую премию за _____.
    A. книгу «У войны не женское лицо». B. книгу «Цинковые мальчики».
    C. книгу «Чернобыльская молитва». D. все свои произведения о войне.
35. Какое произведение не написал А. М. Горький?
    A. «Песня о Роланде». B. «Песня о Соколе».
    C. «Песня о Буревестнике». D. «Фома Гордеев».
36. Какое направление литературы представляла Анна Ахматова?
    A. Футуризм. B. Акмеизм. C. Символизм. D. Реализм.
37. В произведении В. Г. Распутина «Живи и помни» рассказывается _____.
    A. О тяжелом прощании со своей родной землей.
    B. О трагедии женщины чей муж дезертировал с войны.
    C. О судьбах сибирской деревни и ее крестьян.
    D. О духовном и моральном кризисе горожан.
38. В произведении М. Булгакова «Мастер и Маргарита» рассказывается _____.
    A. О том, как строилась Байкало-Амурская магистраль.

B. О трагедии женщины потерявшей сыновей на войне.

C. О том, как Дьявол посетил Москву.

D. О возрождении духовных ценностей.

39. О чем говорится в поэме Маяковского «Хорошо»?

   A. О любви.

   B. О революции.

   C. О будущем.

   D. О разочаровании действительностью.

СТРАНОВЕДЕНИЕ

40. Когда русские земли объединились вокруг Москвы?

   A. В середине 13 века.   B. В середине 14 века.

   C. В середине 15века.   D. В середине 16 века.

41. Когда и по чьей инициативе Крым был передан из составов РСФСР в состав Украинской ССР?

   A. В 1940 по инициативе Сталина Иосифа Виссарионовича.

   B. В 1954 по инициативе Хрущева Никиты Сергеевича.

   C. В 1968 по инициативе Брежнева Леонида Ильича.

   D. В 1991 по инициативе Горбачева Михаила Сергеевича.

42. Назовите название политики по созданию в СССР коллективных хозяйств в деревне?

   A. Новейшая экономическая политика(НЭП).

   B. Политика коллективизации сельского хозяйства.

   C. Политика культуры сельского хозяйства.

   D. Новый НЭП.

43. При каком вожде в России церковь была отделена от государств, а школа — от церкви?

   A. При Ленине В. И.   B. При Сталине И. В.

   C. При Хрущеве Н. С.   D. При Путине В. В.

44. Где в XVIII веке был создан первый в России университет?

   A. В Москве.   B. В Санкт-Петербурге.

   C. В Екатеринбурге.   D. В Киеве.

45. От какого государства зависела Русь в XIII веке?

   A. Золотая орда.   B. Китай.   C. Палестина.   D. Монголия.

文学答案

| 34. D | 35. A | 36. B | 37. B | 38. C | 39. B |

34. 正确选项为 D。斯韦特兰娜·阿列克谢耶维奇,白俄罗斯记者、散文作家,擅长纪实性文学作品。她用与当事人访谈的方式写作纪实文学,记录了二次世界大战、阿富汗战争、苏联解体、切尔诺贝利事故等人类历史上重大的事件。已出版的著作有:《战争的非女性面孔》《最后一个证人》《锌皮娃娃兵》《死亡的召唤》《切尔诺贝利的回忆:核灾难口述史》等。2015 年获得诺贝尔文学奖。获奖理由:多种声音的作品,一座记录我们时代的苦难和勇气的纪念碑。

35. 正确选项为 A。《罗兰之歌》法国英雄史诗,中世纪武功歌的代表作品。全诗共分为 291 节,长 4002 行,以当时民间语言罗曼语写成。英雄史诗是法国最古老的文学,主要分为帝王系、纪尧姆·德·奥郎日系和敦·德·梅央斯系。《罗兰之歌》是帝王系的主要作品。

36. 正确选项为 B。安娜·阿赫玛托娃是俄罗斯文学史上最著名的女诗人之一。有"俄罗斯诗歌的月亮"美称。与丈夫古米廖夫、曼德里施塔姆等人组建了俄罗斯"白银时代"的著名诗歌流派"阿克梅派"。一生出版的诗集有《黄昏》《念珠》《白色的云朵》《车前草》《耶稣纪元》以及长诗《没有主人公的长诗》、组诗《安魂曲》等。

37. 正确选项为 B。拉斯普京的长篇小说《活下去,并且要记住》讲述了卫国战争最后一年发生在西伯利亚安加拉河畔的故事。当兵的丈夫安德烈因眷恋妻子、家庭及和平的乡村生活,在伤愈重返前线途中从医院逃回故乡,藏匿于离村子不远的荒山野岭,冒着随时都可能受到国家法律制裁的危险,与妻子纳斯焦娜频频相会,终于使多年不育的妻子怀了孕,时间一久便被村里人看出了破绽,陷入走投无路的绝境。

38. 正确选项为 C。布尔加科夫的小说《大师与玛格丽特》讲述了魔王撒旦率领随从,假扮外国教授沃兰德走访 1930 年代苏联首都莫斯科,遇见莫斯科文联主席伯辽兹和青年诗人伊凡而引发的一系列故事。通过魔王沃兰德以及他仆人所作的一切,揭示了一系列社会的弊病,暴露人们内心的阴暗面以及人性的弱点,使小说充满了讽刺意味以及幽默情调。

39. 正确选项为 B。马雅可夫斯基的长诗《好》是与俄国的十月革命和社会主义建设紧密地联系着的。它反映了革命和革命所创立的伟大而庄严的新世界,歌颂了祖国、劳动人民和伟大领袖列宁,刻画塑造了苏维埃人的典型形象与典型特征,并且揭露了过去的衰亡。

国情答案

| 40. C | 41. B | 42. B | 43. A | 44. A | 45. A |

40. 正确选项为 C。15 世纪,俄罗斯的土地以莫斯科为中心统一在一起。
41. 正确选项为 B。1954 年,在赫鲁晓夫的倡议下,克里米亚脱离俄罗斯加入乌克兰。
42. 正确选项为 B。在前苏联农村建立集体经济的政策是农业集体化运动。
43. 正确选项为 A。列宁时期,宗教开始脱离国家,学校脱离宗教。
44. 正确选项为 A。18 世纪,在莫斯科成立的俄罗斯第一所大学。
45. 正确选项为 A。18 世纪,罗斯受金帐汗国统治。

模拟题 3

ЛИТЕРАТУРА

34. И. Тургенев не является автором произведения _____.
    A. «Рудин»   B. «Братья Карамазовы»
    C. «Отцы и дети»   D. «Накануне»
35. Вершиной творчества Грибоедова считается пьеса _____.
    A. «Гроза»   B. «Горе от ума»   C. «Бригадир»   D. «Чайка»
36. Вершиной творчества Фонвизина считается пьеса _____.
    A. «Недоросль» B. «Горе от ума»   C. «Бригадир»   D. «Ревизор»
37. Какой роман называют «энциклопедией русской жизни»?
    A. «Мертвые души»   B. «Евгений Онегин»
    C. «Горе от ума»   D. «Герой нашего времени»
38. К какому жанру принято относить «Мертвые души» Гоголя?
    A. роман   B. рассказ   C. поэма   D. повесть
39. Помимо писательской деятельности, Шукшин был еще _____.
    A. кинокритиком, актером, поэтом.
    B. партийным работником, поэтом, журналистом.
    C. председателем колхоза.
    D. актером, режиссером.

СТРАНОВЕДЕНИЕ

40. В 1380 году Золотую Орду разбил _____.
    A. А. Невский   B. Д. Донский   C. Александр I   D. Александр II
41. Русско-японская война 1904 – 1905 гг. Проходила на территории _____.
    A. России.   B. Японии.   C. Монголии.   D. Китая и Кореи.
42. На западе _____ моря Атлантического океана омывают Россию.

A. Балтийское, Черное и Каспийское
B. Балтийское, Черное и Азовское
C. Каспийское, Черное и Азовское
D. Каспийское, Балтийское и Черное

43. По верхнему и среднему течению _____ проходит государственная граница России с Китаем.
A. Лены   B. Амура
C. Северной Двины   D. Дона

44. Когда русские отмечают _____, у них принято поздравлять друг друга, обмениваясь словами: «Христос воскрес!» «Воистину воскрес!»
A. Пасху   B. Новый год   C. Рождество   D. Масленицу

45. В _____ году началась первая война в Чечне.
A. 1992   B. 1993   C. 1994   D. 1995

☞ 文学答案

34. B	35. B	36. A	37. B	38. C	39. D

34. 正确选项为 B。《卡拉马佐夫兄弟》是陀思妥耶夫斯基创作的长篇小说。

35. 正确选项为 B。《聪明误》是格里鲍耶陀夫的力作,深刻地反映了 19 世纪初俄国社会的尖锐思想斗争:一边是以专横、愚昧、因循守旧的莫斯科大贵族法穆索夫为首的一群贵族顽固派;另一边是进步、文明、渴望革新的贵族青年恰茨基。恰茨基单枪匹马舌战群顽,但终以势孤力单而失败;他徒有一腔热血,得到的却是"万般苦恼"。

36. 正确选项为 A。冯维辛最著名的喜剧《纨绔少年》,描写女地主普罗斯塔科娃多方虐待寄养于她家的孤女索菲亚并百般凌辱,后又因为得知索菲亚可以继承叔父斯塔罗东的一笔财产,普罗斯塔科娃便强令索菲亚做自己的儿媳。但米特罗方却只是个爱吃喝玩乐的纨绔少年,他已经 16 岁,却不会加减乘除,只会捉弄仆人,他的每日口头禅是:"我不想学习,只想娶亲"。最终索菲亚在开明贵族普拉夫津和斯塔罗东的保护下与贵族军官米郎结婚,而普罗斯塔科娃则被法办。

37. 正确选项为 B。普希金的《叶甫盖尼·奥涅金》是以书中男主人公的名字命名的。诗人通过这个典型的艺术形象反映生活的真实,传达他以现实人生的看法和他对人类本性的观察与了解,其中包含着非常丰富的内涵。它以优美的韵律和严肃的主题深刻反映俄国十九世纪初叶的现实,提出生活中的许多问题,被俄国批评家别林斯基誉为"俄国生活的百科全书和最富有人民性的作品"。

38. 正确选项为 C。果戈里的长诗《死魂灵》是俄国批判现实主义文学发展的基石,也是果戈里的现实主义创作发展的顶峰。在作者锋利的笔下，形形色色贪婪愚昧的地主，腐化堕落的官吏以及广大农奴的悲惨处境等可怕的现实，揭露得淋漓尽致。从而以其深刻的思想内容，鲜明的批判倾向和巨大的艺术力量成为俄国批判现实主义文学的奠定杰作，是俄国文学，也是世界文学中讽刺作品的典范。

39. 正确选项为 D。舒克申，前苏联著名导演、编剧、演员、作家。他参加过 25 部电影的演出，凭借自编自导的影片《有这么一个小伙子》，获得第十六届威尼斯电影节金狮奖。他还创作了五部中篇小说、两部历史长篇小说、四部话剧和近100 篇短篇小说，代表作有电影小说《红莓》。

☞国情答案

| 40. B | 41. D | 42. B | 43. B | 44. A | 45. C |

40. 正确选项为 B。1380 年，打败金帐汗国的是顿河王德米特里。
41. 正确选项为 D。1904～1905 年俄日战争在中国和朝鲜领土展开。
42. 正确选项为 B。在俄罗斯西部流入大西洋的是波罗的海、里海和亚速海。
43. 正确选项为 B。在阿穆尔河（黑龙江）上游和中游穿过中俄的国界线。
44. 正确选项为 A。当俄罗斯人庆祝复活节时，人们经常相互祝福："耶稣复活了！""真地复活了！"
45. 正确选项为 C。车臣战争于 1994 年开战。

模拟题 4

ЛИТЕРАТУРА

34. «Слово о полку Игореве» — это _____.
    A. сатирический роман.　　　B. героическая поэма.
    C. былина.　　　　　　　　　D. историческая хроника.
35. Чичиков — один из героев романа _____.
    A. «Капитанская дочка».　　　B. «Мертвые души».
    C. «Униженные и оскорбленные».　　D. «Преступление и наказание».
36. М. Ю. Лермонтов автор поэм _____.
    A. «Капитанская дочка», «Евгений Онегин», «Мцыри».
    B. «Мцыри», «Демон», «Повесть о купце Калашникове».
    C. «Вечера на хуторе близ Диканьки».

D. «Ночевала тучка золотая», «Парус», «Люблю Россию я».
37. На какие периоды делится история русской литературы?

A. Золотой век, серебряный век, бронзовый век, советская литература.

B. Древняя, средневековая, современная.

C. Древняя, классическая, золотой век, серебряный век, советская, современная.

D. До-революционный период, после-революционный период.

38. Пьесу «Бригадир» написал _____.

 A. А. С. Пушкин   B. Н. М. Карамзин

 C. Д. И. Фонвизин   D. А. Н. Радищев

39. Пьесу «Борис Годунов» написал _____.

 A. А. С. Пушкин   B. Л. Н. Толстой

 C. Д. И. Фонвизин   D. А. С. Грибоедов

СТРАНОВЕДЕНИЕ

40. _____ — второй по значимости после Пасхи праздник правословного календаря.

 A. Рождество   B. Пасха

 C. Троица   D. Масленица

41. В _____ году в России произошел спад экономики и финансовый кризис.

 A. 1991   B. 1998

 C. 2000   D. 2005

42. Река _____ делит территорию России на почти две равные части.

 A. Лена   B. Обь

 C. Енисей   D. Амур

43. Разница между Пекинским и Московским временем — это _____, летом это разница _____.

 A. 4 часа, 3 часа   B. 4 часа, 5 часов

 C. 5 часов, 4 часа   D. 5 часов, 6 часов

44. Законодательную власть на федеральном уровне в России осуществляет _____.

 A. Федеральное собрание (парламент)   B. правительство

 C. система судов   D. Государственная дума

45. После распада СССР в России началась радикальная экономическая реформа, которая называется _____.

 A. НЭПом   B. военным коммунизмом

C. шоковой терапией　　　　　D. реформой и открытостью

☞ 文学答案

| 34. B | 35. B | 36. B | 37. C | 38. C | 39. A |

34. 正确选项为 B。《伊戈尔远征记》，成书于 1185～1187 年。全诗由序诗、中心部分和结尾组成，以 12 世纪罗斯王公伊戈尔一次失败的远征为史实依据，为我们阐明古代俄罗斯文化和在古代罗斯发生的事件的作品，被誉为英雄主义史诗。
35. 正确选项为 B。《死魂灵》描写一个投机钻营的骗子，假装成六等文官的乞乞科夫买卖死魂灵（俄国的地主们将他们的农奴叫做"魂灵"）的故事。
36. 正确选项为 B。莱蒙托夫的《童僧》描写了一个不愿过监狱般修道院生活的少年山民的悲惨遭遇；《恶魔》抨击了黑暗的农奴制社会；《商人卡拉悉尼科夫之歌》叙述蔑视沙皇权势、敢于和沙皇卫兵决斗的青年商人的悲剧。
37. 正确选项为 C。俄罗斯文学史被划分为六个时期：古罗斯时期、古典主义文学时期、白银时代、黄金时代、苏联时期、俄罗斯现代文学。
38. 正确选项为 C。《旅长》是冯维辛第一部独具风格的喜剧。在这部作品里，作者嘲笑了贬低俄罗斯民族自尊心的那种崇拜法国文化、盲目模仿外国风习的思想，真实描绘了俄罗斯地方贵族的生活和他们的文化程度。
39. 正确选项为 A。《鲍里斯·戈都诺夫》是俄国第一部历史悲剧，也是普希金为打破古典主义对俄国剧坛的统治所进行的大胆的艺术革新，从而为俄罗斯戏剧的现实主义发展所奠定了坚实的基础。

☞ 国情答案

| 40. A | 41. B | 42. C | 43. C | 44. A | 45. C |

40. 正确选项为 A。东正教日历上意义仅次于复活节的第二大节日是圣诞节。
41. 正确选项为 B。1998 年，俄罗斯发生了经济衰退和金融危机。
42. 正确选项为 C。叶尼塞河把俄罗斯的领土分成大致相等的两部分。
43. 正确选项为 C。北京时间与俄罗斯时间冬天相差 5 小时，夏天相差 4 个小时。
44. 正确选项为 A。俄罗斯国家立法权由议会来完成。
45. 正确选项为 C。前苏联解体后，被称为休克疗法的经济体制改革开始。

模拟题 5

ЛИТЕРАТУРА

34. Пьесу «Царь Борис» написал _____.
    A. А. С. Пушкин　　　　　　　B. Л. Н. Толстой
    C. Д. И. Фонвизин　　　　　　D. А. С. Грибоедов
35. Какое произведение является вершиной творчества Гоголя-драматурга?
    A. «Вечера на хуторе близ Диканьки»　　B. «Ревизор»
    C. «Мертвые души»　　　　　　D. «Петербургские повести»
36. В какой поэме описывается судьба русской крестьянки?
    A. «Маленькие трагедии»　　　B. «Кому на Руси жить хорошо»
    C. «Демон»　　　　　　　　　D. «Мороз-Красный нос»
37. В каком из этих произведений не описан образ «лишнего человека»?
    A. «Недоросль».　　　　　　　B. «Евгений Онегин».
    C. «Герой нашего времени».　　D. «Рудин».
38. Кто автор «Записок охотника»?
    A. А. С. Пушкин.　　　　　　B. Л. Н. Толстой.
    C. Н. М. Карамзин.　　　　　D. И. С. Тургенев.
39. Кто из русских авторов считается образцовым стилистом?
    A. И. А. Бунин.　　　　　　　B. Ф. М. Достоевский.
    C. А. И. Куприн.　　　　　　　D. Н. М. Карамзин.

СТРАНОВЕДЕНИЕ

40. С 1952 г. правящая партия Советского Союза стала называться _____.
    A. КПСС　　　　　　　　　　B. ВКП(б)
    C. РКП(Б)　　　　　　　　　　D. РСДРП
41. Судебную власть в России осуществляет _____.
    A. система судов　　　　　　　B. правительство
    C. парламент　　　　　　　　D. Государственная дума
42. _____ являют(-ет)ся границей между Европой и Азией.
    A. Уральские горы　　　　　　B. Кавказские горы
    C. Алтай　　　　　　　　　　D. Тянь-Шан
43. Крестьянская община в России существовала вплоть до _____.
    A. Реформы Столыпина　　　　B. Реформы Петра I

C. Отмены крепостного права   D. Октябрьской революции

44. Символом Москвы является улица _____, название которого значит пригород в арабском языке.
   A. Тверская улица   B. Кольцевая аллея
   C. Арбат   D. Горького

45. _____ — основоположник Москвы.
   A. Владимир   B. Ярослав
   C. Юрий Долгорукий   D. Петр I

☞ 文学答案

| 34. B | 35. B | 36. D | 37. A | 38. D | 39. A |

34. 正确选项为 B。阿·托尔斯泰是俄国著名诗人、剧作家。他写有历史剧三部曲《伊凡雷帝之死》《沙皇费多尔·伊凡诺维奇》和《沙皇鲍里斯》。

35. 正确选项为 B。《钦差大臣》是根据普希金提供的一则荒诞见闻,果戈里在两个月内创作出的五幕喜剧。《钦差大臣》使果戈里第一次实现了创作既真实而又尖刻的社会喜剧的心愿,他把《钦差大臣》看作是自己创作中的一个转折点。他认为:"在《钦差大臣》以前,自己作品中的幽默都是无目的的、轻率的,而只有在《钦差大臣》以及以后的创作中,自己的嘲笑才有了正确的方向"。

36. 正确选项为 D。涅克拉索夫是妇女命运的歌手,他创作了一些关于农村妇女的诗篇,其中《严寒,通红的鼻子》便是描写农村妇女悲惨命运的,诗篇充满了对农村妇女的深厚同情。

37. 正确选项为 A。俄国文学作品中多余人的形象包括普希金笔下的叶甫盖尼·奥涅金、莱蒙托夫笔下的毕巧林、屠格涅夫笔下的罗亭、赫尔岑笔下的别尔托夫、冈察洛夫笔下的奥勃洛摩夫等。而《纨绔子弟》描写的是一个不学无术的青年米特罗方。

38. 正确选项为 D。《猎人笔记》是屠格涅夫的成名作,是一部通过猎人的狩猎活动,记述十九世纪中叶俄罗斯农村生活的随笔集。书中揭露了农奴主的残暴,农奴的悲惨生活,作者还因此被放逐。

39. 正确选项为 A。布宁,俄国首位获诺贝尔奖的作家,他的创作继承了俄国古典文学的现实主义传统,他的小说不太重视情节与结构的安排,而专注于人物性格的刻画和环境气氛的渲染,语言生动和谐,富于节奏感,被高尔基誉为"当代优秀的修辞学家"。

☞ 国情答案

| 40. A | 41. A | 42. A | 43. D | 44. C | 45. C |

40. 正确选项为 A。从 1952 年开始,苏联执政党始称苏联共产党 Коммунистическая партия Советского Союза。
41. 正确选项为 A。俄罗斯的司法权由法院来完成。
42. 正确选项为 A。乌拉尔山是欧亚分界线。
43. 正确选项为 D。俄国的村社制度一直存在到十月革命为止。
44. 正确选项为 C。阿尔巴特大街是莫斯科的象征,在阿拉伯语里是郊区的意思。
45. 正确选项为 C。长臂尤里是莫斯科的创造者。

模拟题 6

ЛИТЕРАТУРА

34. На каком языке писал Иосиф Бродский, лауреат Нобелевской премии по литературе 1987 года?
    A. На русском языке.
    B. На английском языке.
    C. На русском и английском языках.
    D. На русском и французском языках.
35. В каком произведении описана героическая борьба русского народа против завоевателей?
    A. «Повесть о Горе-Злосчастии».
    B. «Повесть о купце Калашникове».
    C. «Повесть о разорении Рязани Батыем».
    D. «Борис Годунов».
36. Какое из перечисленных произведений — роман в стихах?
    A. «Мцыри».　　　　　　　　　　B. «Борис Годунов».
    C. «Повесть о купце Калашникове».　D. «Евгений Онегин».
37. Кто из этих авторов — представитель русской литературы классического периода?
    A. Радищев.　　　　　　　　　　B. Тютчев.
    C. Фет.　　　　　　　　　　　　D. Чернышевский.
38. Кто из этих авторов НЕ является поэтом?
    A. Некрасов.　　　　　　　　　　B. Ломоносов.
    C. Фет.　　　　　　　　　　　　D. Чернышевский.
39. В каком произведении впервые появляется образ революционера?

A. «Мертвые души». B. «Герой нашего времени».
C. «Евгений Онегин». D. «Кому на Руси жить хорошо?».

СТРАНОВЕДЕНИЕ

40. Декабристы подняли вооруженное восстание в декабре _____ года.
    A. 1815 B. 1825
    C. 1835 D. 1845

41. На юге Россия не граничит с _____.
    A. Азербайджаном B. Грузией
    C. Казахстаном D. Монголией

42. _____ называется колыбелью трех революций: 1905, февральской и октябрьской 1917 г.
    A. Москва B. Волгоград
    C. Санкт-Петербург D. Самара

43. Исполнительную власть в России осуществляет _____.
    A. Совет федерации B. Государственная дума
    C. правительство D. парламент

44. _____ в России отмечается как День космонавтики.
    A. 4 октября B. 12 апреля
    C. 1 августа D. 10 января

45. Во время Отечественной войны 1812 г. главным командиром был _____.
    A. М. И. Кутузов B. Г. Н. Жуков
    C. М. В. Фрунзе D. Л. И. Брежнев

文学答案

| 34. C | 35. C | 36. D | 37. A | 38. D | 39. D |

34. 正确选项为 C。俄裔美国诗人，散文家，诺贝尔文学奖获得者。1987 年因其哀婉动人的抒情诗作品获得诺贝尔文学奖。其英文写作也十分出色，诺贝尔奖提及他对"英语特性的掌握令人惊讶。"自称为"俄语诗人与英语散文家的愉快结合"。

35. 正确选项为 C。从 1240 年起，蒙古人入主罗斯近两个半世纪之久，使罗斯的经济、文化遭到巨大破坏。这一时期留下的作品不多，比较重要的有《拔都灭亡梁赞的故事》，讲述了俄罗斯民族和侵略者英勇斗争的故事。

36. 正确选项为 D。《叶甫盖尼·奥涅金》是普希金最著名的作品，是一本当代长篇诗体小说，它确立了俄罗斯语言规范，也是俄国现实主义文学的基石。

37. 正确选项为 A。俄国文学中的古典主义诞生于 18 世纪三四十年代,在"彼得一世改革"的基础上兴起,并占据了半个世纪的俄国文学的主导地位,为俄国文学的腾飞打下了坚实的基础。其代表有贵族作家卡拉姆津、革命家拉季舍夫、德米特里耶夫等。
38. 正确选项为 D。车尔尼雪夫斯基是俄国革命家、哲学家、作家和批评家,人本主义的代表人物。是俄国杰出的革命民主主义者,伟大的无产阶级革命作家,一生为真理而奔走呼号的战斗者。
39. 正确选项为 D。《谁在俄罗斯能过好日子》是俄罗斯杰出的诗人涅克拉索夫的代表作,这部叙事长诗中首次出现了女革命者的形象,通过展现农奴制"改革"后人民生活的广阔画面和人民的情感和探索,揭露了腐朽的、专制的俄罗斯,歌颂了开始觉醒的、人民的俄罗斯,从而成为大转折时代的一部史诗。

国情答案

| 40. B | 41. B | 42. C | 43. C | 44. B | 45. A |

40. 正确选项为 B。1825 年 12 月,十二月革命党人举行了武装起义。
41. 正确选项为 B。俄罗斯南部不和乌兹别克斯坦接壤。
42. 正确选项为 C。圣彼得堡被称为三次革命的摇篮:1905 年革命、二月革命、十月革命。
43. 正确选项为 C。在俄罗斯行政权由政府来完成。
44. 正确选项为 B。4 月 12 日,俄罗斯庆祝宇航员节。
45. 正确选项为 A。1812 年卫国战争时主要将领是库图佐夫。

模拟题 7

ЛИТЕРАТУРА

34. Кто из русских писателей пережил опыт борьбы с наркотической зависимостью и описал свои впечатления в художественной прозе?
    A. Н. А. Некрасов.　　　　　　B. А. А. Фадеев.
    C. В. О. Пелевин.　　　　　　D. М. А. Булгаков.
35. Самым выдающимся поэтом классического периода считается _____.
    A. М. В. Ломоносов.　　　　　B. Г. Р. Державин.
    C. А. С. Пушкин.　　　　　　D. А. П. Сумароков.
36. Герои пьесы Фонвизина «Недоросль» — это _____.

A. царь Федор, царь Борис, царица Ирина.
B. Софья, Милон, Митрофан, Стародум.
C. Евгений Онегин, Ленский, Татьяна, Ольга.
D. Чичиков, Плюшкин, Манилов, Коробочка.

37. Персонажи «Евгения Онегина» — это _____.
    A. царь Федор, царь Борис, царица Ирина.
    B. Софья, Милон, Митрофан, Стародум.
    C. Ленский, Татьяна, Ольга.
    D. Чичиков, Плюшкин, Манилов, Коробочка.

38. Вершиной творчества Н. Карамзина является роман _____.
    A. «Капитанская дочка».
    B. «Бедная Лиза».
    C. «Письма русского путешественника».
    D. «Путешествие из Петербурга в Москву».

39. Н. Некрасов автор поэм _____.
    A. «Капитанская дочка», «Евгений Онегин», «Полтава».
    B. «Мцыри», «Демон», «Повесть о купце Калашникове».
    C. «Кому на Руси жить хорошо», «Русские женщины», «Мороз красный нос».
    D. «Памятник», «Средь шумного бала случайно», «Князь Серебряный».

СТРАНОВЕДЕНИЕ

40. Во время блокады Ленинграда в годы Великой Отечественной войны по льду _____ была проложена «Дорога жизни».
    A. Байкала   B. Каспийского моря
    C. Ладожского озера   D. озера Ханки

41. Последний генеральный секретарь ЦК КПСС, первый единственный президент СССР _____ начал весной 1986 г. перестройку.
    A. Хрущев   B. Брежнев
    C. Горбачев   D. Ельцин

42. В конце X в., точнее в 988 г., князь _____ крестился сам, крестил своих бояр и заставил креститься всех остальных. Крещение его — поворотный момент христианизации Киевской Руси.
    A. Владимир   B. Ярослав
    C. Иван Калита   D. Петр I

43. Восстание _____ явилось наиболее крупным восстанием крестян в XVII

веке.
   A. Степана Разина   B. Пугачева
   C. Болотникова   D. Неизвестного солдата
44. Город Калинин был переименован в бывшее название _____ .
   A. Красноярск   B. Иркутск
   C. Тверь   D. Пермь
45. Полтавская битва — генеральное сражение между русским и _____ .
   A. французами   B. немцами
   C. шведами   D. англичанами

文学答案

| 34. D | 35. B | 36. B | 37. C | 38. B | 39. C |

34. 正确选项为 D。布尔加科夫是俄罗斯小说家、剧作家。由于在一次手术中感染，需要打吗啡解除病痛，试图通过麻醉剂来忘记和脱离现实环境。这些经历写进了他的短篇小说《吗啡》。

35. 正确选项为 B。杰尔查文，俄国诗人，创作初期，他遵循罗蒙诺索夫的传统，后来突破了古典主义的固定模式，开始用生动的口语描写日常生活，丰富了诗歌语言，并使俄国诗歌接近现实，杰尔查文的重要作品多为颂诗。

36. 正确选项为 B。《纨绔少年》描写女地主普罗斯塔科娃多方虐待寄养于她家的孤女索菲亚并百般凌辱，后又因为得知索菲亚可以继承叔父斯塔罗东的一笔财产，普罗斯塔科娃便强令索菲亚做自己的儿媳。但米特罗方却只是个爱吃喝玩乐的纨绔少年，他已经16岁，却不会加减乘除，只会捉弄仆人，他的每日口头禅是："我不想学习，只想娶亲"。最终索菲亚在开明贵族普拉夫津和斯塔罗东的保护下与贵族军官米郎结婚，而普罗斯塔科娃则被法办。

37. 正确选项为 C。普希金的诗体小说《叶甫盖尼·奥涅金》塑造了俄罗斯文学中第一个"多余人"的人物形象"叶甫盖尼·奥涅金"；达吉雅娜是诗人心目中理想女性的化身；奥尔加精神上非常贫乏，美色是她的价值筹码，在男性视野中，奥尔加就是他们理想中"洋娃娃"式的大美女。

38. 正确选项为 B。《可怜的丽莎》是卡拉姆辛最有代表性的一部作品。小说写一个非常普通的爱情悲剧故事：一个农家少女同一个贵族青年相爱，后来遭到遗弃，投水自尽。在欧洲文学中，这是一个屡见不鲜的题材，但是卡拉姆辛却写得缠绵悱恻，非常动人。

39. 正确选项为 C。涅克拉索夫，俄国诗人，60年代开始创作长诗反映现实生活，发表了农村题材的长诗《严寒，通红的鼻子》；1872～1873年发表的《俄罗斯妇女》是讴歌十二月党人的妻子们的崇高品德和自我牺牲精神的叙事诗；1866～

1876 发表的代表作《谁在俄罗斯能过好日子》是一首叙事长诗。它写了偶然相遇的 7 个农民为寻求"谁在俄罗斯能过好日子?"这个问题的答案,乘一块"神奇的桌布"漫游全国的故事。

☞ 国情答案

| 40. C | 41. C | 42. A | 43. A | 44. C | 45. C |

40. 正确选项为 C。在卫国战争中列宁格勒封锁的日子,布拉多加湖的水面成了《生命之路》。
41. 正确选项为 C。前苏共最后一位总书记,是前苏联第一个也是惟一一个总统,戈尔巴乔夫在 1986 年春开始执政。
42. 正确选项为 A。在 10 世纪末,确切说是在 988 年,弗拉基米尔公爵自己洗礼,又让自己的大臣接受洗礼,接着又强迫所有其余人接受洗礼。洗礼成为基辅罗斯基督教的开始时代。
43. 正确选项为 A。拉辛起义是 17 世纪最大的农民起义。
44. 正确选项为 C。加里宁市恢复原名特维尔。
45. 正确选项为 C。波尔塔瓦战役发生于 1709 年 6 月 28 日,是决定俄国和瑞典命运的一场鏖战。

模拟题 8

ЛИТЕРАТУРА

34. К какому жанру принадлежат «Маленькие трагедии» А. Пушкина?
    A. Поэма.　　　　　　　　　　B. Лирические произведения.
    C. Пьесы.　　　　　　　　　　D. Рассказы.
35. К какому жанру принадлежит произведение Ф. Достоевского «Бедные люди»?
    A. Эпистолярный роман.　　　B. Мемуары.
    C. Дневники.　　　　　　　　D. Документальная литература.
36. Что означает слово «царь» в названии произведения Астафьева «Царь-рыба»?
    A. Огромная рыба.　　　　　 B. Царская рыба.
    C. Красная рыба.　　　　　　D. Правитель государства.
37. В каком жанре писала русская писательница Тэффи?

A. Лирические произведения.　　B. Юмористические рассказы.
C. Драматургия.　　D. Мемуары.

38. Какие советские писатели писали юмористические произведения в соавторстве?
    A. Есенин и Маяковский.　　B. Мамин и Сибиряк.
    C. Шолохов и Шукшин.　　D. Ильф и Петров.

39. Помимо писательской деятельности, Шукшин был еще _____.
    A. кинокритиком, актером, поэтом
    B. партийным работником, поэтом, журналистом
    C. председателем колхоза
    D. актером, режиссером

СТРАНОВЕДЕНИЕ

40. 17 апреля 1917 г. на собрании большевиков Ленин изложил свои тезисы «О задачах пролетариата в данной революции». Это были знаменитые «_____».
    A. Февральские тезисы　　B. Апрельские тезисы
    C. Майские тезисы　　D. Октябрьские тезисы

41. Самая большая республика в России — это _____.
    A. Якутия　　B. Чеченская
    C. Северная Осетия　　D. Калмыкия

42. Россия расположена в _____ часовых поясах.
    A. 9　　B. 10
    C. 11　　D. 12

43. _____ называется городом белых ночей.
    A. Санкт-Петербург　　B. Мурманск
    C. Екатеринбург　　D. Новосибирск

44. Основная законодательная власть в России принадлежит Федеральному собранию, состоящему из двух палат: _____ и _____.
    A. Верхней палаты, Нижней палаты
    B. Верховного совета, Нижней палаты
    C. Совета федерации, Государственной думы
    D. Верхнего совета, Государственной думы

45. Главой государства России является _____.
    A. генеральный секретарь　　B. премьер-министр
    C. президент　　D. министр

☞ 文学答案

| 34. C | 35. A | 36. A | 37. B | 38. D | 39. D |

34. 正确选项为 C。普希金创作的戏剧小悲剧有四部,包括《吝啬的骑士》《莫扎特和沙莱里》《石客》和《瘟疫流行时的宴会》。

35. 正确选项为 A。《穷人》是俄国作家陀思妥耶夫斯基的第一部作品。采用书信体裁,描写年老贫穷的小官吏杰渥式庚同情受地主迫害的孤女瓦尔瓦拉,为了帮助她,自己搬到贫民窟省吃俭用。后来,杰渥式庚越来越贫困,瓦尔瓦拉走投无路,只好嫁给地主为妾。

36. 正确选项为 A。《鱼王》是阿斯塔菲耶夫的代表作。讲述了楚什镇上整洁高傲、受人尊敬的"渔王"伊格纳齐依奇在一次捕鱼的过程中遇到了一头前所未有的巨大的"鱼王"的故事。在人和鱼的斗争中,生命和生活的本质逐渐显现出来。

37. 正确选项为 B。苔菲是一位俄国白银时代的幽默作家。她的本名娜杰日达·洛赫维茨卡娅。她写过诗歌、剧本和小说,尤其以她的幽默短篇小说闻名。

38. 正确选项为 D。苏联的文学家伊里夫、彼得罗夫合著的一部长篇小说《十二把椅子》是个极其有趣的讽刺故事。它通过一个贵族出身的小公务员和一个流氓找寻十二把藏有财富的椅子的曲折离奇经历,尖锐地讽刺了许多卑污可笑的现象。

39. 正确选项为 D。舒克申,前苏联著名导演、编剧、演员、作家。他参加过 25 部电影的演出,凭借自编自导影片《有这么一个小伙子》,获得第十六届威尼斯电影节金狮奖。他还创作了五部中篇小说、两部历史长篇小说、四部话剧和近 100 篇短篇小说,代表作有电影小说《红莓》。

☞ 国情答案

| 40. B | 41. A | 42. C | 43. A | 44. C | 45. C |

40. 正确选项为 B。1917 年 4 月 17 日在布尔什维克会议上列宁做了题为《论无产阶级在这次革命中的任务》的演说,这被称为《四月提纲》。

41. 正确选项为 A。俄罗斯最大的共和国是雅库特。

42. 正确选项为 C。俄罗斯跨 11 个时区。

43. 正确选项为 A。圣彼得堡被称为"白夜之城"。

44. 正确选项为 C。俄罗斯的主要立法机关是议会,它由联邦委员会和国家杜马组成。

45. 正确选项为 C。俄罗斯国家元首称为总统。

模拟题 9

ЛИТЕРАТУРА

34. «Слово о полку Игореве» — это _____.
    A. сатирический роман. B. героическая поэма.
    C. былина. D. историческая хроника.
35. Кто из русских писателей считается основателем современного литературного русского языка?
    A. Г. Р. Державин. B. М. В. Ломоносов.
    C. А. С. Пушкин. D. И. С. Тургенев.
36. Кто из русских поэтов 19 века был выдающимся переводчиком с немецкого и английского языков?
    A. Ф. И. Тютчев. B. А. Н. Майков.
    C. А. А. Фет. D. В. А. Жуковский.
37. Кто из русских поэтов 20 века был выдающимся переводчиком с английского языка?
    A. С. Я. Маршак. B. А. Т. Твардовский.
    C. Н. С. Михалков. D. Агния Барто.
38. В каком смысле использовано слово «герой» в названии произведения М. Лермонтова «Герой нашего времени»?
    A. В прямом смысле.
    B. В переносном смысле.
    C. В ироническом смысле.
    D. Это переводное слово с немецкого языка.
39. Кто из этих авторов является популярным писателем 21 века?
    A. Виктор Пелевин. B. Михаил Булгаков.
    C. Агния Барто. D. Сергей Михалков.

СТРАНОВЕДЕНИЕ

40. Какая следующая страна граничит с Россией?
    A. Казахстан B. Узбекистан
    C. Туркменистан D. Кыргызстан
41. Санкт-Петербургу около _____ лет, он был основан в _____ г.
    A. 300, 1653 B. 300, 1703
    C. 400, 1756 D. 450, 1803

2. 文学和国情知识模拟题

42. В «смутное время» восстание _____ было самым крупным из крестьянских движений.
    A. Болотникова   B. Пугачева
    C. Разина   D. Степана

43. После подавления «пражской весны» советское руководство во главе с Брежневым отказалось от всяких попыток реформ внутри страны и целиком перешло на консервативные позиции. Начался долгий период «_____».
    A. оттепель   B. застой
    C. золотой век   D. серебряный век

44. Первый русский царь — _____.
    A. Петр Первый   B. Екатерина I
    C. Александр I   D. Иван IV

45. Первым президентом РФ был _____.
    A. Горбачев   B. Брежнев
    C. Ельцин   D. Путин

文学答案

| 34. B | 35. C | 36. D | 37. A | 38. C | 39. A |

34. 正确选项为 B。《伊戈尔远征记》，以 12 世纪罗斯王公伊戈尔一次失败的远征为史实依据。是一部为我们阐明古代俄罗斯文化和在古代罗斯发生的事件的作品，被誉为英雄主义史诗。

35. 正确选项为 C。普希金是俄国著名的文学家，俄国最伟大的诗人、现代俄国文学的奠基人。19 世纪俄国浪漫主义文学主要代表，被誉为"俄国小说之父"、"俄罗斯诗歌的太阳"。

36. 正确选项为 D。茹科夫斯基在翻译上有很高的成就，曾将荷马史诗《奥德修纪》(一译《奥德赛》)、东方史诗《鲁斯捷姆和佐拉布》以及拜伦、席勒的诗歌译为俄文。

37. 正确选项为 A。马尔沙克是许多经典译文的作者，如威廉·莎士比亚的十四行诗、罗伯特·伯恩斯的歌谣和叙事诗、鲁德亚德·吉卜林和约翰·奥斯丁的诗作，以及乌克兰、白俄罗斯、立陶宛、亚美尼亚及其他国家诗人的作品。他还翻译过毛泽东诗词《浣溪沙》。

38. 正确选项为 C。《当代英雄》是俄罗斯文学中的第一部心理小说，同时也是一部社会心理小说，作者试图通过毕巧林对社会的态度来揭示他的个性。毕巧林既是社会的产物，同时又与社会对立，不能融入社会。他是当时的青年一代的代表，他们找不到施展抱负的机会，因而进入了"多余人"行列。

39. 正确选项为 A。维克多·佩列文是当今俄罗斯最受关注的后现代作家，1989年发表处女作《伊格纳特魔法师和人们》后，开始以科幻小说家的身份崭露头角。1992年出版第一部短篇小说集《蓝灯》，第二年该小说集获得小布克奖。

国情答案

| 40. A | 41. B | 42. A | 43. B | 44. D | 45. C |

40. 正确选项为 A。哈萨克斯坦和俄罗斯接壤。
41. 正确选项为 B。圣彼得堡建于 1703 年，有 300 年历史。
42. 正确选项为 A。波洛特尼科夫起义是混乱时期最大的农民运动。
43. 正确选项为 B。在"布拉格之春"之后苏联在勃列日涅夫的领导下拒绝在国内进行任何改革从而完全转入保守的方针。这就开始了漫长的"停滞时期"。
44. 正确选项为 D。伊凡四世是俄罗斯第一个沙皇。
45. 正确选项为 C。俄联邦第一个总统是叶利钦。

模拟题 10

ЛИТЕРАТУРА

34. В названии «Цинковые мальчики» заложен образ _____.
    A. стальной воли советских солдат
    B. железного мужества солдат
    C. цинковых гробов, в которых везут тела погибших солдат.
    D. тяжелых условий фронтовой жизни

35. Каковы временные рамки русского классицизма?
    A. 17 – 18 века.   B. 16 – 18 века.
    C. 17 век.   D. 18 век.

36. Что способствовало зарождению древнерусской литературы?
    A. Контакты с европейскими странами.
    B. Распространение христианства и создание славянской азбуки.
    C. Создание славянской азбуки и формирование единого государства.
    D. Устное народное творчество.

37. Какое из этих произведений является исторической хроникой?
    A. «Повесть о Горе-Злосчастии».
    B. «Повесть временных лет».

C. «Повесть о Фроле Скобееве».
D. «Житие протопопа Аваакума».

38. Кто из русских и советских писателей был выдающимся переводчиком с китайского языка?
   A. Б. Л. Пастернак.   B. С. Я. Маршак.
   C. В. М. Алексеев.   D. И. А. Бунин.
39. Какие временные рамки древнерусской литературы?
   A. 10 – 17 века.   B. 3 – 16 века.
   C. 11 – 18 века.   D. 16 – 17 века.

СТРАНОВЕДЕНИЕ

40. Город _____ в Крыму называют городом морской и воинской славы.
   A. Ялту   B. Симферополь
   C. Севастополь   D. Сочи
41. СНГ означает _____ независимых государств.
   A. Совет   B. Союз
   C. Сотрудничество   D. Содружество
42. Период, характеризующийся смягчением внутренней и внешней политики в начале 50 годов XX века в СССР, получил название _____.
   A. застой   B. оттепель
   C. золотой век   D. серебряный век
43. В сентябре 1953 г. _____ был избран первым секретарем ЦК КПСС в СССР.
   A. Сталин   B. Брежнев
   C. Горбачев   D. Хрущев
44. Во время иностранной интервенции в 1918 – 1920 годах главным командиром был _____.
   A. Кутузов   B. Жуков
   C. Фрунзе   D. Брежнев
45. Ангара протекает через город _____.
   A. Новосибирск   B. Сочи
   C. Тобольск   D. Иркутск

文学答案

| 34. C | 35. D | 36. B | 37. B | 38. C | 39. A |

34. 正确选项为 C。斯维特拉娜·阿列克谢耶维奇，记者，散文作家，出生于白俄罗斯。她的作品《锌制男孩》是一部有关苏联在阿富汗战争的纪实性小说。最令人难忘的是那些娃娃兵的母亲们，尤其是当娃娃兵被装到锌皮棺材里运回家时，母亲们在墓地里讲述着儿子们的事，就好像他们还活着。

35. 正确选项为 D。俄国文学中的古典主义诞生于 18 世纪三四十年代，在"彼得一世改革"的基础上兴起，并占据了半个世纪的俄国文学的主导地位，为俄国文学的腾飞打下了坚实的基础。

36. 正确选项为 B。文学在古罗斯的产生和发展，一开始就与古罗斯从拜占庭接受基督教，尤其是选用西里尔兄弟创造的教会斯拉夫语圣经息息相关。这种起始不仅使古罗斯文学有别于用拉丁文或希腊文书写的作品，而且决定了古罗斯文学将要游离于欧洲主体文学，成为斯拉夫民族的独特审美表达。

37. 正确选项为 B。《往年纪事》是俄罗斯历史上很重要的一部历史著作，约成书于十二世纪初。它是俄国第一部完整的编年体通史，记载了从传说时代到公元 1110 年间东斯拉夫人及罗斯国家的历史，着重介绍了留里克称王和奥列格建国等古代罗斯的重大史实。

38. 正确选项为 C。阿列克谢耶夫，前苏联汉学家。译有《中国论诗人的长诗——司空图〈诗品〉》、《中国文学》（论文集）、《中国风情录》、《旧中国游记》、《东方学》、《中国古典散文》等。

39. 正确选项为 A。俄罗斯文学和乌克兰、白俄罗斯文学同出一源，源于基辅罗斯 988 年定基督教为国教后的 10 世纪与 11 世纪之交。直到 17 世纪初，俄罗斯外患内乱不断，影响了文学的发展，曾经出现过一些作品，多为融宗教、历史于一体之作，这一时期的代表作是《伊戈尔远征记》。

国情答案

40. C	41. D	42. B	43. D	44. C	45. D

40. 正确选项为 C。赛瓦斯托波尔是苏联时期黑海舰队所在地，是著名的军港。

41. 正确选项为 D。СНГ 意思是独立国家联合体。

42. 正确选项为 B。前苏联 20 世纪 50 年代明显缓和了对内对外政策，被称为"解冻"。

43. 正确选项为 D。在 1953 年 9 月赫鲁晓夫当选苏共中央第一书记。

44. 正确选项为 C。在 1918－1920 年外国武装干涉时期主要将领是伏龙芝。

45. 正确选项为 D。安卡拉河穿过伊尔库兹克市。

§3. 阅读理解模拟题（答案）

模拟题 1

ЧТЕНИЕ
(20 баллов, 30 минут)

Прочитайте тексты и задания. Выберите из четырех вариантов один подходящий, зачеркнув соответствующую букву на матрице.

Текст 1

Один раз в сто лет самый добрый из всех стариков, Дед Мороз, в ночь под Новый год приносит семь волшебных (神奇的) красок и дарит их мальчику или девочке. Этими красками можно нарисовать все что захочешь, и нарисованное оживет. Нарисуй корабль и плыви на нем. Можно нарисовать ракету и лететь на ней к звездам. Можно нарисовать стул и сесть на него. Волшебными красками можно нарисовать даже мыло и потом мыться им. Поэтому Дед Мороз приносит волшебные краски самому доброму из всех детей. И это понятно. Если такие краски попадут к злому человеку, он может сделать много плохого. Он может, например, нарисовать человеку второй нос, и у человека будет два носа.

Поэтому Дед Мороз очень долго проверяет сердца детей, а потом выбирает, кому из них подарить волшебные краски. Один раз Дед Мороз подарил волшебные краски самому доброму из всех добрых мальчиков. Мальчик очень обрадовался краскам и сразу начал рисовать для других. Он начал рисовать для других, потому что был очень добрым. Он нарисовал бабушке теплый платок, маме — красивое платье. Отцу он нарисовал охотничье ружье (猎枪), слепому мальчику нарисовал глаза, а своим товарищам — новую школу. Но никто не мог использовать то, что он нарисовал. Платок для бабушки был похож на тряпку для мытья пола, а платье, нарисованное для мамы, было такое, что она не захотела даже его примерить. Глаза для слепого были похожи на две голубые кляксы(墨点，污点). А школа была такая, что к ней боялись подойти близко.

И мальчик заплакал. Ему так хотелось сделать людей счастливыми! Но он не умел рисовать и только истратил краски зря. Он плакал так громко, что его услышал Дед Мороз. Он услышал мальчика и вернулся к нему. Дед Мороз положил перед мальчиком новую коробку с красками.

— Только это, мой друг, простые краски, — сказал Дед Мороз. — Но они могут стать волшебными, если ты этого захочешь.

Так сказал Дед Мороз и ушел. А мальчик задумался. Как же сделать, чтобы краски стали волшебными и радовали людей? И мальчик начал рисовать. Он рисовал весь день и весь вечер. Он рисовал и на другой, и на третий день, и на четвертый.

Прошел год. Прошло два года. Прошло много-много лет. Мальчик стал настоящим художником. Люди с удивлением и восхищением смотрели на его рисунки. Они радовались им.

— Какие чудесные картины! Какие волшебные краски! — говорили они, хотя краски были самыми обыкновенными.

46. Какие подарки дарит детям Дед Мороз?

A. Волшебную палочку.   B. Волшебные краски.

C. Сладости.   D. Игрушки.

47. Что можно сделать с помощью волшебных красок?

A. Нарисовать все что хочешь и все оживет.

B. Нарисовать много денег.

C. Раскрасить целый мир.

D. Сделать подарки друзьям.

48. Почему мальчик заплакал?

A. Он не любил рисовать.

B. Он зря потратил свои краски.

C. Все люди его ругали.

D. Дед Мороз не дал ему волшебные краски.

49. Что посоветовал ему Дед Мороз?

A. Подождать Нового года и снова получить краски.

B. Отказаться от своей мечты.

C. Не расстраиваться по пустякам.

D. Научиться рисовать.

Текст 2

Дорогие друзья! Если вы интересуетесь историей и культурой России, приглашаем вас в выходные на экскурсию в Смоленск. Это один из самых древних русских городов. Он старше Ярославля, Владимира и Москвы. В России немного таких городов, как Смоленск, где можно увидеть столько старинных архитектурных памятников XII-XIII веков.

Современный Смоленск — один из культурных центров России. В первый же день, когда Вы приедете в Смоленск, Вы побываете в историческом центре города. Вы увидите Смоленский кремль, старинные соборы, замечательные архитектурные и исторические памятники, побываете в музеях, погуляете в прекрасных садах и парках Смоленска.

Смоленск расположен на западе от Москвы. В прошлом он не раз защищал столицу и всю Россию от врагов. Поэтому Смоленск раньше называли городом-защитником, «железным» городом, а теперь называют городом-героем. В центре города вы увидите Смоленский кремль, который в прошлом защищал западные границы России. Смоленский кремль строили тысячи рабочих со всех концов России. Это строительство продолжалось семь лет. Конечно, не вся стена и не все башни сохранились до нашего времени, но и то, что можно увидеть сегодня, производит огромное впечатление.

Здесь, в Смоленске, Вам обязательно покажут проспект Юрия Гагарина и памятник первому космонавту. А во второй день экскурсии Вам предложат поехать в дом-музей Юрия Гагарина, который находится недалеко от Смоленска. В музее Вам расскажут о семье Гагарина, о его детстве, об учебе, а потом и о подготовке к полету в космос. Я же хочу Вам рассказать один случай, о котором писала мать космонавта в своей книге «Память сердца».

Это было в 1941 году. Шла война. В то время Юра учился в школе, в первом классе. Однажды над деревней, где жила семья Гагариных, пролетел самолет и сел недалеко от дома. Это был первый самолет, который увидел Юра в своей жизни. Весь день до поздней ночи он с ребятами не отходил от самолета и смотрел на летчиков как на героев. В тот день Юра сказал своей матери: «Мама! Я вырасту и тоже буду летчиком!»

— Обязательно будешь! — ответила мать.

Так у деревенского мальчика родилась большая мечта. Но шла война. И ни мама, ни сын не могли себе даже представить, что через 20 лет человек впервые полетит в космос, и что этим человеком будет Юра.

Дорогие друзья! Приглашаем вас на экскурсию в старинный русский город Смоленск с посещением дома-музея Юрия Гагарина.

50. Какой город — один из самых старых в России?

А. Ярославль.   В. Москва.

C. Владимир.　　　　　　　　　D. Смоленск.
51. Как называют Смоленск сейчас?
    A. Железный город.　　　　　B. Старинный город.
    C. Город-герой.　　　　　　　D. Родина Гагарина.
52. Когда Гагарин захотел стать летчиком?
    A. Когда впервые сел в самолет.
    B. Когда увидел первый самолет.
    C. Когда посетил музей авиации.
    D. Когда родители рассказали ему про самолеты.
53. Где находится дом-музей Гагарина?
    A. На проспекте Гагарина.　　B. К западу от Москвы.
    C. В центре Смоленска.　　　D. Недалеко от города.

Текст 3

　　Однажды бедный деревенский юноша собирал в лесу хворост（干树枝）. Забредя в чащу, он увидел необыкновенной красоты озеро. Вода в нем была голубой, как бирюза, и оно было глубоким, как ад. Юноша решил отдохнуть на берегу этого чудесного озера и присел под грушевым деревом. Вдруг вода в озере забурлила（沸腾）, и на поверхность всплыла огромная черепаха. Она огляделась вокруг и вновь исчезла под водой.

　　Через минуту вода в озере забурлила еще сильнее, отхлынула к берегам, и огромный зеленый дракон появился на поверхности. Он так же, как черепаха, внимательно огляделся вокруг и тоже исчез в глубине.

　　И в третий раз воды озера забурлили и расступились, обнажив дно и прекрасный дворец. У дворцового окна сидела необыкновенной красоты принцесса и расчесывала свои золотые волосы.

　　Увидев ее, юноша от внезапно вспыхнувшей любви потерял дар речи. Так он и сидел, пока воды опять не сомкнулись и не стало ни чудесного дворца, ни прекрасной принцессы. Юноша кинулся（奔向）к озеру и, забыв обо всем на свете, нырнул（潜入）в его глубокие воды. Он плыл и плыл, пока не достиг дна озера. К его изумлению, здесь не было воды, а было сухо, светло и тепло, как жарким днем на земле. Впереди виднелась светящаяся тропинка. Юноша пошел по ней и вдруг увидел тот самый чудесный дворец.

　　Войдя в красивый, выложенный диковинными ракушками зал, он увидел прекрасную незнакомку и признался ей в любви. Принцесса очень удивилась: ведь когда-то давно ее старая тетка-дракониха поведала ей, что, когда племяннице исполнится шестнадцать лет, она превратится в прекрасную девушку и встретится с молодым юношей, полюбит его и выйдет замуж. Принцесса тогда смеялась, ведь на дне живут одни рыбы, и вот сегодня ее шестнадцатый день рождения, и перед ней стоит прекраснейший из всех юношей на свете. Они сыграли свадьбу и зажили счастливо.

  Так прошло много месяцев, и однажды юноша вдруг вспомнил про свою старенькую мать, оставшуюся в убогой хижине(小屋). Он попросил у принцессы разрешения повидать ее. Она согласилась и дала ему старинный сосуд, сказав:

  — Если тебе чего-нибудь захочется, попроси у сосуда, и он тотчас же выполнит твое желание.

  Мать юноши, у видя его целым и невредимым, чуть не лишилась чувств. Ведь она считала, что ее мальчик заблудился в горах и его растерзали дикие звери.

  Юноша взял сосуд в руки и приказал ему:

  — Принеси мне много-много вина и разных кушаний.

  Вдруг откуда ни возьмись появилось множество разных угощений. Юноша созвал всех соседей и весело отпраздновал свое возвращение. Затем он взял мать за руку и отвел к чудесному озеру. Они опустились на дно, где их ждала красавица-принцесса, и зажили счастливо все вместе.

54. Что сделали черепаха и дракон, когда выплыли из воды?

  A. Стали расчесывать волосы.

  B. Ушли в прекрасный дворец.

  C. Отвели юношу в прекрасный дворец.

  D. Снова уплыли под воду.

55. Почему юноша удивился, нырнув под воду?

  A. Там было очень холодно.

  B. Там было очень тепло и сухо.

  C. Там было очень тепло и темно.

  D. Там была прекрасная принцесса.

56. Почему принцесса не поверила предсказанию своей тетки-драконихи, что она выйдет замуж за человека?

  A. Потому что на дне озера не было людей.

  B. Потому что на дне озера не было драконов.

  C. Потому что у принцессы не было тетки.

  D. Потому что принцессе не нравились люди.

57. Что юноша приказал кувшину?
   A. Отнести его к матери.
   B. Отнести его мать к нему на дно озера.
   C. Созвать всех соседей.
   D. Принести еды.

Текст 4

По версии авторитетного международного агентства Air Transport News российская компания «Аэрофлот» стала лучшей в категории «Выбор читателей». Одновременно гендиректор компании Виталий Савельев назван лучшим руководителем авиационной индустрии в мире.

Церемония награждения состоялось в австрийском Зальцбурге. По мнению организаторов, присуждение премии российской компании говорит о растущем потенциале нашей гражданской авиации. Глава перевозчика, в свою очередь объяснил, почему награда досталась именно «Аэрофлоту».

Этот приз, приз зрительских симпатий, очень важен для нас, то есть он просто индикатор, он показывает, что мы на правильном пути. И тот сервис, который мы оказываем, он как бы гарантирует нам какие-то призовые места и удовлетворение иностранцев, которые сейчас при прочих равных выбирают «Аэрофлот». Вторая премия была несколько неожиданная, это премия, которую мне вручили как лидеру отрасли, до меня этой премией в прошлом году удостаивался Генеральный секретарь ИКАО. Не скрою, мне это очень приятно, и я вчера поздравил своих коллег, это же команда, команда «Аэрофлота», это не я один, — подчеркнул генеральный директор ПАО «Аэрофлот» Виталий Савельев.

Air Transport News — одно из главных СМИ в авиа индустрии, а его аудитория — и есть сама авиа индустрия (航空业). Победа «Аэрофлота» в категории «Выбор читателей» — это знак его признания более чем 50 тысячами наших читателей, имеющими к авиации самое непосредственное отношение, — отметил управляющий директор Air Transport News Костас Ятроу.

До «Аэрофлота» награды Air Transport News присуждались крупнейшим авиакомпаниям, таким как «Эмирейтс» и «Катар-Эйрвэйс». Лайнеры «Аэрофлота» сегодня летают по всему миру — более чем в тысячу аэропортов. За прошлый год компания перевезла более 26 миллионов пассажиров, а в целом вся группа «Аэрофлот» — почти 40 миллионов человек.

58. Кто выбрал авиакомпанию «Аэрофлот» лучшей в мире?

A. Агентство Air Transport News.
B. Читатели агентства Air Transport News.
C. Костас Ятроу.
D. Виталий Савельев.

59. Где прошла церемония награждения?
   A. В России.   B. В Германии.
   C. В Австрии.   D. В Австралии.
60. Сколько пассажиров компания «Аэрофлот» перевезла в прошлом году?
   A. Более 50 тысяч.   B. Более 26 миллионов.
   C. Почти 40 миллионов.   D. Более 40 миллионов.
61. Что значит слово «лайнер» в данном тексте?
   A. Самолет.   B. Компания.
   C. Лидер.   D. Генеральный директор.

Текст 5

9 ноября 1863 года в Петербурге, в Академии художеств, произошел необычный случай: тринадцать учеников отказались писать картины на тему, которую им предложили в Академии. Обычно Академия предлагала религиозную тему — одну для всех учеников, кончавших Академию. Тринадцать молодых художников попросили разрешить им, самостоятельно выбрав тему, рассказать об окружавшей жизни. Им не позволили. Тогда они ушли из Академии и организовали художественную артель. Их связывали общие интересы и взгляды на искусство. Вместе работавшие, помогавшие друг другу советами, художники создавали прекрасные произведения. Они писали портреты и картины, изображавшие русскую жизнь. Это было новое искусство, выражавшее интересы и стремления народа.

Эти художники оказали большое влияние на развитие русского искусства. Хотя Академия продолжала предлагать религиозные темы, появлялось все больше и больше картин, в которых художники стремились рассказать правду о русской жизни. Первыми такими картинами, появившимися на выставке в Академии художеств, были картины Федотова и Перова. Через несколько лет лучшие художники Москвы и Петербурга, создавшие демократическое искусство, начали ездить по городам России и организовывать в них выставки картин. Часто на этих выставках можно было встретить человека с узким бледным лицом и темной бородой, внимательно рассматривавшего произведения художников. Это был Павел Михайлович Третьяков, московский коммерсант. Он любил живопись и на выставки приезжал, чтобы купить лучшие из картин. Третьяков жил в Москве. В Лаврушинском переулке им было построено здание, в котором была собрана большая коллекция картин. Художники, дружившие с Третьяковым, помогали ему покупать ценные картины, рисовали для галереи портреты лучших русских писателей, ученых, артистов. Они гордились, когда их работы появлялись в залах Третьяковской галереи. Третьяков, собравший лучшие картины, сохранил русскую школу живописи. Люди, приходившие в галерею, любовались прекрасными произведениями русских художников. Перед смертью Третьяков подарил свою галерею Москве.

Сейчас в этой галерее, являющейся одной из лучших коллекций картин русских художников, находятся не только произведения, которые собрал Третьяков, но и картины современных художников.

62. Почему молодые художники ушли из Академии?
    A. Им не нравилась система образования.
    B. Они не смогли принять участие в экзамене.
    C. Они отказывались писать выпускную работу на религиозную тему.
    D. Они хотели основать собственную артель.
63. Где художники устраивали свои выставки?
    A. В разных городах России.   B. В Москве.
    C. В Санкт-Петербурге.   D. За рубежом.
64. Кто был Третьяков?
    A. Богатый бизнесмен.
    B. Знаменитый художник.
    C. Аристократ.
    D. Директор картинной галереи.
65. Что находится сейчас в Третьяковской галерее?
    A. Картины Третьякова.
    B. Картины современных русских художников.
    C. Картины европейских художников.
    D. Картины которые собрал при жизни Третьяков и картины современных художников.

阅读答案

| 46. B | 47. A | 48. B | 49. D | 50. D | 51. C | 52. B | 53. D | 54. D | 55. B |
| 56. A | 57. D | 58. B | 59. C | 60. B | 61. A | 62. C | 63. A | 64. A | 65. D |

模拟题 2

ЧТЕНИЕ
（20 баллов, 30 минут）

Прочитайте тексты и задания. Выберите из четырех вариантов один подходящий, зачеркнув соответствующую букву на матрице.

Текст 1

Говорят, что жил когда-то в Фучжоу один бедный студент. Он был такой бедный, что не мог заплатить даже за чашку чая. Звали его Ми. Он умер бы от голода, если бы не один хозяин чайной. Он жалел Ми и поил, и кормил его бесплатно.

Но вот однажды Ми пришел к хозяину и сказал:

— Я ухожу. Денег у меня нет, и я не могу заплатить за все, что я выпил и съел здесь. Но я не хочу быть неблагодарным. Вот смотри!

И он вынул из кармана кусок желтого мела и нарисовал на стене чайной желтого аиста. Аист был совсем как живой.

— Этот аист (鹳), — сказал Ми, — принесет вам в десять раз больше денег, чем я должен. Каждый раз, когда в вашей чайной соберутся люди, вы должны три раза хлопнуть в ладоши. Тогда аист сойдет со стены и будет танцевать. Но вы никогда не должны заставлять аиста танцевать для одного человека. Если вы будете заставлять его танцевать для одного человека, он будет танцевать в последний раз.

На следующий день, когда в чайной собралось много народу, хозяин три раза хлопнул в ладоши, и аист сошел со стены и начал танцевать. Гости удивлялись и не верили своим глазам.

С тех пор в чайной всегда собиралось много посетителей, и хозяин стал очень богатым.

Но вот однажды в чайную зашел один богатый человек. Он пришел посмотреть на аиста, о котором много слышал. Он положил на стол много денег и заставил хозяина выгнать всех людей из чайной.

— Я хочу смотреть на аиста один, — сказал он. Хозяин увидел деньги и забыл то, что сказал ему студент. Он хлопнул три раза в ладоши, и аист сошел со стены. У него был невеселый и больной вид. Он станцевал только один танец и ушел обратно. Хозяин сердился, кричал, но ничего не мог сделать.

А ночью в дверь чайной кто-то постучал. Хозяин открыл дверь и видит: стоит студент Ми и молчит. Потом студент Ми вынул из кармана дудочку (笛子), заиграл на ней и пошел прочь. Аист сошел со стены и пошел за ним. С тех пор никто никогда не видел студента Ми и его желтого аиста.

46. Где происходила эта история?
    A. В Китае.   B. В Корее.
    C. В Японии.   D. В России.
47. Зачем Ми нарисовал аиста на стене чайной?
    A. Он очень любил аистов.
    B. Чтобы подшутить над хозяином.
    C. Чтобы расплатиться за долги.
    D. Чтобы продемонстрировать (演示) свое искусство.
48. Чего нельзя было делать с аистом?
    A. Заставлять его танцевать для всех.
    B. Заставлять его танцевать для одного.
    C. Кормить его.
    D. Три раза хлопнуть в ладоши.
49. Как аист исчез из чайной?
    A. Он ушел вслед за художником.   B. Он улетел в открытое окно.
    C. Дочь хозяина стерла его со стены.   D. Хозяин подарил его богачу.

Текст 2

В одной стране жил чудесный певец. Он пел прекрасные песни. Его песни были не только прекрасными, но они имели цвет. Они были разноцветными. Вы скажете — так не бывает. В сказке все бывает. Его разноцветные песни были так хороши, что скоро он стал любимым народным певцом. Но он не был счастлив. Он не был счастлив потому, что ни разу он не спел песню, которая понравилась бы всем. Когда он пел розовые и зеленые песни, его слушали все юноши и девушки, а старики проходили мимо. Когда же певец пел красные и синие песни, то все люди средних лет открывали окна и двери, зато маленькие дети не обращали на них внимания. Но люди были разными не только по возрасту, но и по характеру. Веселые люди любили желтые и ярко-красные песни. Грустным и скучным людям нравились песни темные, коричневые и лиловые. Легкомысленным людям нравились песни любого цвета, но чтобы они были яркими и нарядными. Всю жизнь певец искал такую песню, которая понравилась бы всем — старым и молодым, жизнерадостным и печальным, задумчивым и легкомысленным. Из его светлой души вылетали песни удивительной красоты. Но каждый раз был человек, которому эта песня не нравилась. И певец сказал себе: «Значит, я плохо пел, если ни одна моя песня не понравилась всем». Его слова услышало Солнце.

— Мой брат! — сказало Солнце. — Каждому нравится свое. И это очень хорошо.

— Что же здесь хорошего?

— Как что? — сказало Солнце. — Если всем будет нравиться одно и то же, у всех будут одинаковые чувства и одинаковые мысли. Тогда жизнь остановится и тебе не надо будет сочинять новые песни, а мне каждое утро появляться на небе.

Певец понял, и ему стало легко и весело. Он снова запел свои песни. Они были разные. Но каждый слушал ту, которая ему больше нравится.

50. Какие песни пел певец?

 A. Интересные.   B. Веселые.

 C. Одноцветные.   D. Разноцветные.

51. Почему певец не был счастлив?

 A. Он не спел песню, которая понравилась бы всем.

 B. Люди не платили ему за работу.

 C. У него пропал голос.

 D. Ему не нравились собственные песни.

52. Какую песню певец искал всю жизнь?

 A. Песню, которая понравилась бы всем.

 B. Песню, которая заставила бы людей смеяться и плакать.

 C. Разноцветную песню.

 D. В тексте не сказано.

53. Почему Солнце сказало, что если всем будет нравиться одно и то же — это плохо?

 A. Все станут одинаковыми и жизнь остановится.

 B. Люди перестанут любить песни.

 C. Певец будет никому не нужен.

 D. Солнце погаснет.

Текст 3

  Я хочу рассказать, как одна встреча с великим человеком сыграла огромную роль в моей жизни.
  Когда мне было восемнадцать лет, я приехал в Петербург и поступил учиться в университет. Я всегда очень любил музыку. Моим любимым композитором был Петр Ильич Чайковский. Поэтому в свободное время я часто ходил в оперный театр и с удовольствием слушал все оперы Чайковского, смотрел его балеты.
  Однажды мои друзья пригласили меня в гости в одну семью. Хозяйка этого дома была прекрасной певицей и часто выступала на концертах. Я с удовольствием пошел к ним. Это был для меня счастливый вечер, потому что в тот вечер к ним в гости пришел Петр Ильич Чайковский. Хозяйка дома пела арии(咏叹调) из его опер. Петру Ильичу понравилось ее пение. Чайковский говорил очень мягко и просто, все внимательно слушали его. Начался интересный разговор о музыке, о литературе, об искусстве.
  Поздно вечером мы вместе с Чайковским вышли из дома, и он спросил, где я живу. Узнав, что я живу недалеко от его дома, он предложил мне пойти пешком. Я был счастлив, ведь я не только познакомился с великим композитором, но и мог поговорить с ним во время нашей прогулки.
  Мы пошли по набережной реки Невы. Была прекрасная лунная ночь. Сначала мы шли молча. Потом Петр Ильич спросил меня:
  — Я слышал, что Вы хотите стать художником. Это правда?
  — Да, ответил я.
  Мы помолчали, а потом я спросил его:
  — Петр Ильич, говорят, что гении создают свои произведения, пишут музыку, картины только в те минуты, когда они работают легко и свободно, как будто кто-то помогает им. В общем, когда к ним приходит вдохновение(兴奋). Что Вы думаете об этом?
  — Ах, молодой человек, не говорите глупости! Нельзя ждать вдохновения, нужен прежде всего труд, труд и труд! Нужно не ждать вдохновения, а серьезно работать, трудиться каждый день. Помните, молодой человек, одного вдохновения мало, даже гений или очень талантливый человек ничего не добьется в жизни, не сделает ничего значительного, если не будет трудиться. Я, например, считаю, что я самый обыкновенный человек.
  Я не согласился с ним и хотел поспорить, но он остановил меня и продол-

3. 阅读理解模拟题

жил:

— Нет, нет, не спорьте, я знаю, что говорю. Советую Вам, молодой человек запомнить на всю жизнь, что вдохновение приходит только к тому человек, который серьезно и много работает, вдохновение рождается только из труда и во время труда. Я каждое утро в 8 или 9 часов начинаю работать и пишу музыку. Если мне не нравится, что я написал сегодня, завтра я буду делать эту же работу, буду писать все сначала. Так я пишу день, два, десять дней. Вы сможете сделать больше и лучше, чем талантливые, но ленивые люди.

— Значит, Вы думаете, что нет абсолютно неталантливых, неспособных людей?

— Я думаю, что таких людей не так много. Но есть очень много людей, которые не хотят или не умеют работать, и тогда они говорят, что у них сегодня нет вдохновения.

Когда мы остановились около дома, где жил Чайковский, я решил задать ему еще один вопрос, который очень волновал меня.

— Я согласен с Вами, Петр Ильич. Очень хорошо работать для себя по своему желанию. Но что делать, если приходится писать то, что ты должен, работать по заказу? Если ты пишешь то, что тебе заказали и за что ты получаешь деньги?

Я задал этот вопрос, потому что думал о себе, о своих картинах, которые тогда писал только по заказу.

— Ну что ж, я сам часто работаю по заказу, — ответил Чайковский.

— И это очень неплохо, иногда результат бывает даже лучше, чем, когда работаешь по своему желанию. А вспомните великого Моцарта. Он часто писал музыку по заказу. Или таких художников, как Микеланджело, Рафаэль... Они тоже писали по заказу.

Мы попрощались. Чайковский ушел. Я пошел домой. Я шел и думал о том, что сказал мне Чайковский. Слова Петра Ильича помогли мне найти свой путь в жизни.

54. Кем был автор?
  A. Начинающим музыкантом.   B. Начинающим художником.
  C. Поэтом.   D. Молодым композитором.
55. Как Чайковский относился к работе на заказ?
  A. Считал недопустимым.   B. Неохотно соглашался на это.
  C. У него не было своего мнения.   D. Вполне одобрял.
56. Что Чайковский считал самым главным для творческого человека?

A. Вдохновение.　　　　　B. Талант.
C. Трудолюбие.　　　　　D. Хороший вкус.
57. Кто такой Рафаэль?
A. Композитор.　　　　　B. Художник.
C. Архитектор.　　　　　D. Музыкант.

Текст 4

После моего приезда в Японию я решил создать небольшую группу в социальной сети Vkontakte, чтобы делиться с разными людьми фотографиями или какой-то информацией о стране, которую я узнал. Постепенно количество подписчиков（订阅者）начало расти, и у меня появились читатели, которые просили рассказать о той или иной теме. Помимо фотографий, я время от времени снимал небольшие видео, которые сначала пытался также заливать во Vkontakte, но в Японии скорость была настолько медленная, что я решил отказаться от этой затеи（想法）. Для видео-материалов я выбрал популярный видеохостинг YouTube, на который 21 марта 2012 года залил свое первое небольшое видео о роботе-тюлене. Оно не несло какой-то смысловой нагрузки — просто я хотел показать, что видел в Японии такого робота.

Затем я начал выкладывать на свой канал различные видео с моментами из своей жизни. Встреча с друзьями, подработка, какие-то впечатления о просмотренных аниме（动漫）и советы по изучению японского языка. Подписчиков было немного, и видео выходили нерегулярно. Время от времени выкладывал в группу веселую информацию о моей жизни с китайцами в общежитии, а потом подумал, что можно было бы записать об этом небольшое видео.

Каких-то специальных навыков у меня не было, стеснение тоже не способствовало качественной записи, поэтому видео получались не очень хорошие и с большим количеством междометий. Но к моему удивлению, эти видео многим пришлись по душе, и люди начали подписываться на мой канал. В какой-то момент меня уже смотрели больше ста человек. Я начал выкладывать различные видео на разные тематики, а также добавил несколько новых рубрик（专栏）. Качество и количество контента постепенно начали расти, а подписчики приходили как в группу, так и на канал.

Еще в школьные годы у меня была мечта стать журналистом, но как-то не сложилось. И теперь у меня появились канал с группой, которые помогали мне само выражаться и делиться мыслями с другими людьми. Я решил попробовать написать статью, адаптировать（改写）ее немного на понятный любому человеку язык и сделать из нее видео с закадровым голосом. Так я, во-первых, исключал возможные оговорки и ошибки в речи, а, во-вторых, мог вывести свой канал на совершенно другой уровень. Так появилась рубрика «Информационный уголок», которая и по сей день остается одной из самых популярных на канале. Появлялись новые подписчики, давали советы, предлагали темы, а я делал по ним видео, но все равно не тратил на канал так много времени, как хотелось бы.

58. Где автор размещал фотографии и видео?

 A. Vkontakte. B. На YouTube.
 C. На Facebook. D. Фотографии Vkontakte, а видео — на YouTube.

59. Что автор хотел сказать своим видео про робота-тюленя?

 A. Что роботы-тюлени могут быть очень полезны людям.
 B. Что роботы-тюлени могут быть очень опасны.
 C. Что он видел этого робота.
 D. Что он хотел бы увидеть этого робота.

60. С кем автор жил в общежитии?

 A. С китайскими студентами.
 B. С японскими студентами.
 C. С друзьями.
 D. С подписчиками своего канала.

61. Как подписчики относятся к рубрике «Информационный уголок»?

 A. Они ее любят и часто смотрят.
 B. Он ее иногда смотрят, но часто критикуют.
 C. Они сами присылают в нее свои видео.
 D. Они ее не смотрят.

Текст 5

Современные женщины, как правило, работают. Многие любят работу и гордятся своими успехами. Но не слишком ли много работают сегодня женщины? Ведь после работы их еще ждут домашние дела, которые требуют много сил и времени.

Может быть, женщине лучше не работать, а заниматься домом и воспитанием детей? С этим вопросом газета «Московские новости» обратилась к своим читателям. Вот наиболее интересные ответы.

Георгий Гречко, летчик-космонавт: «Моя мать работала главным инженером завода. Помню, как на следующий день после того, как она ушла на пенсию, она мне сказала: Первый раз я спала спокойно. До этого она каждую ночь беспокоилась, не случилось ли что-нибудь на заводе, но если бы кто-нибудь предложил моей матери не работать, а только заниматься домашним хозяйством, она бы не согласилась — она любила свой завод, свою работу. Конечно, жизнь женщины трудна, часто очень трудна, и все-таки никто не может лишить ее права заниматься любимым делом. Я считаю, что государство должно помнить: женщина нуждается в заботе и помощи».

Шократ Тадыров, работающий в Академии наук в Туркмении: «Я хочу поговорить о воспитании детей. Ответственность мужчин в этом вопросе не может равняться с ответственностью женщин. Воспитание детей должно быть главной задачей женщины. И, конечно, забота о доме и о муже. Ведь муж зарабатывает деньги на содержание своей семьи и, естественно, нуждается во внимании жены. Работающие женщины — вот главная причина того, что во многих странах теперь рождается так мало детей. Кроме того, работающая женщина становится материально самостоятельной, поэтому родители часто расходятся, и дети растут без отца».

Эльвира Новикова, депутат Государственной Думы: «У женщины должен быть выбор: где, сколько и как работать и работать ли вообще. Пусть свою судьбу выбирают сами женщины в зависимости от того, что для них главное — дом, работа или и то и другое вместе. Не нужно искать один вариант счастья для всех, ведь у каждой женщины свои представления о счастье. И государство должно принимать свои решения, заботясь о работающих женщинах и их детях».

Алексей Петрович Николаев, пенсионер: «Время очень изменило женщин. Или, лучше сказать, женщина сама изменилась. Мы уже привыкли к тому, нас учат и лечат женщины, что среди инженеров, экономистов, юристов много женщин. Сегодня мы нередко встречаем женщин-милиционеров, политиков и даже летчиц. Женщина овладела, кажется, всеми мужскими профессиями. А вы знаете, о чем мечтают такие женщины? Они мечтают о букете цветов и не хотят потерять право на внимание мужчин».

Александр Данверский, журналист: «До сих пор все войны, катастрофы (灾难), социальные эксперименты происходили потому, что решения принимали мужчины. Женщин, к сожалению, не приглашали обсуждать важные проблемы.

В последние годы социологи все чаще говорят, что XXI век будет веком женщины, потому что так называемые «мужские ценности» (личный успех, решение проблем с позиции силы) уступят место «женским ценностям»: заботе о мире и общем благополучии. Если мы хотим, чтобы положение изменилось, мы, мужчины, должны помочь женщинам занять в обществе достойное место".

Дорогие читатели! Наша редакция ежедневно получает десятки писем, посвященных этой актуальной проблеме, поэтому мы продолжим обсуждение темы «Женщины в современном обществе». Ждем ваших писем.

62. О чем газета «Московские новости» спрашивала людей?
 A. Что лучше для женщины — работать или вести домашнее хозяйство.
 B. Какую роль женщины играют в обществе.
 C. Что лучше для женщины: брак или карьера.
 D. С какими проблемами сталкиваются современные женщины.

63. Какие ответы опубликованы в газете?
 A. Ответы знаменитых людей.   B. Ответы женщин.
 C. Ответы мужчин.   D. Самые интересные ответы.

64. Кто автор текста?
 A. Женщина.   B. Мужчина.
 C. Женщина и мужчина.   D. В тексте не сказано.

65. Что является «мужскими ценностями»?
 A. Личный успех.   B. Забота о семье.
 C. Зарабатывание денег.   D. Забота о мире.

阅读答案

| 46. A | 47. C | 48. B | 49. A | 50. D | 51. A | 52. A | 53. A | 54. B | 55. D |
| 56. C | 57. B | 58. D | 59. C | 60. A | 61. A | 62. A | 63. D | 64. B | 65. A |

模拟题 3

ЧТЕНИЕ
(20 баллов, 30 минут)

Прочитайте тексты и задания. Выберите из четырех вариантов один подходящий, зачеркнув соответствующую букву на матрице.

Текст 1

Мы все хорошо знаем Антона Павловича Чехова как писателя. Знаем там же, что он был хорошим врачом. Но кроме того, Чехов отдавал много времени и сил общественной деятельности. Об этой стороне жизни Чехова говорится! Его биография, в воспоминаниях близких ему людей, в музейных экспозициях(展览). Известно, что Чехов построил три школы. А что это значит — построить школу, потом вторую, третью? Ведь мы знаем, что Чехов не был богатым человеком и жил литературным трудом, а в то время за свои книги писатель получал немного. Чехов работал каждый день: изо дня в день по утрам принимал больных, а потом садится за письменных стол. Но для того, чтобы строить школы, нужны были большие деньги. И тогда он обращался к друзьям, находил богатых людей, которые помогали ему и давали деньги на строительство. Чехов сам следил за тем, как шла работа.

А еще много времени и сил Чехов тратил на развитие народных библиотек в разных городах России, куда он отправлял посылки с книгами из Москвы, Петербурге, из-за границы. Так, например, он посылал целые ящики книг жителям острова Сахалин. Чехов регулярно посылал книги и в городскую библиотеку Таганрога — города, где он родился и провел свое детство.

Он принимал участие также в переписи населения: шел от дома к дому, из одной семьи в другую и не просто записывал имена людей, но, если мог, он помогал им.

Зачем же замечательный русский писатель занимался такими разными делами: школами, библиотеками, строительством? Чехов сам ответил на этот вопрос. Он говорил, что эта общественная работа важна для него, чтобы чувствовать себя счастливым и нужным людям.

46. Кто был Чехов по профессии?

   A. Учитель.   B. Врач.

   C. Директор школы.   D. Писатель.

47. Сколько школ построил Чехов?

   A. 1.   B. 2.

   C. 3.   D. Ни одной.

48. О чем просил Чехов богатых людей?

   A. Пожертвовать деньги на школу.

   B. Пожертвовать деньги на больницу.

   C. Помочь ему издать его книги.

   D. Помочь ему издать школьные учебники.

49. В каком городе Чехов родился?

   A. В Смоленске.   B. В Таганроге.

C. В Москве.   D. В Пскове.

Текст 2

«С Новым годом! С Новым счастьем!» Раньше всех эти слова говорят жители Камчатки и Дальнего Востока. И только через девять часов поздравляют друг друга с праздником москвичи. В Сибири в это время суровые морозы, а в южных районах страны теплый дождь падает на вечнозеленые растения. Но одинаково тепло, уютно и празднично во всех домах. Новогодний праздник празднует вся страна, каждая семья, каждый ребенок или взрослый. Это самый любимый, самый оптимистический праздник, праздник надежд. Дети ждут Деда Мороза, главного героя праздника, подарков, зимних каникул, а взрослые — новой мирной и радостной жизни в новом году.

К Новому году все готовятся заранее. В праздничные дни город необычен. В витринах магазинов, на площадях и в парках стоят нарядные елки. На улицах много людей. Они спешат закончить дела старого года, приготовиться к празднику — купить подарки детям, родным, друзьям. Но самое главное — купить красивую новогоднюю елку. Каждый хочет встречать Новый год около елки, поэтому самые многолюдные места в городе — это елочные базары. Опытные люди знают, что хорошую елку нужно купить заранее. Конечно, можно купить и искусственную елку. Но можно ли ее сравнить с настоящим деревом! Каждый день дети задают один и тот же вопрос: «Когда мы будем наряжать елку?»

Украшение елки — это огромное удовольствие для взрослых и детей, поэтому во многих домах елку наряжают всей семьей. Елочные игрушки хранятся почти в каждом доме. Целый год они лежат в коробках и ждут своего часа. Каждый год покупается несколько новых игрушек; так, иногда в доме есть игрушки, которые подарили бабушке еще в ее детстве. Елочные игрушки часто покупают в магазинах, но можно сделать их и своими руками. Некоторые родители считают, что украшение елки — дело взрослых. Они украшают ее, когда дети спят, чтобы сделать им сюрприз. А утром дети просыпаются и видят красавицу-елку. На ней разноцветные шары, серебряный дождь, яркие игрушки, конфеты 13 и фрукты. Но самый главный сюрприз — под елкой. Там подарки, которые принес добрый Дед Мороз.

В эти праздничные дни на городских улицах можно увидеть удивительную картину: около дома останавливается такси, и из него выходят странные пассажиры. Это старик с бородой, в длинной белой шубе и шапке, с палкой и большим мешком и молодая девушка тоже в белой шубке и шапочке. Это традиционные новогодние герои — Дед Мороз и Снегурочка, его внучка. Дети знают, что в мешке лежат подарки для них. Но трудно обмануть современных детей, только самые маленькие не знают, что Деда Мороза заказали папа и мама по телефону. Сколько лет Деду Морозу? Нам кажется, что он так же стар, как другие герои русских сказок. Но на самом деле он самый молодой из русских сказочных героев, ему только 100 – 150 лет. Но уже очень давно в народе рассказывали сказки и легенды о Морозе — сильном и злом старике, который приносит на землю холод, снег и метели. В те времена он редко дарил подарки, наоборот, люди дарили подарки ему, чтобы он стал добрее. Когда в России начали встречать Новый год первого января, Дед Мороз стал постепенно главным героем этого праздника. Но его характер изменился: он стал добрее и начал приносить детям подарки в новогоднюю ночь.

50. Кто первым в России начинает праздновать Новый Год?
 A. Жители Камчатки.   B. Жители Москвы.
 C. Жители Сибири.   D. Жители Дальнего Востока.
51. Кто наряжает новогоднюю ёлку?
 A. Дети и взрослые.   B. Только дети.
 C. Только взрослые.   D. Специально приглашённый человек.
52. Куда дед Мороз кладёт подарки?
 A. На стол.   B. Под стол.
 C. Вешает их на ёлку.   D. Кладёт их под ёлку.
53. Когда Дед Мороз стал главным героем новогодних праздников?
 A. 200 лет назад.
 B. С древних времён.
 C. Когда Новый год стали праздновать в январе.
 D. В тексте не сказано.

Текст 3

Художник, чей гений был признан при жизни. Именитые коллеги говорили о нём — живописцы такого калибра (大小; 样式) рождаются раз в столетие. У мастера была коронная фраза, и он её повторял перед началом работы: «Садись, детуля, я тебя увековечу».

Тогда думали — это шутка, но оказалось, что он действительно увековечил тех, кого рисовал. Замечательный, тонкий, добрый. Это не я — иногда говорили заказчицы. Если тебя пишу я, значит, это ты — отвечал он. Время показало, что он прав — великий и трагичный Анатолий Зверев.

Тончайший слой папируса, ослепительно (耀眼地) белые перчатки, специальная кисточка едва касается ярких губ и надменно вздернутых бровей. Спустя полвека искусствоведы боятся лишним движением повредить — нет, не краски, небрежную вуаль из зубного порошка, которой художник Анатолий Зверев часто одаривал женщин на своих полотнах.

У Зверева чаще это даже такие бросовые материалы — это бумаги плохого качества, неподготовленные холсты (粗麻布). У него часто бывает живопись — это масло на бумаге, на неподготовленном картоне. В этом случае условия должны контролироваться, иначе произведение разрушается очень быстро, — рассказывает хранитель коллекции музея Анатолия Зверева Александра Волкова.

На стендах в хранилище, где климат не зависит от погоды, терпеливо ждут своего часа красавицы. Полсотни картин. Вот одна из них. Глаза в глаза. Музыкант Елена Кравченко смотрит на свой портрет. Женщин, которые позировали художнику, сегодня можно встретить на московских улицах. Последние приготовления перед выставкой. Идеально выверенное освещение, даже стенд, кажется, поставлен под определенным углом. А писался портрет в спешке, за какие-то минуты. И в этом весь Зверев.

Я не была накрашена, я была в халате, я была злая. Я была в креме, и я не хотела этого. А Толя сказал: садись, детуля, я тебя увековечу. Я плюхнулась (摔倒) раздраженно на стул, — вспоминает Елена Кравченко.

С этой фразы Зверев всегда начинал работу. Писал быстро, даже не писал, говорят искусствоведы — иногда просто размазывал краски. Скомканная газета — для кружевной шали или воротника пальто, пепел от сигареты, куски бумаги, пятна помогали передать сиюминутную женскую натуру. И не важно, кто позировал (摆姿势) — трактористка или оперная дива.

Он мог писать знаменитую женщину, находящуюся в статусе высокой чиновницы, но рядом с ним она сбрасывала чины и становилась просто женщиной. И он ее запечатлевал. В этом его феномен, — говорит арт-директор Музея Анатолия Зверева Полина Лобачевская.

Бродяга, чудак, алкоголик — какими только легендами не дополнялся образ художника. Искусствоведам же интересно другое: как формировался гений. Этот выставочный зал, по мнению организаторов, обязательно станет площадкой для дискуссий.

Посетители могут прийти сюда и погрузиться в связь времен, в мировые шедевры и работы Зверева, которые мы предлагаем рассматривать рядом с ними. И составить свое мнение, — говорит генеральный директор Музея Анатолия Зверева Наталия Опалева.

Краски буквально светятся, как у Ренуара; контуры созвучны с работами Модильяни. Полудетские трогательные лица. Губы и глаза, которые рисовались быстро, а стоять напротив них хочется долго. А иногда глаза или рта не было и вовсе. Ну не вписался он в мгновение, которое увидел Зверев. А может быть, перекочевал к другой даме. Этих женщин художник-шестидесятник рисовал в советской Москве. Но в итоге с портретов смотрят красавицы вне времени и моды.

Не пройти мимо вечной красоты родом из шестидесятых можно будет уже на следующей неделе. Выставка «Красавицы столетий» откроется в понедельник в московском Музее Анатолия Зверева.

54. Какие материалы использовал Зверев?

    A. Очень хорошие.   B. Очень дорогие.

    C. Импортные.   D. Все подряд.

55. Кого любил рисовать Зверев?

    A. Красивых женщин.   B. Музыкантов.

    C. Высоких чиновников.   D. Бродяг, чудаков и алкоголиков.

56. Почему Елена Кравченко не хотела позировать Звереву?

    A. Он ей не нравился.

    B. Она ему не нравилась.

    C. Она была плохо одета и не накрашена.

    D. У нее не было денег.

57. Работы каких знаменитых художников напоминают картины Зверева?

    A. Ренуара и Модильяни.

    B. Полины Лобачевской и Наталии Опалевой.

    C. Рафаэля и Рембрандта.

    D. Саврасова и Брюллова.

Текст 5

Более трехсот представителей разных регионов страны собрались в Москве на образовательном форуме «Кандидат». Он стал площадкой для участников предварительного голосования «Единой России», тех, кто впервые пробует силы на федеральном уровне. Как вести себя с избирателями и оппонентами, новичкам в политике рассказывали старожилы.

В «Единой России» готовятся к кадровой перезагрузке. Специально для новичков партия организовала предвыборный образовательный проект «Кандидат». Это своего рода школа молодого политика. Навыки, полученные на партийных лекциях и семинарах, пригодятся через месяц на майских «праймериз» (总统预选), или предварительном голосовании. Через него надо будет обязательно пройти, чтобы стать кандидатом от партии власти на сентябрьских парламентских выборах. Лидер «Единой России» Дмитрий Медведев начал встречу с шутки.

Сильно вам не повезло. Раньше можно было совершенно легко или, во всяком случае, менее затратно стать кандидатом от крупнейшей политической силы. Достаточно было иметь хорошие отношения с руководством партии, руководством региона, быть в региональной элите, что называется. А сейчас этого мало, и для того, чтобы стать полноценным кандидатом от нашей партии, приходится проходить через огонь, воду и медные трубы, — сказал премьер-министр.

Мало кто в этом зале до этого общался с премьер-министром. Но начинающие политики не растерялись и просто засыпали Медведева вопросами и инициативами. С предложением вернуть налог на бездетность для пополнения бюджета глава правительства категорически не согласен. Вообще, с налогами надо быть аккуратнее. Но оппозиция регулярно, особенно перед выборами, требует вернуть прогрессивную шкалу подоходного налога.

Кто-то считает, что должна быть прогрессивная шкала НДФЛ, потому что она более справедлива. Кто-то считает, что трогать плоскую шкалу налогообложения нельзя, потому что часть налогоплательщиков уйдёт в «серую зону». И как только мы это сделаем, снова возникнут зарплаты в конвертах. А те, кто платил большие налоги, либо уйдёт за границу, либо действительно уйдёт в какие-то схемы. В общем и целом, мы на сегодняшний день придерживаемся принципа налоговой стабильности. Но это не означает, что так будет всегда. Пройдёт несколько лет, и, наверное, возникнут новые реалии, — сказал Дмитрий Медведев.

Хорошая новость за два месяца до начала летних каникул: премьер сообщил, что скоро подпишет распоряжение о льготных железнодорожных билетах для детей к местам летнего отдыха. С РЖД вопрос уже согласован. Сегодня же Дмитрий Медведев призвал «единороссов» контролировать ситуацию с невыплатой зарплат в некоторых регионах.

Перед началом занятий все расписались на память на баннере форума. Возможно, кому-то из участников эти встречи и лекции помогут сначала пройти

через праймериз, а потом получить мандат депутата Госдумы.
58. Что такое проект «Кандидат»?
   A. Место летнего отдыха.
   B. Школа для людей, которые хотят стать политиками.
   C. Клуб партии «Единая Россия».
   D. Руководство партии «Единая Россия».
59. Какую государственную должность занимает лидер партии «Единая Россия»?
   A. Глава Госдумы.   B. Министр иностранных дел.
   C. Премьер-министр.   D. Президент России.
60. Что значит в данном тексте слово «единоросс»?
   A. Премьер-министр.   B. Депутат Госдумы.
   C. Молодой политик.   D. Член партии «Единая Россия».
61. Почему Дмитрий Медведев против идеи о введении прогрессивного налогообложения?
   A. Он думает, что прогрессивная шкала налога несправедлива.
   B. Он боится, что крупные предприятия станут уклоняться от уплаты налогов.
   C. Он очень аккуратен.
   D. Он хочет контролировать ситуацию с невыплатой зарплат

Текст 5

Региональный научно-исследовательский центр востоковедения при ШОС на днях начал свою работу на базе института Цюнчжоу, основной задачей данного центра будет развитие международного сотрудничества и активная реализация межрегиональных образовательных проектов, а также подготовка профессиональных кадров.

Насколько нам стало известно, данный региональный исследовательский центр является организацией, занимающейся исследованием региональной политики, экономики, культуры и социального развития. После учреждения регионального научно-исследовательского центра востоковедения при ШОС, он начнет активную работу в тесные сотрудничества с китайскими ВУЗами, поддерживающими программу «регионального образования», уделяя особое внимание взаимному сотрудничеству, развитию межрегиональных образовательных проектов и подготовке профессиональных кадров, а также обмену опытом между преподавателями, общению между студентами и подготовке специалистов в области межрегионального образования.

Вице-мэр г. Санья Гу Цзинци сказал, что городское правительство Санья будет активно содействовать и поддерживать работу регионального научно-исследовательского центра востоковедения при ШОС, и, в частности, будет поддерживать исследовательский проект межрегионального образования в институте Цюнчжоу. Надеемся, что региональный исследовательский центр окажет интеллектуальную поддержку и подготовит профессиональные кадры для международного развития г. Санья, а также внесет свой вклад в создание международного туристического острова.

После открытия регионального научно-исследовательского центра востоковедения при ШОС была проведена первая ежегодная конференция. В ней приняли участие представители Пекинского государственного университета, университета Циньхуа, Пекинского университета иностранных языков, Китайской академии социальных наук, журнала «Изучение иностранных языков», журнала «Изучение русского языка в Китае» и других известных ВУЗов, научно-исследовательских организаций и печатных изданий. На ежегодной конференции участники вели исследования и общались по таким вопросам, как «Проблемы русско-китайских отношений», «Регионоведение, его профессиональная область и организация учебного процесса», «Русский культурный дух», «Отношения "треугольника" Россия-США-Китай», «Преподавание русского языка в Китае, ВУЗы ШОС и регионоведение», «Издания о изучении иностранных языков и проблемы результатов исследования регионоведения», «Планы и рекомендации по выборе тем для публикации учебных материалов по регионоведению» и т. д.

62. При какой организации состоит центр востоковедения?

A. Администрация города Санья.

B. Институт Цюнчжоу.

C. Пекинский университет иностранных языков.

D. Шанхайская Организация Сотрудничества.

63. Кто такой Гу Цзинци?

A. Журналист. B. Мэр.

C. Вице-мэр. D. Преподаватель.

64. Какое первое мероприятие был проведено в центре востоковедения?

A. Выступление вице-мэра.

B. Курсы китайского языка для иностранцев.

C. Выставка китайской культуры.

D. Конференция.

65. Что не обсуждалось на конференции?

A. Проблемы преподавания иностранных языков.
B. Проблемы регионоведения.
C. Проблемы отношений между странами.
D. Сотрудничество в области экономики.

阅读答案

46. B	47. C	48. A	49. B	50. A	51. A	52. D	53. C	54. B	55. A
56. D	57. D	58. D	59. A	60. C	61. A	62. B	63. C	64. D	65. B

模拟题 4

ЧТЕНИЕ
（20 баллов，30 минут）

Прочитайте тексты и задания. Выберите из четырех вариантов один подходящий, зачеркнув соответствующую букву на матрице.

Текст 1

Природа, окружающий мир, горы, равнины, леса и поля — это естественная среда обитания человека, как для птиц — небо, для рыб — вода, море, реки, озера. И естественно, что ему необходимо заботиться о ней, постоянно поддерживать ее, беречь и охранять. В древние времена люди более трепетно, с боязнью и уважением относились к тому, что их окружало. Многие явления были для них непонятны, действиями людей руководил страх перед природой. Быт был не организован, не существовало промышленности, орудия труда были простыми, загрязнять природу попросту было нечем. Многие культы, обряды и ритуалы древности способствовали тому, чтобы человек находился в гармонии с природой, поклонялся ей. Однако сейчас от былого почтения к окружающему миру не осталось и следа.

Сегодня активно осуществляется использование природных ресурсов, а ведь восстанавливаются природные ресурсы — самые простые леса, к примеру, несколькими десятилетиями. Атмосфера и гидросфера нещадно загрязняется, а ведь это самое жизненно важное для человека природное составляющее. Стоит под угрозой существование человека как вида. Что же с нами происходит и как человечество дошло до такого отношения к природе?

3. 阅读理解模拟题

Это очень сложный вопрос, на который нет пока однозначного ответа. Большинство людей сходятся на том, что причины данного явления лежат в самом сознании человека, в его потребительском мировоззрении, которое изложено в короткой, но емкой фразе: «Бери от жизни все». В итоге получается, что человек стал на путь откровенного и ничем не прикрываемого грабежа природных достояний, и постепенно утрачивает свой человеческий облик.

Если так пойдет и дальше, то человечество в недалеком будущем ожидает неминуемая физическая деградация (衰退), и, как причина ее — деградация духовно-нравственная. Это приведет к бесславному концу всей человеческой цивилизации. Однако конец ее будет не в зените славы, а скорее следствием утраты человечности большинством ее представителей.

Чтобы этого не случилось, необходимо каждому из людей понять свое место в жизни и осознать, что только в единстве с природой можно сохранить себя и весь род человеческий от духовной деградации и неминуемой гибели. Это должен понять не только отдельный человек, а нации и государства в целом. Современная глобализация показывает, что ни одно государство не в состоянии прожить независимо от другого не только экономически, но и связано экологией. Одно государство, преуспевающее в промышленном производстве, но не следящее за экологией, может нанести вред другому. Неспокойная ситуация в мире, войны между странами также могут привести к экологической катастрофе. Многие государства обзавелись ядерным, химическим оружием, производят на свет новые вирусы и бактерии, которые распространяются по всему миру. Для того чтобы сохранить нашу цветущую планету, надо объединить усилия всех стран и людей, понять всю остроту ситуации, жить в мире и согласии с самим собой и с природой.

46. Что значит слово «трепетно»?
    A. Со страхом.　　　　　　　B. С ненавистью.
    C. С любовью.　　　　　　　D. С уважением.
47. Сколько нужно лет чтобы восстановить лес?
    A. Сто лет.　　　　　　　　B. Десять лет.
    C. Несколько десятков лет.　D. В тексте не сказано.
48. Какой фразой можно выразить потребительское мировоззрение?
    A. Бери от жизни все.　　　B. Век живи, век учись.
    C. Бери больше, неси дальше. D. Что посеешь, то и пожнешь.
49. В чем причина физической деградации человечества?
    A. Нищета.　　　　　　　　B. Экономический кризис.

C. Экологический кризис.　　D. Духовная деградация.

Текст 2

　　Рассказывают о том, что много лет тому назад жили два брата. Ван старший был сильнее и всегда обижал младшего — Вана второго. А когда умер их отец, Вану второму стало еще хуже. Ван старший забрал себе все отцовское наследство: и фанзу, и буйвола(水牛), и все имущество. А Вану второму ничего не досталось. Жил он с женой в большой нужде. Однажды в доме у Вана второго не осталось ни зернышка, чтобы сварить хоть супу. И пришлось ему пойти к старшему брату. Поклонился он Вану старшему и говорит:

　　— Старший брат, одолжи мне немного рису.

　　Но брат его был жаден и наотрез отказался помочь ему. Не зная, как ему быть, отправился Ван второй ловить рыбу к Желтому морю. Но и тут ждала его неудача — ни одной рыбы не попалось. Идет он домой с пустыми руками, повесив голову. И вдруг видит — на дороге лежит жернов(磨盘). «Может, и пригодится», — подумал он, поднял его и понес домой.

　　А дома жена его спрашивает:

　　— Хороший был улов? Много ли рыбы принес?

　　— Нет, жена. Нет рыбы. Вот принес тебе жернов.

　　— Ах, Ван второй, ведь молоть то нам нечего — в доме ни зернышка!

　　Положил Ван второй жернов на пол да с досады и толкнул его ногой. А жернов вдруг завертелся и принялся молоть. Глядь, а из-под него соль сыплется. Молол(磨) он все быстрее и быстрее, соли становилось все больше и больше. Обрадовались муж с женой своей удаче. А жернов все вертелся да вертелся. Куча соли все росла и росла. Стал думать Ван второй, куда девать соль и как остановить ему жернов. Думал, думал, ничего не мог придумать. Наконец догадался перевернуть жернов, и только тогда он остановился.

　　И с тех пор как в хозяйстве случались нехватки, Ван второй толкал жернов. Намелет соли, сколько ему нужно, и продаст. И зажили они с женой в довольстве.

　　Старший брат узнал о счастье младшего, и одолела его зависть. Пришел он к младшему и говорит:

　　— Второй брат, одолжила мне жернов.

　　Очень не хотелось младшему брату отдавать свою находку, но он не посмел ослушаться. А Ван старший так торопился унести жернов, что Ван второй не успел рассказать ему, как его останавливать. Довольный, старший брат принес жернов домой и толкнул его ногой. Жернов завертелся и принялся молоть соль. Молол он без остановки, и все быстрее и быстрее. Куча соли все росла и росла. И вот уже она дошла до самой крыши. Стены затрещали, вот-вот и дом развалится. Испугался Ван старший, не знал он, как остановить жернов. Взял да и вытолкнул его из дому. А жернов покатился с горы прямо в море и утонул. И до сих пор на дне моря вертится жернов и все мелет да мелет соль. Вот почему в море вода соленая.

50. Который из братьев был злой и жадный?

 A. Ван старший.   B. Ван второй.

 C. Ван третий.   D. Все братья были хорошие люди.

51. Что значит выражение «отказался наотрез»?

 A. Подумал немного и отказался.   B. Решительно отказался.

 C. Решительно согласился.   D. Отказался дать отрез.

52. Какой чудесный предмет раздобыл младший брат?

 A. Волшебную палочку.   B. Волшебную книгу.

 C. Волшебный жернов.   D. Ничего не раздобыл.

53. Как старший брат сумел остановить жернов?

 A. Сказал волшебные слова.   B. Толкнул его ногой.

 C. Ударил его рукой.   D. Никак не сумел.

Текст 3

 Почему Олимпийские игры так называются? Почему греческое слово «стадион» понимают люди, которые говорят на разных языках? Почему всегда спортсмены из Греции открывают праздник? Почему из Греции приносят Олимпийский огонь? Первые Олимпийские игры проходили в Греции, в городе Олимпии, в 773 году до н. э. (до новой эры) в честь бога Зевса. В Олимпии стояли прекрасные белые здания, был большой стадион, несколько школ, в которых могли заниматься спортсмены. Один раз в четыре года в Олимпии проходили самые известные в Греции спортивные соревнования — Олимпийские игры. Тысячи мужчин, стариков, детей из городов и деревень приезжали в Олимпию. Многие приходили пешком. В соревнованиях могли участвовать только мужчины и мальчики из Греции. Каждый греческий город посылал на соревнования своих спортсменов. Пять дней горел Олимпийский огонь, пять дней продолжались Олимпийские игры, и в Греции был праздник. Олимпийские игры объединяли все греческие города, кончались войны, и в стране наступал мир. В каждом городе ждали новостей из Олимпии. А в самой Олимпии на стадионе тысячи людей смотрели соревнования и умели «болеть» совсем так же, как миллионы людей «болеют» на стадионах сейчас, в наше время.

Через пять дней уходили и уезжали из Олимпии люди, спортсмены возвращались домой в свои города. Олимпийских победителей встречали как героев. О них пели песни и писали стихи.

Время разрушило Олимпию. Только в 1875 году ученые нашли это место на земле. Тогда решили опять возобновить Олимпийские игры.

Первые «новые Олимпийские игры» состоялись в 1896 году на их родине — в Греции. Так же, как 2000 лет тому назад, они проходят раз в четыре года. Эти соревнования объединяют людей. Их символ — мир и дружба.

54. В чью честь устраивались Олимпийские игры в древности?
    A. В честь знаменитых спортсменов.   B. В честь правителей страны.
    C. В честь великих героев.   D. В честь Зевса.
55. Кому нельзя было участвовать в Олимпийских играх?
    A. Больным и старым.   B. Несовершенолетним.
    C. Женщинам.   D. Иностранцам.
56. Где проходят Олимпийские игры сейчас?
    A. В Олимпии.   B. В Греции.
    C. В Фесалониках.   D. В тексте не сказано.
57. Как часто устраивались Олимпийские игры в Древней Греции?
    A. Каждый год.   B. Раз в два года.
    C. Раз в четыре года.   D. В тексте не сказано.

Текст 4

Честно говоря, не знаю, как начать это письмо — письмо к молодому человеку, который еще несколько месяцев назад был жив, а сейчас на его могиле плачет мать и любимая девушка... Все слова в этом случае кажутся пустыми, глупыми, даже ненужными. Как, впрочем, и ваша смерть, уважаемый солдат. Я не знала вас лично, с вами не были знакомы мои родители, но я знаю, что вы стали заложником страшной ситуации — вооруженного конфликта в вашем крае.

Мало кто добровольно хочет идти на войну, особенно, если непонятны ее цели. Я думаю, что война может быть оправдана лишь в одном случае — когда под угрозой находится безопасность родной страны, родного народа, близких тебе людей. Именно так было в Великую Отечественную войну 1941 – 1945 годов, когда миллионы людей встали на защиту своей родины от фашизма. Делом чести каждого нормального человека было пойти на фронт, чтобы внести свою лепту (贡献) в великое дело победы. Тогда плечом к плечу воевали люди многих национальностей — русские, армяне, грузины, казахи, прибалтийцы...

Сейчас, как мне кажется, все по-другому. Главы государств, члены правительств развязывают войны по самым незначительным поводам, как будто речь идет не о бойне с сотнями тысяч жертв, а об игрушечных сражениях оловянных солдатиков. Хотя, может быть, для них это именно так, ведь в конфликте участвуют другие — молодые юноши и мужчины, у которых зачастую нет выбора.

Я знаю, что вы, к сожалению, были одним из них. В ваши планы не входило умереть молодым — вы хотели совсем другого: окончить университет, жениться на любимой девушке, больше времени проводить с родителями, видеть, как растут ваши дети и, может быть, внуки. Но всему этому не суждено было сбыться — кто-то придумал и раздул вражду между народами, которые всегда считали себя братьями. И этот кто-то приказал взять в руки винтовки и идти убивать, хотя никто из ваших товарищей, как и вы сам, не понимал, для чего все это нужно.

Для вас все закончилось трагически. Как и для вашей матери, которая, наверное, до конца жизни не оправится от страшного удара. В чем смысл вашей смерти? Страшно сказать, но ни в чем. Ваша смерть была бессмысленной, как и сотни тысяч смертей ваших товарищей и мнимых противников.

Хотя нет, малюсенький и очень горький, но смысл все-таки есть — он в том, чтобы попытаться не повторять ошибок. Это должны усвоить все — и власть предержащие, и простой народ: нет никакого смысла в войнах, это всегда человеческая катастрофа вселенского масштаба. И никто никогда не выходит из таких конфликтов победителем!

Мир вашему праху.
Диана, ученица 7 класса.

58. Кому Диана написала письмо?

   A. Своему отцу.　　　　　　　B. Своему брату.
   C. Солдату, погибшему на фронте.　　D. Старому ветерану.

59. Что случилось с человеком, которому Диана пишет письмо?

   A. Он тяжело заболел.　　　　B. Он был тяжко ранен.
   C. Он разорился.　　　　　　D. Он погиб на войне.

60. В какой войне участвовал солдат?

   A. Великой Отечественной войне.　　B. Войне в Афганистане.

C. Войне в Персидском заливе. D. В тексте не сказано.
61. Какие чувства испытывает Диана к человеку, которому пишет письмо?
A. Восхищение. B. Презрение.
C. Уважение. D. Жалость.

Текст 5

Москва — неповторимый, уникальный город. В Москве интересно все — ее история, архитектура, исторические ценности, культура, темп и уклад жизни ее жителей. Трудно забыть этот город, если вы однажды побывали в нем.

Москва — самый богатый музеями город России. В Кремле находится Оружейная палата — один из первых музеев России. В Москве находится Третьяковская галерея — богатейшее собрание русской живописи, Государственный музей изобразительных искусств имени Пушкина, где хранятся лучшие коллекции западной живописи и скульптуры.

В Москве жили и работали великие писатели, художники, композиторы: Пушкин, Лермонтов, Толстой, Репин, Чайковский, Васнецов, Бородин, Цветаева, Горький и другие. Москва бережно хранит память об этих людях в посвященных им музеях.

Огромна роль Москвы в развитии русской культуры и науки. В Москве был открыт первый университет и первый русский театр, создана первая печатная книга, открыта первая типография, вышла первая русская газета.

Когда и как родился этот город среди рек, лесов и озер? Впервые о Москве стало известно в 1147 году. Суздальский князь Юрий Долгорукий писал черниговскому князю Святославу и приглашал его приехать «во град Москов» и сообщал, что в честь этой встречи в Москве будет организован «обед силен». Этот год считают датой основания Москвы, а князя Юрия Долгорукого — ее основателем. Сейчас в центре Москвы стоит памятник Юрию Долгорукому.

Скорее всего, люди начали жить здесь еще раньше, в XI веке. Когда жизнь в Киевской Руси стала трудной и неспокойной, часть живших там славян пошла на север в поисках новых мест для жизни. Место, на котором начали строить город, было очень удобным. Вокруг были густые непроходимые леса, значит, врагам трудно было бы подойти к будущему городу. В лесах и реках было много зверей и рыбы. По реке можно было легко передвигаться в другие районы и торговать с ними, т. е. географическое положение было очень выгодным. Люди выбрали крутой холм, с двух сторон которого текли реки, построили высокую деревянную стену. Получилась крепость, которую назвали Кремль (в переводе с греческого «крутой холм»). Так родилась Москва.

Сначала дома строили только из дерева, в XIV веке появились первые каменные дома и церкви, а в 1367 году князь Дмитрий Донской из-за частых пожаров в Москве приказал строить все дома только из камня. Были возведены новые белые каменные стены и башни Кремля. Москву стали называть белокаменной. В XV веке вокруг Кремля выросли стены и башни из красного кирпича. В это же время практически сложился уникальный кремлевский архитектурный ансамбль(艺术团).

В XV-XVII веках Москва быстро расширялась. Был построен Земляной вал — кольцо укреплений (сейчас это Садовое кольцо), внутри него строились слободы — Хлебная, Столовая, Поварская, в каждой из которых жили люди определенной профессии. Богатые строили красивые дома и дворцы, до сих пор украшающие Москву. На окраинах города были построены сторожа-монастыри: Данилов (1272), Андроников (1360), Новодевичий (1524), Донской (1592) и другие. Главными улицами стали Арбат (дорога на Смоленск) и Тверская (дорога на Тверь).

На любимой народом Красной площади появился знаменитый собор Василия Блаженного, ставший одним из символов Москвы.

В 1712 году Петр Первый решил перенести столицу в только что построенный им новый город на севере России — Санкт-Петербург. Только через двести лет, в 1918 году, Москва снова стала столицей. Но и в эти двести лет Москва продолжала расти, развивать свою промышленность и ремесла(手艺), строить церкви, дворцы и архитектурные ансамбли.

Сейчас Москва — большой красивый город, площадь ее территории — 994 кв. км. В Москве девять вокзалов, пять аэропортов, более ста музеев и театров.

62. Как называется один из первых музеев России?

A. Третьяковская галерея.

B. Грановитая Палата.

C. Музей изобразительных искусств имени Пушкина.

D. Оружейная Палата.

63. Кто основатель Москвы?

A. Юрий Долгорукий.　　　B. Дмитрий Донской.

C. Петр Первый.　　　D. Борис Годунов.

64. Почему Москву называли белокаменной?

A. Все дома в Москве были белого цвета.

B. В городе было много белых церквей.
C. Стены Кремля были белые.
D. В городе было много белых камней.
65. Какое строение считается символом Москвы?
   A. Красная Площадь.　　　　　B. Собор Василия Блаженного.
   C. Памятник Юрию Долгорукому.　D. Арбат.

阅读答案

46. D	47. C	48. A	49. D	50. A	51. B	52. C	53. D	54. D	55. C
56. D	57. C	68. C	59. D	60. D	61. D	62. D	63. A	64. C	65. B

模拟题 5

ЧТЕНИЕ

(20 баллов, 30 минут)

Прочитайте тексты и задания. Выберите из четырех вариантов один подходящий, зачеркнув соответствующую букву на матрице.

Текст 1

Однажды некий купец поймал в лесу соловья и принес его домой. Заказал он прекрасную клетку из золота, украсил ее драгоценными камнями — одно загляденье (美丽绝伦的东西). Посадил купец соловья в эту клетку. Нанял специального слугу, чтобы присматривал за птицей.

Сад купца благоухал от множества всевозможных цветов. Посреди сада был бассейн из белого мрамора с семью фонтанами. Купец приказал повесить клетку с соловьем в тени рядом с бассейном и каждый вечер приходил полюбоваться птицей.

А соловей все время пел печальные песни и грустил.

Купец нашел человека, понимающего язык птиц, и попросил его узнать причину грусти соловья.

— Господин купец, — говорит человек, знающий язык птиц, — соловей тоскует по родине, по родному гнезду, по свободе. Он поет: «лучше нищим быть в отчизне, чем корона на чужбине (异国)».

Видит купец, что соловей с каждым днем чахнет. Открыл он клетку и выпустил птицу на волю. Сели на коней купец и человек, знающий язык птиц, и поскакали вслед за соловьем. Перелетел соловей через горы, пролетел над долами, купался в речках, пил воду из ключей, долго ли, коротко ли, полетел до дупла в лесу, влетел в него и воскликнул:

— Ах, родина! Как ты прекрасна!

И запел соловей веселую песню, прыгая с ветки на ветку, с дерева на дерево.

— Удивительно, — говорит купец, — я держал его в золотой клетке (笼), среди роз, кормил, поил, а ему дупло нравится больше.

— Господин купец, — сказал человек, знающий язык птиц, — не удивляйся. Каждому дороги родина, отчий дом. Соловей здесь свободен. Свобода превыше всего.

46. Куда купец поместил соловья?

A. В бамбуковую клетку.　　B. В кукольный домик.
C. В золотой дворец.　　D. В драгоценную клетку.

47. Почему соловей грустил?

A. Он скучал по своей родине.　　B. Он скучал по своим детям.
C. Купец не понимал его.　　D. Его плохо кормили.

48. Что сделал купец с соловьем?

A. Отпустил его на свободу.　　B. Продал его на рынке.
C. Подарил его другу.　　D. Продолжал держать его в клетке.

49. Где жил соловей?

A. На берегу реки.　　B. В далекой стране.
C. В дупле в лесу.　　D. На вершине дерева.

Текст 2

Жили-были на свете муж и жена. Очень дружно жили, грубого слова друг другу не сказали. Муж с восхода до захода трудился в поле, а жена в это время пряла, ткала да в доме прибирала. Восхищались сельчане скромностью и умом женщины. Все хвалили ее, нахваливали. Шли дни чередой, шли месяцы, годы, и молва (传说) о женщине разнеслась повсюду.

Однажды услышала об этой женщине жена деревенского старосты, чуть не лопнула от злости: и чем она лучше меня, что все ею нахвалиться не могут. Умру, но найду и погляжу на нее. Долго ждала жена старосты случая, чтобы выйти из дому. Как-то староста на несколько дней поехал в город по делам. Только муж за ворота, жена переоделась в рубище и пошла на поиски женщины. В один дом, в другой, наконец, расспрашивая людей, нашла. Притворилась жена старосты нищей, постучала в ворота и попросила подаяния.

Добрая женщина подала нищей и продолжала работать, а жена старосты заглянула во двор и видит, что женщина сидит на самом солнцепеке, прядет шерсть, а рядом черствый кусочек хлеба и нагревшаяся под солнцем вода в ковше.

— Сестрица, что же ты на солнышке сидишь, а не в тени деревьев? — спросила жена старосты.

— Муж мой в это самое время в поле под жгучим (炽热的) солнцем косит пшеницу, — ответила женщина. — Ему негде в тени укрыться. Да и поесть, кроме черствого хлеба, и запить, кроме теплой водицы, ему нечего. А я что лучше него? Как он, так и я. Иначе я и не пойму, каков он мой муж, какой у него труд. А муж, видя мою верность, платит мне любовью.

— Посоветуй, сестрица, что мне сделать, чтобы муж меня больше любил, — попросила жена старосты женщину. Ей захотелось проверить ее рассудительность.

— Если ты принесешь мне несколько львиных волосков (毛发), я смогу научить тебя, — ответила женщина.

С того дня жена старосты стала искать льва и нашла наконец в зверинце у падишаха (国王). Видит, в стальных клетках — страшные львы, при одном взгляде на них поджилки трясутся. Долго думала-гадала жена старосты и решила ежедневно сама кормить льва. Стала она по два-три раза на дню приходить к зверю, переборов страх, подкладывала через прутья ему еду, меняла воду в поилке, ласково приговаривая, гладила хвост и спину. Спустя некоторое время осмелела она и погладила львиную голову. Лев стал узнавать ее. Однажды, гладя льва по голове, вырвала она три волоска из его усов. Пришла жена старосты к той женщине и показала ей львиные волоски.

— Как это тебе удалось оборвать усы такому хищному зверю, как лев? — спросила женщина.

Жена старосты рассказала женщине, как она обращалась со зверем, чтобы вырвать эти волоски.

— Сестрица, поди-ка ты к мужу и относись к нему так, как относилась ко льву. Тогда и он не будет тебя мучить, полюбит тебя, — сказала женщина.

С тех пор жена старосты стала относиться к мужу так, как посоветовала женщина. Муж был очень доволен женой. Жена старосты уверилась, что женщина на самом деле очень умна.

50. За что все хвалили бедную женщину?
    A. За скромность и ум.
    B. За смекалку.
    C. За красоту.
    D. За рукоделие.
51. В какую одежду переоделась жена старосты, отправившись посмотреть на эту женщину?
    A. В самую нарядную одежду.
    B. В самую бедную одежду.
    C. В мужскую одежду.
    D. В свадебное платье.
52. Почему женщина сидела на солнцепеке?
    A. Чтобы хорошо загореть на солнце.
    B. Чтобы разделить с мужем его трудности.
    C. Чтобы прогреть больную спину.
    D. Чтобы лучше видеть свою работу.
53. Как женщина посоветовала жене старосты обращаться со своим мужем?
    A. Всегда ставить на своем.
    B. Во всем ему потакать.
    C. Быть ласковой и терпеливой.
    D. Никогда с ним не разговаривать.

Текст 3

Мобильная сеть четвертого поколения получает все большее распространение в Китае. В Ханчжоу — первом из китайских городов, где можно подключиться к сервисам 4 Г, высокоскоростной интернет теперь доступен и в метро. Всего в городе более 2000 вышек связи. Зона покрытия сети превышает 500 квадратных километров. С подробностями — мои коллеги.

Китай развивает высокие технологии. В частности мобильную связь четвертого поколения. Уже более 126 мобильных операторов со всего мира подписали соглашение об использовании разработанных в Китае технологий.

Пилотную (试验装置的) программу по использованию мобильной связи 4-го поколения Китай запустил в 2010-ом году. Сейчас в ней участвуют 6 городов. В Ханчжоу высокоскоростной интернет недавно появился в автобусах.

«Это очень удобно. Можно даже кино смотреть».

«Ездить на общественном транспорте стало не так скучно. Я в поездке теперь все время скачиваю музыку и смотрю разные видеоролики».

Высокоскоростной мобильный интернет — не просто развлечение. Настоящим спасением его называют операторы наружных камер наблюдения.

Чжан Лян, Проект-менеджер CHINA MOBILE:

«Раньше установка и настройка камеры занимала около двух недель. И стоило это не дешево. Большое расстояние было проблемой, ведь камеру нужно было подсоединить к проводам. Теперь, с технологиями мобильной связи четвертого поколения мы успеваем установить и настроить камеру меньше, чем за день».

Преимущество 4 Г перед 3 Г — высокая скорость соединения.

Сюн Чжоуши, Заместитель гендиректора ханчжоуского офиса CHINA MOBILE:

«Беспроводной интернет-сервис 4 Г не просто очень удобен, он может сделать процесс обмена информацией более совершенным».

Большие надежды на развитие высокоскоростного мобильного интернета возлагают работники медицинской сферы и сотрудники СМИ.

54. Что такое 4Г?

    A. Мобильная сеть четвертого поколения.

    B. 4 гигабайта памяти.

    C. Новый пакет мобильных услуг.

    D. Пилотная программа по использованию мобильной сети.

55. Какой город первым внедрил 4Г?

    A. Пекин.   B. Нанкин.

    C. Харбин.   D. Ханчжоу.

56. Почему операторы камер наружного наблюдения называют 4Г «спасением»?

    A. Она спасла им жизнь.

    B. Она сэкономила им много времени.

    C. Она сэкономила им много денег.

    D. Они используют ее чтобы спасать жизни людей.

57. В чем преимущества 4Г?

    A. В удобстве соединения.   B. В разнообразии сервисов.

    C. В легкости настройки.   D. В скорости.

Текст 4

Япония — страна контрастов(对立), в которой сочетаются диаметрально противоположные вещи. Страна с многовековой историей, в которой чтят традиции, но при этом не забывают идти в ногу со временем. За четыре года проживания в Японии я по праву могу назвать ее своим новым домом. У меня есть семья, работа, друзья и новые увлечения. Я узнал о стране много такого, о чем раньше и не задумывался, но при всем при этом Япония для меня остается страной-загадкой, для понимания которой, как мне кажется, и одной жизни мало.

3. 阅读理解模拟题

Сколько бы я ни изучал эту удивительную страну, она каждый раз преподносит какие-то сюрпризы.

Мир вообще удивительная штука, вам так не кажется? У нас есть самолеты, преодолевающие большие расстояния за считанные часы, высокоскоростной интернет, позволяющий увидеть любую точку нашей голубой планеты в реальном времени, миллионы книг и фильмов на всевозможные темы, а мы все равно ничего не знаем о том, что нас окружает. Не знаем не только, как живут соседние страны, но и даже то, как живем мы сами. Современный мир слишком быстро меняется: что-то становится популярным, но не успеешь оглянуться — это уже в прошлом. Каждую секунду вокруг что-то происходит и, наверное, это и называется жизнью.

Сколько бы я ни узнавал о чем-то, я понял, что многие вещи просто не понять, если не почувствовать на своем опыте. Известный японский писатель Харуки Мураками написал в одной из своих книг: «Самое важное — не то большое, до чего додумались другие, но то маленькое, к чему пришел ты сам» — и я полностью с этим согласен. Я искренне надеюсь, что моя книга станет для вас первым шагом в изучении Японии, зародит в вас искру интереса, и вы уже потом сами самостоятельно начнете свою историю изучения этой невероятной страны. А может это будет совершенно другая страна, в которую вы решитесь поехать.

Мир невероятен, и узнавать о нем что-то новое всегда безумно интересно. Я продолжу изучать Японию, ведь четыре года — это только начало. Впереди меня ждет много необычных открытий, которыми я постараюсь с вами поделиться. Ведь в одной книге не рассказать о целой стране, но хотелось бы верить, что моя история помогла вам ненадолго прогуляться по улочкам Японии, пережить вместе со мной различные ситуации и представить, каково это — переехать в другую страну. До встречи в следующих книгах!

58. Сколько лет автор прожил в Японии?
    A. Полгода.   B. 4 года.
    C. 10 лет.   D. В тексте не сказано.
59. В каком городе автор живет?
    A. В Токио.   B. В Нагасаки.
    C. В Киото.   D. В тексте не сказано.
60. Чем известен Харуки Мураками?
    A. Своими афоризмами.   B. Своим блогом.
    C. Своими литературными трудами.   D. Любовью к Японии.

61. Кто автор по профессии?
   A. Путешественник.　　　B. Ученый.
   C. Врач.　　　　　　　　D. Писатель.

Текст 5

«Я Вас люблю. Вы моя жизнь, счастье — все! Простите за признание, но я не могу больше молчать. Будьте сегодня в восемь часов вечера в старой беседке. Имя свое не подписываю, но я молода, хороша собой, чего ж вам еще?»

Дачник Павел Иванович, человек семейный и положительный, читая письмо, от удивления пожимал плечами.

— Я женатый человек, и вдруг такое странное, такое глупое письмо! Кто его написал? Павел Иванович, прочитав письмо еще раз, плюнул. За все 8 лет своей женатой жизни Павел Иванович забыл тонкие чувства и не получал никаких писем, поэтому письмо его сильно взволновало. Через час, лежа на диване, он думал:

— Я не мальчишка и не побегу на это дурацкое свидание, но все-таки интересно знать, кто это написал. Почерк, конечно, женский. Вероятно, какая-нибудь вдова. Вдовы вообще легкомысленны. Кто это может быть?

Решить этот вопрос было тем более трудно, что у него в дачном поселке не было ни одной знакомой женщины, кроме жены.

— Странно, — подумал он. — «Я вас люблю». Когда она успела полюбить, не познакомившись, не узнав, какой я человек. Наверное, она очень молода и неопытна, если способна полюбить так быстро. Но кто она?

Вдруг Павел Иванович вспомнил, что вчера и позавчера, гуляя по саду, он несколько раз встречал моложевую блондинку в голубом платье. Блондинка часто смотрела на него, а когда он сел на скамейку, она села рядом с ним.

— Она? — подумал Павел Иванович.

За обедом Павел Иванович смотрел на жену и думал:

— Она пишет, что молода. Значит, не старуха. Если говорить правду, то я еще не так стар и плох, чтобы в меня невозможно было влюбиться. Любит же меня жена!

— О чем ты думаешь? — спросила его жена.

— Так, голова болит, — сказал Павел Иванович.

После обеда, отдыхая в удобном кресле, он думал:

— А она надеется, что я приду. Может быть, пойти из любопытства? Быстро поднявшись, он начал одеваться.

— Куда ты собираешься? — спросила жена, заметив, что он надевает чистую рубашку и новый галстук.

— Хочу погулять, голова болит.

В восемь часов он вышел из дома. В конце аллеи была видна старая беседка. У него вдруг забилось сердце. Дрожа всем телом, он вошел в беседку. В углу он увидел какого-то человека. Но это был мужчина. Он узнал в нем брата своей жены студента Митю, живущего у них на даче. Две минуты прошли в молчании.

— Извините меня, Павел Иванович, — начал Митя, — но я прошу вас оставить меня одного. Я обдумываю свою диссертацию, и ваше присутствие мне мешает.

А ты иди куда-нибудь в темную аллею, — сказал Павел Иванович, — на свежем воздухе легче думать. А я хочу тут на скамейке поспать, здесь не так жарко.

— Диссертация важнее, — сказал Митя. Наступило молчание. Павел Иванович опять заговорил:

— Я прошу раз в жизни: уйди!

Митя не уходил.

— Послушай, Митя, прошу тебя в последний раз. Покажи, что ты умный, гуманный и образованный человек!

Митя, пожав плечами, тихо ответил:

— Я сказал, не выйду, значит, не выйду.

В это время у входа в беседку они увидели женское лицо. Увидев их, оно исчезло. Подождав немного, Павел Иванович встал и сказал Мите:

— Между нами все кончено!

— Очень рад, — сказал Митя, тоже вставая. — Знайте, что вы мне сейчас сделали такую гадость, которую я вам до самой смерти не прощу!

За ужином они молча смотрели в тарелки. Они ненавидели друг друга. Жена Павла Ивановича улыбалась.

— Какое письмо ты получил сегодня утром? — спросила она.

— Никакого, — ответил Павел Иванович.

— Я знаю, что получил. Это письмо я тебе написала. Честное слово, я. Нам нужно было пол вымыть, но как заставить вас уйти из дома? Только таким способом можно. Чтобы тебе не скучно было, я и Мите такое письмо послала. Митя, ты был в беседке? Митя улыбнулся и перестал смотреть с ненавистью на своего соперника.

62. Какое письмо получил Павел Иванович?

    A. Любовное письмо.   B. Деловое письмо.

    C. Письмо от старого друга.   D. Счет.

63. Где было назначено свидание?

    A. На берегу реки.   B. В саду.

    C. У фонтана.   D. В беседке.

64. Почему Митя не хотел уходить из беседки?

    A. Он тоже ждал девушку.

    B. Он хотел писать свою диссертацию.

    C. Ему очень нравилось сидеть в беседке.

    D. Назло Павлу Ивановичу.

65. Кто послал мужчинам это письмо?

    A. Незнакомая блондинка.   B. Незнакомая брюнетка.

    C. Жена Павла Ивановича.   D. Жена Мити.

☞ 阅读答案

46. D	47. A	48. A	49. C	50. A	51. B	52. B	53. C	54. A	55. D
56. B	57. D	68. B	59. D	60. C	61. D	62. A	63. D	64. A	65. C

模拟题 6

ЧТЕНИЕ

(20 баллов, 30 минут)

Прочитайте тексты и задания. Выберите из четырех вариантов один подходящий, зачеркнув соответствующую букву на матрице.

Текст 1

В маленьком домике на берегу реки жила маленькая мышка. Однажды, гуляя по лесу, она нашла монетку. «Что бы мне такое на нее купить?» — долго размышляла она и, наконец, решила купить ленточку.

Маленькая мышка отправилась в лавку к кролику и выбрала красивую розовую ленточку. Вечером, надев самое красивое платье и повязав ленточку, она пригласила на чай соседа-петуха. Когда он увидел, как хороша в новом наряде его маленькая соседка, петух решил на ней жениться. Но мышке не понравился его громкий пронзительный голос, и она отказала жениху.

Проводив петушка домой, она присела у окошка. В это время мимо нее домика проходили утенок и ослик. Увидев очаровательную хозяйку, они без памяти влюбились в нее и тут же оба предложили ей руку и сердце.

— Сначала я хочу услышать ваши голоса, — сказала привередливая мышка.

— Утенок принялся крякать, а ослик резко прокричал:

— Иа-Иа. Мышка в ужасе заткнула уши.

— Сейчас же убирайтесь прочь! — прокричала она и захлопнула (砰的一声关上) окошко перед незадачливыми женихами.

Мышка легла спать, но ей не спалось и было почему-то очень грустно. Расстроенная, она присела на крылечке и увидела проходящего мимо песика.

— До чего ж ты хороша, маленькая мышка. Выходи за меня замуж!

— Но я хотела бы сначала услышать твой голос.

— О, это совсем несложно, — сказал песик и громко залаял.

— До чего же груб твой голос. «Я никогда не соглашусь стать твоей женой», — промолвила мышка.

На следующий день она отправилась за покупками в город и по дороге встретила котика.

— Ох, как я мечтаю о такой жене! Наконец-то я встретил тебя, маленькая прелестница. Согласна ли ты осчастливить меня? Слушая его мягкий, вкрадчивый (温柔的) голос, мышка, немея от счастья, промолвила:

— Да.

Это была чудесная свадьба, и на свете не было невесты счастливее! Но под вечер котик проголодался и кинулся на свою невесту, пытаясь проглотить ее. К счастью, мышке удалось вырваться из цепких кошачьих когтей (爪子). В разорванном свадебном наряде, рыдая, она сидела на бревнышке, проклиная свою чрезмерную разборчивость. Только сейчас она поняла, как внешность и голос могут быть обманчивы.

46. Что купила мышка?

 A. Новое платье.   B. Новую сумочку.
 C. Розовую ленточку.   D. Ничего.

47. Что мышке не понравилось в собаке?

 A. Его шерсть.   B. Его манеры.
 C. Его голос.   D. Его хвост.

48. Что мышке понравилось в коте?

A. Его шерсть. B. Его манеры.
C. Его голос. D. Его хвост.
49. Что случилось в конце свадьбы?
A. Жених попытался съесть невесту. B. Жених сбежал.
C. У невесты порвалось платье. D. Невеста полюбила другого.

Текст 2

Однажды в горах жил великан по имени Том. Его дом был выше самых высоких деревьев, чашка, из которой он пил, была больше бочки, а его башмаки были как лодки.

Том был очень добрый великан, но люди, жившие неподалеку в городе, боялись его, потому что он был очень большой. Однажды Том отправился в город купить теплой шерсти для шапки. Как только стражники увидели Тома, они захлопнули городские ворота, а все жители в ужасе попрятались в дома. Но Том не отчаивался. Он перешагнул через стену и вошел в город. Когда он шел по улицам, люди высовывались из окон и кричали ему:

— Уходи, ты слишком большой, чтобы бродить по нашему городу, ты раздавишь наши дома.

Бедный Том! Он был вынужден уйти из города без шерсти. Придя домой, он очень расстроился. Сняв башмаки, он разделся и лег спать, даже забыв покормить своего огромного кота Тобби. Голодный кот ходил вокруг спящего хозяина и мурлыкал. Поскольку он был огромным, ростом с коня, то его мурлыканье (呼噜声) было похоже на раскаты грома.

Ночью в городе случился страшный ураган (暴风). Дождь лил как из ведра, а ветер свистел так оглушительно, что с неба начали сыпаться звезды. Они были похожи на снежинки и толстым слоем усыпали луга и леса, деревья и дома. Вскоре ураган утих, и вышедшие из домов люди увидели, что кругом кромешная тьма, поскольку все звезды осыпались и на небе не осталось ни одной из них.

— Как ужасно! — сокрушались они. — Что же нам теперь делать? Кто же прицепит звезды обратно к небу?

На следующий день глашатай провозгласил указ короля. Вот что в нем говорилось:

«Кто сумеет прицепить звезды к небу, получит сто золотых».

Все от мала до велика в королевстве только и думали, как бы это сделать. Но никто ничего не мог придумать. Вдруг самый маленький мальчик в городе вспомнил про великана Тома, и король тотчас же послал за ним гонцов.

Вскоре он явился. «Помоги нам», — попросил его король. Добрый Том обещал все сделать. Он достал огромный мешок и велел жителям собрать в него все рассыпавшиеся звезды. Когда они были собраны, Том взял мешок и, приставив к самой высокой башне в королевстве огромную лестницу, взобрался по ней вверх, выше облаков.

Там, доставая по штучке звезды из мешка, он прицепил их на небо. Когда наступила ночь, то все королевство осветилось сияющими звездами. Радостный король торжественно вручил спасителю сто золотых

— Зачем мне деньги, — сказал Том. — Мне они ни к чему. Дайте мне, Ваше Величество, лучше теплой шерсти на шапку.

Со всего королевства срочно были собраны все овцы до одной. Три дня королевские (王室的) пастухи стригли их, и три ночи королевские пряхи (手工纺线的女人) пряли из шерсти толстые нитки. Затем еще три дня лучшие мастерицы королевства вязали Тому теплую шапку, и, наконец, сто силачей преподнесли ее великану.

— Спасибо вам, — поблагодарил людей Том и, надев теплую шапку, гордо пошел к себе домой. С тех пор жители города не боялись больше Тома, и он частенько наведывался к ним в гости.

50. Почему люди боялись Тома?
 A. Он был бандит.   B. Он был великан.
 C. Он был хулиган.   D. Он был безобразен.

51. Что случилось во время урагана?
 A. С неба упали все звезды.   B. С неба упало солнце.
 C. Весь лес повалило ветром.   D. Том навсегда покинул город.

52. Кто догадался позвать Тома на помощь?
 A. Король.   B. Маленький мальчик.
 C. Стражник.   D. Он сам предложил свои услуги.

53. Что попросил Том за свои услуги?
 A. Деньги.   B. Еду.
 C. Одежду.   D. Шерсть.

Текст 3

Уж с чем в Стране восходящего солнца хорошо, так это с транспортом. В Японии самая развитая система железнодорожного транспорта в мире. Можно сесть на любую станцию метро или электрички и с пересадками доехать в любую точку страны, хотя она не такая уж и большая.

Метро, электрички, частные и государственные линии переплетаются между собой, образуя единую непрерывную систему.

Но, как говорится, за удовольствие надо платить. Проехать по железной дороге в Японии стоит приличных денег, причем сумма увеличивается в зависимости от пройденного расстояния и типа поезда. Необходимо высчитывать стоимость проезда от начальной и конечной станции и покупать подходящий билетик, но, как вы понимаете, это не очень удобно. По этой причине в Японии популярны пополняемые карточки Suica или Pasmo, с которых автоматически будут списаны деньги за проезд. Когда вы заходите на какой-то станции, то она отмечается, как точка А, а станция, на которой вы выходите, отметится как точка В, и система уже сама спишет стоимость проезда между этими точками. Очень удобно, особенно если есть какие-то проблемы с пониманием японского языка. Карточки можно самостоятельно сделать на любой станции метро, выбрав необходимую функцию на электронном автомате по продаже билетов.

Поезда делятся на множество типов, начиная с локальных и заканчивая суперскоростными синкансэнами. Чем лучше и быстрее тип поезда, тем дороже стоимость проезда, причем на поезд-пулю билет может стоить не дешевле, чем на самолет. Чтобы доехать от Токио до Осаки на синкансэне, который развивает скорость до 320 км/ч, понадобится менее двух часов, но билет обойдется в 20 000 йен. Но всегда можно сесть на поезд помедленнее и доехать дешевле.

Все японские поезда, даже в обычном метро, оборудованы кондиционерами и обогревателями (加热器). Ходят почти всегда точно по расписанию, поэтому можно рассчитать свой путь с мобильного телефона и приходить на станцию в нужное время. Сложная система переходов и переплетений линий кажется непонятной только поначалу и со временем становится очень удобной.

Но как бы ни были хороши японские поезда, стоят они не дешево, даже по японским меркам.

Японские автобусы — это прекрасная альтернатива железным дорогам. В черте города за проезд платится разово при посадке 210 йен. Загородные автобусы тарифицируются (制定运价率) в зависимости от пройденного расстояния. Салоны автобусов также оборудованы кондиционерами и обогревателями, поэтому ездить в них довольно комфортно. Важно отметить, что в Японии практически никогда не бывает пробок на дорогах. Это кажется странным, особенно если учесть, что население Страны восходящего солнца ненамного меньше, чем в России, но все-таки это факт.

За четыре года проживания в Японии я стоял в пробке всего один раз, да и то в горах из-за выпавшего снегопада. Все дело в том, что японцы придумали очень хороший закон, запрещающий покупать автомобиль, если нет своего парковочного места в доме, либо не заключен договор с какой-нибудь платной парковкой.

54. Что особенно нравится автору в Японии?
    A. Система образования.
    B. Рестораны.
    C. Система общественного транспорта.
    D. Парковки.
55. Что такое синкансэн?
    A. Японское блюдо.   B. Название фирмы.
    C. Высокоскоростной поезд.   D. Марка автомобиля.
56. Что является альтернативой поездам?
    A. Автобусы.   B. Троллейбусы.
    C. Самолеты.   D. У поездов нет альтернативы.
57. Как японцы решили проблемы парковки?
    A. Ограничили продажу автомобилей.
    B. Увеличили платные стоянки.
    C. Увеличили бесплатные стоянки.
    D. Разрешили парковку во многих местах.

Текст 4

Компании США планируют выход на кубинский (古巴的) рынок или увеличение активности в этой стране.

В частности, интернет-гигант Google собирается открыть на Кубе технологический центр. О планах компании по расширению доступа к интернету в этой стране президент США Барак Обама планирует объявить во время визита на Кубу.

«Из того, что я собираюсь объявить — Google достигла соглашения о начале установки большого количества точек доступа WiFi и расширении широкополосного доступа — необходимого доступа, чтобы Куба вошла в XXI век с точки зрения экономики», — казал американский президент в интервью телеканалу ABC.

Google будет распространять бесплатный интернет, скорость которого будет в 70 раз выше доступной населению острова в настоящее время, отмечает BBC.

Технологический центр будет располагаться в студии кубинского художника Алексиса Мачадо, известного как Кчо. Он заявил, что студия будет открыта для всех желающих пять дней в неделю с семи утра до полуночи, сообщает AP. Одновременно ею смогут пользоваться около 40 человек.

Расширяет свою деятельность на Кубе и сайт Booking. com. Компания стала первой среди американских интернет-турагентств, которые смогли заключить сделку с кубинским правительством. Теперь американцы смогут напрямую резервировать размещение на Кубе, не обращаясь в туристические агентства.

Компания по переводу денежных средств Western Union также заявила о том, что расширяет услуги перевода на острове.

Ранее компания AirBnb заявила о намерении выйти на кубинский рынок. Об открытии трех отелей на Кубе сообщила сеть гостиниц Starwood.

Обама прибыл с историческим визитом на Кубу в воскресенье во вторую половину дня по местному времени (в ночь на понедельник по московскому времени). Он стал первым за последние 88 лет президентом США, посетившим Кубу.

Кубинская сторона пытается добиться от Обамы отмены экономического эмбарго. За последние несколько месяцев часть ограничений, например, в области туризма была снята.

58. Кто такой Кчо?
 A. Американский бизнесмен. B. Кубинский дипломат.
 C. Президент компании. D. Художник.
59. Что собирается сделать компания Google?
 A. Свернуть свое присутствие на Кубе.
 B. Расширить свое присутствие на Кубе.
 C. Выйти на кубинский рынок.
 D. Заключить договор о двустороннем сотрудничестве.
60. Каким бизнесом занимается Booking. com. ?
 A. Гостиничным бизнесом. B. Книготорговлей.
 C. Торговлей сигаретами. D. В тексте не сказано.
61. Чего хотят кубинцы от Америки?
 A. Расширения санкций. B. Введения торгового эмбарго.
 C. Отмены санкций. D. Расширения импорта.

          Текст 5

Андрей Андреевич Сидоров получил в наследство от своей мамаши четыре тысячи рублей и решил открыть на эти деньги книжный магазин. А такой магазин был крайне необходим. Город коснел в невежестве и в предрассудках; старики только ходили в баню, чиновники играли в карты, молодежь жила без идеалов, девицы мечтали о замужестве, мужья били своих жен, и по улицам бродили свиньи.

Идей, побольше идей! — думал Андрей Андреевич. — Идей! Нанявши помещение под магазин, он съездил в Москву и привез оттуда много старых и новейших авторов и много учебников и расставил все это по полкам. В первые три недели покупатели совсем не приходили. Андрей Андреевич сидел за прилавком, читал Михайловского и старался честно мыслить. Каждый день утром в магазин опрометью вбегала озябшая девка в платке и в кожаных калошах на босую ногу и говорила:

— Дай на две копейки уксусу!

И Андрей Андреевич с презрением отвечал ей:

— Дверью ошиблись, сударыня!

Когда к нему заходил кто-нибудь из приятелей, то он, сделав значительное и таинственное лицо, доставал с самой дальней полки третий том Писарева, сдувал с него пыль и говорил:

— Да... Да... Тут, одним словом, я должен заметить, такое, понимаете ли, что прочтешь да только руками разведешь... Да.

— Смотри, брат, как бы тебе не влетело!

Через три недели пришел первый покупатель. Это был толстый седой господин, по всем видимостям, помещик. Он потребовал вторую часть «Родного слова».

— А грифелей у вас нет? — спросил он.

— Не держу.

— Напрасно... Жаль. Не хочется из-за пустяка ехать на базар...

«В самом деле, напрасно я не держу грифелей, — думал Андрей Андреевич. — Здесь, в провинции, нельзя узко специализироваться, а надо продавать все, что так или иначе относится к просвещению и способствует ему».

Он написал в Москву, и не прошло и месяца, как на окне его магазина были уже выставлены карандаши, ручки, тетрадки. К нему стали изредка заходить мальчики и девочки, и был даже один такой день, когда он выручил рубль сорок копеек. Однажды опрометью влетела к нему девка в кожаных калошах; он уже раскрыл рот, чтобы сказать ей с презрением, что она ошиблась дверью, но она крикнула:

— Дай на копейку бумаги и марку за семь копеек!

После этого Андрей Андреевич стал держать марки и бумагу. Месяцев через восемь (считая со дня открытия магазина) к нему зашла одна дама.

— А нет ли у вас гимназических ранцев? — спросила она.

— Увы, сударыня (夫人), не держу!

— Ах, какая жалость! В таком случае покажите мне, какие у вас есть куклы, но только подешевле.

— Сударыня, и кукол нет! — сказал печально Андрей Андреевич. Он написал в Москву, и скоро в его магазине появились всякие игрушки.

Потом обыватели, проходя мимо его магазина, увидели два велосипеда: один большой, другой поменьше. И торговля пошла на славу. Особенно хороша была торговля перед Рождеством, когда Андрей Андреевич вывесил на окне объявление, что у него продаются украшения для елки.

— Дайте мне только в Москву съездить! У меня будут такие фильтры и всякие научные усовершенствования, что вы с ума сойдете. Науку нельзя игнорировать (忽视). Не-ет!

Наторговавши много денег, он поехал в Москву и купил там разных товаров тысяч на пять, за наличные и в кредит. Тут были и фильтры, и лампы для письменных столов, и гитары, и зоологические коллекции. Кстати же он купил на пятьсот рублей превосходной посуды — и был рад, что купил, так как красивые вещи развивают вкус и смягчают нравы. Вернувшись из Москвы домой, он занялся расстановкой нового товара по полкам. Когда он полез, чтобы убрать верхнюю полку, десять томов Михайловского один за другим свалились с полки; один том ударил его по голове, остальные же разбили два ламповых шара.

— Как, однако, они... «Толсто» пишут! — пробормотал Андрей Андреевич. Он собрал все книги и спрятал под прилавок. Дня через два после этого ему сообщили, что сосед бакалейщик приговорен в арестантские роты за истязание племянника и что лавка поэтому сдается. Андрей Андреевич очень обрадовался и приказал оставить лавку за собой. Скоро в стене была уже пробита дверь и обе лавки, соединенные в одну, были битком набиты товаром; так как покупатели, заходившие во вторую половину лавки, по привычке все спрашивали чаю, сахару и керосину, то Андрей Андреевич недолго думая завел и бакалейный товар.

В настоящее время это один из самых видных торговцев у нас в городе. Он торгует посудой, табаком, мылом, бубликами, ружьями и окороками. Он, говорят, собирается открыть бани. Книги же, которые когда-то лежали у него на полках, в том числе и третий том Писарева, давно уже проданы по 1 р. 5 коп. за пуд. Прежние приятели, которых Андрей Андреевич теперь в насмешку величает «американцами», иногда заводят с ним речь о прогрессе, о литературе.

— Вы читали, Андрей Андреевич, последнюю книжку «Вестника Европы»? — спрашивают его.

— Нет, не читал-с... — отвечает он, играя толстой цепочкой. — Это нас не касается. Мы более положительным делом занимаемся.

62. Какой магазин открыл Андрей Андреевич?
   A. Книжный магазин.   B. Галантерею.
   C. Бакалею.   D. Обувной магазин.

63. Часто ли у него покупали книги?
   A. Очень часто.   B. Время от времени.
   C. Очень редко.   D. Никогда.

64. Какое время оказалось самым выгодным для торговли?
   A. Рождество.   B. Новый Год.
   C. Пасха.   D. День Города.

65. Что в итоге случилось с Андреем Андреевичем?
   A. Он разорился и закрыл магазин.
   B. Он разорился и переехал в другой город.
   C. Он открыл сеть книжных магазинов.
   D. Он разбогател.

阅读答案

| 46. C | 47. C | 48. C | 49. A | 50. B | 51. A | 52. B | 53. D | 54. C | 55. C |
| 56. A | 57. A | 68. D | 59. B | 60. A | 61. C | 62. A | 63. D | 64. A | 65. D |

模拟题 7

ЧТЕНИЕ

(20 баллов, 30 минут)

Прочитайте тексты и задания. Выберите из четырех вариантов один подходящий, зачеркнув соответствующую букву на матрице.

Текст 1

Давным-давно жили в глуши (偏僻的地方) Шотландии двое братьев. Жили они в очень уединенном месте, за много миль (俄里) от ближайшей деревни, и прислуживала им старуха кухарка. Кроме них троих, в доме не было ни души, если не считать старухиного кота да охотничьих собак.

Как-то раз осенью старший брат, Элсхендер, решил остаться дома, и младший, Фергас, пошел на охоту один. Он отправился далеко в горы, туда, где охотился с братом накануне, и обешал вернуться домой до захода солнца.

Но день кончился, давно пора было сесть за ужин, а Фергас все не возвращался. Элсхендер забеспокоился — никогда еще не приходилось ему ждать брата так долго.

Наконец Фергас вернулся, задумчивый, промокший, усталый, и не захотел рассказывать, почему он так запоздал. Но вот после ужина, когда братья сидели с трубками у камина, в котором, весело потрескивая, горел торф, и собаки лежали у их ног, а черный кот старой стряпухи, полузакрыв глаза, расположился на коврик между ними, Фергас словно очнулся и рассказал брату о том, что с ним приключилось.

— Ты, наверное, удивляешься, почему я так поздно вернулся? — сказал он. — Ну, слушай! Я сегодня видел такие чудеса, что даже не знаю, как тебе и рассказать про них. Я шел, как и собирался, по нашей вчерашней дороге. Но когда настала пора возвращаться домой, горы заволокло таким густым туманом, что я сбился с пути. Долго я блуждал, сам не знаю где, как вдруг увидел огонек. Я скорее пошел на него. Но только я приблизился к нему, как перестал его видеть и оказался возле какого-то толстого старого дуба. Я влез на дерево, чтоб легче было отыскать этот огонек, и вдруг вижу подо мной в стволе дупло, а в дупле что-то вроде церкви, и там кого-то хоронят. Я слышал пение, видел гроб и факелы (火把). И знаешь, кто нес факелы? Но нет, ты мне все равно не поверишь!..

Элсхендер принялся уговаривать брата продолжать. Он даже подбросил торфа в камин, чтоб огонь запылал ярче, и младший брат повеселел. Собаки мирно дремали, а черный кот поднял голову и, казалось, слушал так же внимательно, как сам Элсхендер. Братья даже невольно взглянули на него.

— Поверь же, — продолжал Фергас, — все, что я скажу, истинная правда.

Гроб и факелы несли коты, а на крышке гроба были нарисованы корона и скипетр!

Больше он ничего не успел добавить, ибо черный кот вскочил и крикнул:
— О небо! Значит, старый Питер преставился, и теперь я — кошачий ко-

роль!

Тут кот прыгнул в камин и пропал навсегда...

46. Кто жил в доме?

   A. Два брата, два кота, старуха и собака.

   B. Два брата, старуха, собаки и кот старухи.

   C. Два брата, старуха, собаки старухи кот братьев.

   D. Ни души.

47. Что сделал Фергас, вернувшись с охоты?

   A. Не объяснил, почему он так долго охотился.

   B. Не смог ничего рассказать.

   C. Сначала отдохнул, а вечером рассказал свою историю.

   D. Сам не знал, что с ним случилось.

48. Что увидел Фергас в дупле дерева?

   A. Храм.   B. Дом.

   C. Дорогу.   D. Школу.

49. Зачем черный кот убежал?

   A. Чтобы братья его не убили.

   B. Чтобы тоже увидеть то, что видел Фергас.

   C. Чтобы попрощаться со старым Питером.

   D. Чтобы взойти на трон.

Текст 2

Один старик с сыном пошли в лес за дровами. Вдруг навстречу им лев.

— Вот удача, — взревел лев, — три недели я ничего не ел, теперь съем вас обоих и наемся. Сын начал дрожать от страха.

— Отец, что же нам делать? Ведь лев съест нас.

— Не бойся, сынок, я сейчас прогоню его, — ответил старик.

— Что ты, старый человек, можешь сделать с сильным львом? — спросил сын.

— Сила не главное, — говорит старик. — Важна смекалка. Ум поможет избавиться от любого сильного зверя. Гляди, что сейчас я сделаю.

Старик поднял топор и пошел на льва.

— Сколько раз я выходил на охоту на льва, но все неудачно. А тут сам пожаловал. Сейчас я зарублю тебя и отнесу домой. Твоего мяса хватит нам на три дня, — приговаривал старик.

— Какая у тебя сила, чтобы убить меня? — сказал лев.

— Раз ты сомневаешься в моей силе, давай испытаем друг друга. Слабый подчинится(服从) сильному.

Лев согласился с этим предложением. Старик поднял с земли камень и протянул льву.

— Коль ты силен так же, как я, сожми этот камень так, чтобы сок из него потек, — сказал старик.

Лев сжал камень, тот раскрошился, но сока не потекло.

Старик незаметно вынул из хурджуна (традиционная восточная сумка) яйцо, поднял с земли камень и сжал их вместе — меж пальцев старика потекло.

— Видишь, я выжал сок из камня, — сказал старик.

Удивился лев силе старика и со страху согласился подчиняться ему. С тех пор старик разъезжал на льве.

Однажды старик рубил, дрова в лесу. Сколько он ни бился, никак не мог срубить маленького деревца. Усталый, отошел он в сторону отдохнуть. Лев подошел к дереву и легко вырвал его с корнем.

— Старик, ты говорил, что сильнее меня. Как же это ты не мог справиться с этаким деревцем? — удивился лев.

Старик понял, что лев разгадал его обман. Не растерялся он и сказал:

— Ах, лев, я схитрил, чтобы поглядеть, сможешь ли ты вырвать это деревце. Вот уже несколько дней запасы еды у нас кончились, и я собираюсь снова пойти на львиную охоту. Думаю, трех-четырех львов будет достаточно. Вот когда ты убедишься в моей силе.

Лев задрожал от страха и подумал, что если охота старика окажется неудачной, то он съест его. Лучше бежать, пока цел. Ночью лев убежал и спрятался в чаще леса. Вдруг навстречу ему выбежал лис.

— Братец лис, ты что бежишь? — спросил лев. — Никак старик идет?

— Какой старик? — удивился лис.

Лев рассказал лису о том, как старик выжал сок из камня, как он охотится на львов, как он сделался хозяином льва. Лис рассмеялся:

— Ах ты, глупец, старик ведь обманул тебя, откуда у него сила. Стоит тебе разок взреветь, у старика сердце выскочит от страха. Пойдем-ка к старику и убьем его. Поем я твои объедки, мне и этого хватит.

Лев пошел с лисом. Старик издали заметил льва и лиса, понял, что лис объяснил все льву, а если и на этот раз он не придумает чего-нибудь, не миновать беды. Стал старик издали кричать:

— Ах, бессовестный лис, я же поручил тебе привести жирного льва, а ты и на этот раз привел тощего. Ну, ничего, этого я зарежу и съем, но если ты еще раз так поступишь — шкуру с тебя спущу.

Услыхал лев угрозы старика и решил, что лис заманил его в ловушку. Бросился наутек, только его и видели.

— Видишь, сынок, — сказал старик, — важна не только сила. Главное — ум, смекалка. И если они есть — никакой враг тебе не страшен.

50. Что старик считал главным качеством человека?
    A. Мужество.   B. Хитрость.
    C. Трудолюбие.   D. Талант.
51. Что старик предложил льву сделать?
    A. Выжать сок из камня.
    B. Найти умного лиса.
    C. Найти яйцо.
    D. Служить старику и его сыну.
52. Почему лев удивился, когда увидел, как старик рубит дрова?
    A. Потому что старик потерял топор.
    B. Потому что старик оказался намного сильнее, чем думал лев.
    C. Потому что старик оказался намного сильнее, чем его сын.
    D. Потому что старик оказался не так силен, как думал лев.
53. Что старик постарался сделать, когда увидел льва и лиса вместе?
    A. Обмануть лиса.
    B. Обмануть льва.
    C. Научить своего сына обманывать животных.
    D. Заманить льва в ловушку и съесть.

Текст 3

    Лазурное (蔚蓝的) море и синее небо, легкое дуновение кокосового ветра (椰风), оригинальные здания отелей, широкие и прямые дороги — все это уезд Боао острова Хайнань. 22 марта здесь проходит открытие Боаоского Азиатского Форума 2016. Этот маленький уезд общей площадью около 86 кв. км. у Южно-Китайского моря вновь привлекает к себе внимание целого мира.

    В 90-е годы прошлого века Боао, расположенный в пригороде Цюнхая провинции Хайнань, в низовьях реки Ваньцюань, был всего лишь тихим и небольшим рыбацким уездом, его 15 тыс. жителей смотрели за полями и держали рыбацкие лодки, обеспечивая самих себя.

    Как вспоминает Мо Цзэюй, 73-летний пенсионер, бывший начальник радиостанции, в те времена длина всего квартала не достигала 200 метров, в уезде была только одна гостиница, один универмаг, жители Боао либо занимались земледелием, либо ловили рыбу, в целом, уровень жизни был довольно низкий.

Перемены в этом жизненном укладе произошли в 2001 году. 27 февраля 2001 года Боао был определен в качестве постоянного местонахождения Боаоского Азиатского Форума и стал предоставлять высокоуровневую диалоговую платформу для совместного обсуждения вопросов экономики, общества, окружающей среды и др. правительствами, предприятиями, экспертами и учеными. С этого времени начался выход этого небольшого уезда в мир.

«Раньше это была рыбацкая деревушка, а теперь — город форума», — как рассказывает У Цзяньцян, секретарь уездного комитета Боао, с 2001 года по сей день, кроме ежегодного Боаоского Азиатского Форума, здесь также прошло более 400 китайских и международных собраний, что содействовало повышению известности Боао.

У Цзяньцян сообщил, что в настоящее время в Боао есть свыше 50-ти отелей семейного типа и более 10-ти гостиниц со звездами, ежедневное количество принимаемых гостей составляет 5 тыс. чел. и выше. Согласно статистике(统计员), во время золотой недели Праздника Весны 2016, средняя численность туристов в Боао составляла 35 тыс. чел. в день, что привнесло невероятное оживление в этот небольшой уезд с населением 30 тыс. чел.

Помимо повышения известности уезда, встречи «высочайшего класса» принесли реальную пользу жителям Боао. На расстоянии одной улицы от места проведения форума находится деревня Мэйя, в которой особенное внимание привлекает «Дядюшкин двор», созданный на собранные жителями деньги. «Акционер» Тан Шаовэй раньше зарабатывала себе на жизнь тем, что была велорикшей в уезде Боао. После того как был основан «Дядюшкин двор», у нее началась счастливая жизнь с «работой у дверей дома», когда «успеваешь зарабатывать деньги и заботиться о членах семьи».

Однако будущее Боао вовсе не ограничивается этим. Как стало известно, пилотная зона международного медицинского туризма «Лэчэн», которая недавно была создана в Боао, принесет еще больше новых возможностей. Это экологический проект, объединяющий в себе медицинское лечение и реабилитацию, энергосбережение и защиту окружающей среды, отдых и экологические международные организации. После создания данная зона сильно обогатила экотуризм(生态游) города Цюнхай, вновь усилив привлекательность для внешнего мира.

За 10 с лишним лет, под влиянием форума, Боао осуществил прекрасное превращение из маленькой рыбацкой деревушки в город международного форума, и в будущем продолжит неустанно выходить в мир.

54. Чем раньше занимались жители Боао?

    A. Промышленным производством и торговлей.

    B. Сельским хозяйством и рыбной ловлей.

    C. Охотой и собирательством.

    D. Умственным трудом.

55. Какие люди сейчас часто приезжают в Боао?

    A. Военные и государственные служащие.

    B. Школьники и студенты.

    C. Сезонные рабочие.

    D. Туристы и участники Азиатского форума.

56. Какие вопросы обычно обсуждаются на Боаоском Азиатском форуме?

    A. Экономические и экологические.

    B. Внешнеполитические.

    C. Культурные и образовательные.

    D. Стратегические.

57. Сколько туристов приезжает в Боао каждый день на Праздник Весны?

    A. Меньше, чем до 2001 года.

    B. Больше, чем в Пекин.

    C. Больше, чем жителей в Боао.

    D. Больше, чем в Праздник Середины Осени.

Текст 4

7 ноября Хэйлунцзянский университет официально заявил, что для того, чтобы активно содействовать правительственному плану по стратегическому (战略的) сотрудничеству с Россией, при одобрении (认可) государственного отдела образования, 74 студента из русско-китайского института при Хэйлунцзянском университете, в котором всего на данный момент обучается 186 студентов и который был учрежден в 2011 году, отправятся на обучение в Россию. Это первый случай, когда Китай отправляет на обучение в Россию большую партию междисциплинарных специалистов в области русского языка.

Русско-китайский институт при Хэйлунцзянском университете был учрежден в июне 2011 года. Главной задачей русско-китайского института стало привлечение русскоязычных образовательных пособий и методик, а также способствование развитию стратегического сотрудничества между Россией и Китаем. Хэйлунцзянский университет, представляющий китайскую сторону русско-китайского института, является одним из первых в Китае образовательных учреждений, которые занялись подготовкой высококлассных специалистов в области русского языка, русский язык и культура преподаются здесь уже на протяжении 70 лет. Новосибирский государственный университет, представляющий российскую сторону русско-китайского института, является единственным из образовательных учреждений, поддерживающих близкие отношения сотрудничества с Академией Наук. Большинство профессоров данного университета являются членами русской Академии Наук, этот университет по праву носит звание русской «силиконовой долины».

После учреждения института в нем было открыто шесть факультетов: химического инжиниринг (工程) и технологий, прикладной физики, биотехнологий, математики и прикладной математики, международной экономики и торговли, а также юридический факультет. «Китай и Россия являются соседними государствами, и в процессе долгих лет общения они постоянно сталкиваются с одной и той же проблемой: специалисты в области русского языка не владеют навыками в других областях, а специалисты в сфере негуманитарных наук с трудом объясняются на русском». Глава русско-китайского института при Хэйлунцзянском университете Цзя Сюйцзе подчеркивает, что институт был создан именно для того, чтобы разбить «лед» во многолетних отношениях между двумя государствами. Институт работает в соответствии с двусторонней моделью управления и обучения при поддержке китайской и русской сторон. Здесь занимаются подготовкой кадров, которые одинаково хорошо владеют русским языком и профессиональными навыками в негуманитарных областях.

«На этапе активного изучения языка мы задействуем русские и китайские преподавательские кадры, совместно планируем содержание уроков, совместно выбираем учебные пособия и сотрудничаем в разных направлениях. На этапе получения профессиональных знаний 70% всех лекций читаются русскими профессорами, практические занятия тоже проводят русские преподаватели». Глава института Цзя Сюйцзе сообщает, что первая группа из 74 студентов, отправленная в Россию, уже прошла двухгодичный курс обучения русскому языку и профессиональным навыкам, и в дальнейшем они должны будут получить углубленные знания по своей специальности в России.

58. Сколько студентов из русско-китайского института при Хэйлунцзянском университете собираются поехать в Россию на учебу?

    A. Два десятка студентов.

    B. Большинство из обучающихся в институте студентов.

    C. Почти половина из обучающихся в институте студентов.

    D. Почти все из обучающихся в институте студентов.

59. На базе каких университетов существует русско-китайский институт?

    A. Пекина и Москвы.

    B. Хэйлунцзяна и Новосибирска.

    C. Хэйлунцзяна и Санкт-Петербурга.

    D. Хэйлунцзяна и Ляонина.

60. Какие факультеты созданы в русско-китайском институте:

    A. Филологический и математический.

    B. Хэйлунцзянский и сибирский.

    C. Технические и естественнонаучные.

    D. И гуманитарные, и негуманитарные.

61. С какой основной проблемой сталкиваются Россия и Китай в общении?

    A. Китайцы не умеют говорить по-русски, а русские — по-китайски.

    B. Системы образования двух стран очень разные.

    C. Профессиональные переводчики с русского языка мало знают о других науках, а другие специалисты не умеют говорить по-русски.

    D. Не хватает преподавателей.

Текст 5

Говоря о японской кухне, многим сразу приходят на ум суши, роллы (手卷寿司) или другие продукты, так или иначе связанные с рыбой и рисом. Не буду кривить душой (口是心非), я и сам так думал до того, как приехал в Страну восходящего солнца. На самом деле японцы едят очень разнообразные блюда, которые сочетают в себе все привычные нам продукты, будь то картошка, мясо или салаты.

Представление о том, что в Японии едят одни лишь суши, не более чем стереотип. Вообще, суши японцы едят в основном в ресторанах и дома их готовят нечасто. Популярны такие блюда, как гюдон (牛丼), темпура (面拖海鲜), рамен, удон, соба, кацудон и многие другие. В любом японском продуктовом магазине продается мясо всех видов, обычные овощи, фрукты и многое другое. Конечно, ассортимент слегка отличается от привычного нам в России, но вы сможете без проблем из японских продуктов приготовить супы, горячие блюда, салаты, в том числе оливье, и многое другое.

Другое дело, что цены на некоторые продукты уж очень недружелюбны.

Цена на овощи и фрукты в России обычно идет за килограмм, но в Японии практически всегда пишут стоимость только за одну штуку.

Так, в магазине цена одного яблока — около 120 йен, один грейпфрут обойдется примерно в такую же сумму. Помидоры и огурцы тоже продаются поштучно, и из-за приличной цены летний салат выходит довольно дорогим. Отдельно стоит сказать об арбузах и дынях, цена на которые может сильно удивить. Небольшой арбуз весом в пару килограммов стоит около 1000 йен, а дыня — еще дороже.

Хоть овощи с фруктами дорогие, зато рыба всегда свежая и недорогая. Один кусочек свежего лосося продают за 100 йен, целая скумбрия обойдется в 400 йен, но больше поражает сам выбор. Можно купить практически любую рыбу, осьминогов, кальмаров, угря и еще множество других обитателей морей и океанов, про которых я даже никогда не слышал.

Конечно же, с такими ценами и ассортиментом японцы едят рыбу часто, но не забывают и про мясо. В магазинах продается говядина, свинина, баранина, курица и индейка, но, правда, я никогда не видел на прилавках крольчатины. Можно приобрести фарш, сосиски, различные нарезки и даже утку. Единственное, что в Японии нет привычных нам колбас. Если в России можно без труда купить целую палку какой-нибудь салями, то в японских магазинах можно найти только несколько нарезанных кусочков в отдельной упаковке с ценником под 400 йен. Палок колбасы в принципе нет в продаже, а если бы и были, то стоили бы они раз в десять больше, чем в России.

В Японии много ресторанов итальянской, французской или индийской кухни, поэтому вы без труда найдете в продаже пиццу, багеты или карри. Если у вас есть аллергия（过敏）на какой-то продукт, то в любом ресторане вам его могут заменить на другой, либо предложат иное блюдо. У меня аллергия на креветки（虾）, поэтому очень часто приходится заменять их на какие-нибудь овощи или рыбу.

Но помимо всем нам привычной еды, в Японии также есть множество своих экзотических блюд. Японские сладости могут многим показаться пресными или чересчур сладкими; японские супы всегда очень легкие, ведь их принято пить прямо из пиалы, как напиток, а не есть ложкой. Даже в японском языке для супов используют глагол «пить», а не «есть». Зачастую можно встретить блюда с ракушками, сырыми рыбками, сырой говядиной или листами сакуры（日本樱花）.

Каждый сможет найти себе еду по вкусу, ведь в Японии — культ еды.

62. Где обычно готовят суши?
   A. В ресторанах.
   B. Дома.
   C. В суши-барах.
   D. На улице.

63. Как отличаются цены на продукты в России и в Японии?
   A. В России еда дороже, чем в Японии.
   B. В Японии еда качественнее, чем в России.
   C. В Японии дороже ресторанная еда, но покупать продукты и готовить дома недорого.
   D. В Японии фрукты дороже, чем в России, а рыба и морепродукты — дешевле.

64. Какие продукты невозможно купить в Японии?
   A. Птицу и мясо.
   B. Кролика и палки колбасы.
   C. Осьминогов и кальмаров.
   D. Дыню и арбуз.

65. Почему русским могут не понравиться японские десерты?
   A. Они могут быть слишком сладкими.
   B. Они делаются из рыбы и риса.
   C. Они могут вызвать аллергию.
   D. Они слишком легкие.

阅读答案

| 46. B | 47. C | 48. A | 49. D | 50. B | 51. A | 52. C | 53. B | 54. B | 55. D |
| 56. A | 57. C | 68. C | 59. B | 60. D | 61. C | 62. A | 63. D | 64. B | 65. A |

模拟题 8

ЧТЕНИЕ

(20 баллов, 30 минут)

Прочитайте тексты и задания. Выберите из четырех вариантов один подходящий, зачеркнув соответствующую букву на матрице.

Текст 1

В этот раз мы решили поехать в гости к маминой сестре на поезде. Ехать нужно было чуть больше суток, маме это не очень нравилось, а я был счастлив слушать размеренное постукивание колес и рассматривать то разнообразные, то однотипные, убаюкивающие картины, простирающиеся за окном поезда.

В своем купе мы открыли окно, и теплый, хлесткий ветер заметался в закрытом пространстве. К полудню в вагоне стало душно, и я предложил маме купить на ближайшей станции минеральной воды или мороженого.

Просмотрев расписание, мама радостно сообщила, что на следующей станции стоянка нашего поезда продлится 25 минут.

На перроне оказалось много торговцев, предлагающих рыбу, пиво, пирожки, петрушку, картошку, яйца и многое другое, но передвижных мини-холодильников для мороженого мы нигде не увидели.

Внутри вокзала, в буфете, мы наконец-то купили и минеральную воду, и мороженое.

— У нас осталось 7 минут, — сказала мама, — пойдем быстрее.

Но когда мы выбежали на перрон, мы не увидели нашего поезда. Мы не могли поверить своим глазам. Только вдали слегка качался последний вагон уходящего поезда.

— Этого не может быть, — сказала мама, глядя на часы, — поезд должен был отправиться только через 4 минуты. Пойдем к дежурному по вокзалу.

Меня удивила организованность и слаженность работников вокзала и милиции. Они по рации связались с поездом и выяснили, что действительно мать и сын из седьмого вагона отсутствуют. На предыдущей станции их видели выходящими. Да, соседи по купе говорят, что они не возвращались.

— Вам повезло, — сказал нам капитан милиции, — следующая станция находится в двадцати километрах отсюда, и на машине, да еще короткой дорогой, мы приедем раньше вашего поезда минуты на две.

И это было правдой, на перроне нам еще пришлось ждать с другими пассажирами наш поезд.

Как выяснилось, проводница не предупредила нас, что стоянка поезда сократилась на пять минут, сейчас она плакала в своем купе, а встретила нас ее напарница. Мы тепло попрощались с капитаном милиции и сели в поезд. Соседи по купе очень обрадовались, увидев нас живыми и невредимыми. Так как от потрясения нам было не до мороженого, которое, конечно, растаяло, то сейчас мы открыли минеральную воду и с наслаждением выпили ее.

Я думаю, что нам будет что вспомнить с мамой. Проводница будет относиться к своей работе ответственнее, а мы будем интересоваться расписанием непосредственно у работников железной дороги.

46. К кому ехала девочка с мамой?
    A. К бабушке.   B. К отцу.
    C. К тете.   D. К кузине.
47. Что искали девочка и мама на перроне?
    A. Мороженое.   B. Проводницу.
    C. Маминых друзей.   D. Расписание поездов.
48. Что случилось с путешественниками?
    A. Их поезд ушел раньше времени.   B. Их поезд задержался.
    C. Их поезд загорелся.   D. Они не смогли найти свой перрон.
49. Как добрались они до следующей станции?
    A. На мотоцикле.   B. На поезде.
    C. На машине.   D. На автобусе.

Текст 2

Искусство является неотъемлемой частью жизни каждого государства, города и человека. Слово «искусство» имеет множество определений, характеристик и особенностей, но каждый человек представляет его по-своему.

По моему мнению, искусство — это образное отражение реальности, главной целью которого является приобщение человека к прекрасному, чувственному, интересному и красивому, порой даже к необъяснимому и противоречивому. Я думаю, что кино, живопись, архитектура и другие виды искусства должны вызывать различные эмоции, чувства и мысли в душе и разуме человека. Несомненно, одно и то же произведение искусства может вызывать совершенно противоположные чувства в душах людей.

Искусство играет огромную роль в нашей жизни, пока оно заставляет нас задумываться над важными проблемами и вещами, происходящими вокруг нас, пока искусство волнует сознание человека и не оставляет нас равнодушными.

Я люблю читать. Чтение расширяет мой кругозор, делает меня более эрудированной (博学的). Из книг я узнаю много новых интересных вещей об окружающем мире, о жизни человека, о его ценностях, чувствах. Классическая литература воспитывает характер, прививает (使养成) нравственные черты. Чтение произведений классиков, таких как Пушкин, Лермонтов, Толстой, Тургенев, Достоевский обогащают мой внутренний мир, дают понятие о таких ценностях как честь и достоинство. Так же из книг мы узнаем о дружбе, любви, предательстве, ненависти, сочувствии и других вещах. Но я считаю, что нужно читать не только классическую мировую литературу, но и книги современных авторов. Все-таки в их произведениях все чувства, проблемы и ценности адаптированы (适应) под современное общество. Из книг наших современников мы можем найти конкретное решение проблемы в нашем обществе, в наш век.

  Если говорить о чувстве прекрасного, развитии вкуса, то мне нравится искусство фотографии. Через фотографию автор выражает свой внутренний мир на предметах окружающего мира, на природе. В работах фотографов мы видим их стиль, их вкус, взгляд на жизнь, и тем самым можем пересмотреть свои ценности, и иногда использовать их мировоззрения для самосовершенствования. Очень часто я просматриваю работы современных фотографов, фотографов разных стилей и направлений и могу сказать, что каждый из них видит мир по-своему. Фотография для них — это способ самовыражения. Для меня она значит тоже самое.

  Кроме литературы и фотографии, я также интересуюсь кино. Фильмы подобны книгам. Они выполняют ту же функцию. Для меня фильмы — это не только способ хорошо провести время, но и повод задуматься над актуальностью проблемы, затронутой в нем.

  В заключение я хочу сказать, что искусство оказывает огромное влияние на мою жизнь. Без искусства моя жизнь была бы скучной, однообразной и бессмысленной. Искусство вносит в мою жизнь нотки прекрасного.

50. Что относится к искусству?
  A. Кино, живопись, архитектура.
  B. Волейбол, хоккей, бадминтон.
  C. Пенициллин, тетрациклин, аспирин.
  D. Матрешки, куклы, конструкторы ЛЕГО.
51. Почему автор советует читать современных авторов?
  A. Они пишут лучше, чем классики.
  B. Они описывают жизнь и чувства современных людей.
  C. Их книги дешевле стоят.
  D. Их книги написаны современным языком.
52. В чем достоинства классической литературы?
  A. Она помогает решать жизненные проблемы.
  B. Она воспитывает характер.
  C. Она помогает сдать экзамены.

D. Она прививает эстетические чувства.
53. Какие виды искусства больше всего интересуют автора?
A. Кино, музыка, живопись.
B. Литература, архитектура, музыка.
C. Спорт, кинематограф, фотография.
D. Фотография, литература, кино.

Текст 3

Спутник «Чанъэ 3» был успешно запущен в космос, десятки двигателей, представленных Шестым институтом при Китайской корпорации космической науки и техники (далее — Шестой институт), отлично проявили себя и создали новую веху на пути китайского народа к реализации Мечты о луне.

После празднований, стали слышны жалобы некоторых людей: «Стремление к луне — в далеком космосе, слишком далеко от нас». На самом деле, технологии двигателей спутника «Чанъэ 3» недалеко от нас — после преобразования они могут сыграть очень важную роль в сферах гражданского назначения. Они тесно связаны с жизнью простых людей, находятся рядом с нами.

Окружающая среда.

В последние годы, борьба со смогом и дымкой стала серьезным вопросом, стоящим перед правительством. На основе технологии двигателей Шестой институт разработал важное оборудование для эффективной обработки вредных веществ, что уменьшило загрязнение воздуха.

Проживание.

Как декоративный (装饰用的) материал, обои пользуются большой популярностью среди людей. Шестой институт разработал серию печатного и упаковочного оборудования, известного как в Китае, так и за рубежом, в том числе оборудование по производству обоев занимает более 90% на китайском рынке. Благодаря появлению аэрокосмических машин по печати и упаковке, в Китае отечественное оборудование в этой области сменяет импортное.

Поездки.

Нельзя также принижать роль технологии космических двигателей в процессе сборки таких инструментов транспорта, как автомобили, самолеты и др. Пневматическая (气动的) подвеска транспортной системы играет важную роль в сборке автомашин и самолетов, что увеличивает эффективность и точность сборки.

Директор Шестого института Тань Юнхуа говорит, что в будущем для развития страны потребуется еще больше новых и высоких технологий. Шестой институт должен продолжать инновации и творчество, чтобы еще лучше превращать технологии авиакосмических двигателей в богатство народной экономики и жизни народа, и, таким образом, стимулировать реализацию китайской мечты.

54. Почему некоторые люди были недовольны запуском спутника «Чанъэ 3»?

　　A. Потому что до Луны долететь невозможно.

　　B. Потому что у людей есть более серьезные проблемы, чем полеты на Луну.

　　C. Потому что запуск спутника оказался неудачным.

　　D. Потому что это был первый спутник, запущенный из Китая.

55. Какой экологический вопрос остро стоит перед правительством?

　　A. Исчезновение многих видов растений и животных.

　　B. Загрязнение воды.

　　C. Загрязнение воздуха.

　　D. Эрозия почвы.

56. Что происходит в области производства обоев в Китае?

　　A. Китайские обои завоевывают мировые рынки.

　　B. Обои теряют популярность среди людей.

　　C. Обои стали отклеиваться от стены.

　　D. Китайские заводы по производству обоев стали использовать китайское, а не иностранное оборудование.

57. Где еще могут быть использованы технологии производства космических двигателей?

　　A. В производстве самолетов.　　B. В производстве мотоциклов.

　　C. В производстве обоев.　　　　D. В производстве компьютеров.

Текст 4

　　Она объединила более 60 различных площадок, главной из которых стал «Манеж». Зрители смогли увидеть не только спектакли, но и то, как они создаются.

　　Сумерки — вместо первого театрального звонка. Как только начало темнеть, центром притяжения для ценителей прекрасного стал московский Манеж. В эту ночь именно здесь Мекка для театралов. Звездные коллективы знакомятся со зрителем, устраивают марафон（马拉松）спектаклей. Билет не нужен. Нужно лишь желание ощутить магию театра.

　　Волшебство — на каждом шагу. Кажется, на сцене настоящая балерина, но это голограмма, от которой глаз не оторвать. Кажется, вы в толпе обычных зрителей, но это актеры, готовые пуститься в пляс. Или вовсе вырасти будто из-под земли и устроить показ мод в стиле XVIII века. Флешмоб как заряд бодрости. Так выглядит ночь — в самых ярких красках.

Люди театра всегда ночные, никто утром в театр не идет, как раз вечер, ночь и до утра — это по-нашему, — говорит актер театра «Школа драматического искусства» Вадим Андреев.

Тут вместо биноклей запасаются крепким кофе. Знаменитый актер «Ленкома» Антон Шагин попивает двойной экспрессо — выступает уже за полночь. Точнее, пускает зрителей в закулисье своей души. Читает стихи собственного сочинения. Чувства и признания — не из сценария, а из жизни.

В Школе-Студии начал писать стихи, которые были обращены к моей будущей жене, что и случилось, и продолжается, — говорит Антон Шагин.

Кому романтика, кому детские радости. Превратиться в разбойника с большой дороги помогает главный гример театра "Et Cetera". А оживлять кукольных артистов запросто учит художник из театра марионеток. И раскрывает все секреты. Оказывается, очаровательной сове моргать позволяет курок на затылке.

«В зависимости от задумки режиссера эта сова делает удивленное лицо и поднимает брови», — рассказывает художник-бутафор, Московский театр марионеток Елена Недошивина.

Такому количеству гостей акции «Ночь театров», которая проходит в рамках культурного форума, знаменитый педагог Школы-студии МХАТ Дмитрий Брусникин вовсе не удивлен. Уверен: здесь не протолкнуться, потому что событие — уникальное. Все театры на одной площадке. Идут навстречу зрителю сами.

«Ходить в отдельный театр — это все достаточно консервативно (守旧地), надо полюбить, а вот знакомство с театром таким способом — это прекрасно, и я тоже не знаю, что идет в этом, например, театре, а сейчас все знаю», — говорит преподаватель Школы-студии МХАТ, заслуженный артист России Дмитрий Брусникин.

Весь Манеж — как огромный зрительный зал. Пока артисты из театра Маяковского репетировали отрывок из премьерного спектакля «Кавказский меловой круг», зрители устраивались поудобнее — на ступеньках, в проходах, даже на полу. Так сильно хотели утолить культурный голод.

Театральный марафон — почти до рассвета. Марафон, гости которого жалели, казалось, только об одном: что до следующей такой бессонной ночи целый год.

58. Какой театр дает представления во время театрального марафона в Манеже?
    A. Школа драматического искусства.
    B. Et Cetera.
    C. Ленком.
    D. Многие театры.
59. Где продаются билеты на «Ночь театров»?
    A. Вход бесплатный.
    B. Вход бесплатный, но нужно купить чашку кофе.
    C. Билет можно купить в интернете.
    D. Билет можно купить в Манеже.
60. Что в данном тексте означают слова «закулисье души»?
    A. Душа театра.
    B. Душный театр.
    C. Тайные мысли и чувства человека.
    D. Тайны театрального искусства.
61. Как часто проходит акция «Ночь театров»?
    A. Каждую ночь.
    B. Каждый месяц.
    C. Каждый год.
    D. Это одноразовая акция, больше она проводиться не будет.

Текст 5

После того, как я перешел в новый класс и успешно сдал экзамен на третий уровень, я не перестал усердно заниматься японским языком. Из-за различных подработок времени за штудирование(钻研)учебников становилось меньше, зато появлялось больше возможностей применять язык на практике. В середине весны я снова написал тест на максимальный балл и перепрыгнул еще через один класс. Пришло время попробовать свои силы во втором уровне Нихонго, на который я и подал документы в апреле.

Работа предстояла немалая, и я старался больше тренировать понимание текстов, с которыми у меня на тот момент были небольшие проблемы. Я решил перейти с чтения манги на более серьезную литературу без картинок. Покупать книги в магазине было накладно, поэтому я брал литературу в библиотеке, а также приобретал за копейки в магазинах подержанных книг.

3. 阅读理解模拟题

По всей Японии расположены магазины Book Off или другие сети, в которых можно купить подержанные книги, мангу, диски, журналы, популярные электронные девайсы (device) и консольные игры в несколько раз дешевле их изначальной цены. Так, иногда можно приобрести покетбук (pocketbook) в отличном состоянии всего за 100 йен.

Моей первой прочитанной книгой на японском языке была повесть Антуана де Сент-Экзюпери «Маленький принц». Затем я начал читать «Гарри Поттера» (哈利波特), различные новеллы (短篇小说), книги моих любимых авторов на японском и многие другие. Понимать японский текст было действительно сложно из-за совершенно другой структуры построения предложений. Первые книги шли очень долго, словно я снова вернулся в детство, когда не знал значения множества слов.

Наступило лето, и я пошел сдавать экзамен на второй уровень, который оказался сложнее, чем я себе представлял. На часть вопросов вообще пришлось ответить наугад. Через пару месяцев после экзамена пришли результаты, и оказалось, что я провалился, не добрав всего один балл до необходимого минимума. Было ужасно обидно, и я решил, что в следующий раз уж точно сдам, чего бы мне это ни стоило.

В это время я уже какое-то время встречался с моей будущей женой Мики, поэтому в общении с ней я узнавал много нового в японском языке, чего не прочитаешь в обычном учебнике. С каждым днем японский язык становился все более понятным и в то же время запутанным.

62. Какой уровень владения японским языком оказался для автора простым?

   A. Уровень серьезной литературы.

   B. Уровень литературы, переведенной с европейских языков.

   C. Второй уровень.

   D. Третий уровень.

63. Почему автор не покупал книги в книжном магазине?

   A. В магазине слишком высокие цены.

   B. В магазине продаются только манги и книги с картинками.

   C. В магазине нет книг, переведенных с других языков.

   D. Ему давала книги его будущая жена.

64. Каковы были успехи автора на экзаменах второго уровня?

   A. Он получил всего на один балл больше минимума.

   B. Он написал тест на максимальный балл.

   C. Ему было ужасно обидно, поэтому он решил не сдавать этот экзамен.

D. Он написал тест чуть-чуть хуже, чем было нужно.
65. Как изменился японский язык автора из-за общения с Мики?
   A. Автор с легкостью сдал экзамены на второй уровень.
   B. Автор с легкостью сдал экзамены на третий уровень.
   C. Автор узнал много разговорных слов и выражений, которых не было в учебнике.
   D. Автор совсем запутался в японском языке.

阅读答案

| 46. B | 47. D | 48. C | 49. A | 50. B | 51. D | 52. A | 53. B | 54. C | 55. A |
| 56. A | 57. C | 68. A | 59. B | 60. B | 61. D | 62. D | 63. A | 64. D | 65. C |

模拟题 9

ЧТЕНИЕ
(20 баллов, 30 минут)

Прочитайте тексты и задания. Выберите из четырех вариантов один подходящий, зачеркнув соответствующую букву на матрице.

Текст 1

По сообщениям российских СМИ, 16 марта в Санкт-Петербурге президент России Владимир Путин встретился с президентом Киргизии Алмазбеком Атамбаевым. Это первое публичное появление Путина с 5 марта. Перед началом встречи, Путин специально покатал Атамбаева на автомобиле по территории Константиновского дворца, что опровергло слухи о его болезни. За последние 10 дней вокруг президента Путина постоянно носились сплетни.

Что касается слухов, официальные власти России давали многократные разъяснения. Были представлены фотографии встречи Владимира Путина с председателем Верховного Суда Вячеславом Лебедевым, а также было обнародовано расписание публичных мероприятий, в которых Путин принял участие. Государственный телевизионный канал России показал резиденцию Путина «Ново-Огарево» под Москвой, а пресс-секретарь Владимира Путина Песков опроверг слухи о болезни и т. д. Тем не менее, разговоры не прекратились. Перенос встречи с Атамбаевым только укрепил доверие населения к подобным сплетням.

Объективной причиной столь жестких слухов о Путине является тот факт, что Путин — политическая звезда, всегда находящаяся в центре мирового внимания. Каждое движение политика, естественно, будет находиться под пристальным наблюдением. Путин всегда был активным и деятельным, отсутствие публичных выступлений на протяжении 10 дней для него крайне нехарактерно, что и дало пищу для слухов.

С другой глубокой точки зрения, разговоры о смещении Путина в понимании некоторых людей имеют свою «логику». Эта рациональность включает две стороны. Во-первых, с момента вхождения Крыма в состав РФ и вызванного этим фактом противостояния России с Западом, пространство международных мероприятий для России значительно снизилось, экономический спад оказывает серьезное давление, которое может трансформироваться в разделение политических мнений в России и недовольство действиями Путина.

Во-вторых, в понимании США и Европы, Россия при Путине обладает некоторой секретностью управления, неопределенностью и другими характеристиками, которые естественным образом увеличивают вероятность переворота.

Публичное появление Путина может остановить слухи о так называемом смещении, однако будут продолжать рождаться новые слухи. Стратегические сомнения, системные различия и культурные барьеры являются самыми активными производителями слухов. С этой проблемой сталкивается не только Россия и Путин, но и весь мир.

46. С кем встречается президент Путин?

    A. С президентом США Бараком Обамой.

    B. С председателем Верховного Суда Вячеславом Лебедевым.

    C. С пресс-секретарем Песковым.

    D. С президентом Киргизии Алмазбеком Атамбаевым.

47. Почему возникли слухи о болезни Путина?

    A. Он плохо выглядел в последнее время.

    B. Он отменил встречу с президентом Киргизии.

    C. Он выглядел больным на фотографиях в журналах.

    D. Он отменил свою речь по телевизору.

48. К чему привели слухи о болезни Путина?

    A. К разговорам о том, что он скоро умрет.

    B. К решению сместить его с поста президента.

    C. К предложению временно отменить все встречи с политиками.

D. К слухам о том, что его могут сместить с поста президента.
49. Почему россияне могут быть недовольны Путиным?
A. Из-за падения его престижа на Западе.
B. Из-за роста его престижа на Западе.
C. Из-за ухудшения экономической ситуации.
D. Из-за волны слухов о его болезни.

Текст 2

В один из зимних вечеров 1786 года на окраине Вены в маленьком деревянном доме умирал слепой старик — бывший повар богатой графини（伯爵夫人）. Несколько лет назад повар ослеп от жара печей, и управляющий графини поселил его в сторожке старого сада. Вместе с поваром жила его дочь Мария, девушка лет восемнадцати. Все убранство их дома составляли кровать, несколько старых стульев, стол, фаянсовая посуда в шкафу и, наконец, старый клавесин.

Когда Мария умыла отца и надела на него чистую рубашку, он сказал:

— Выйди на улицу и попроси первого встречного зайти к нам в дом. Мне надо исповедаться перед смертью.

Мария вышла на улицу и долго ждала. Улица была темная и пустынная. Наконец на улице появился прохожий. Мария подбежала к нему и дрожащим (颤抖的) голосом попросила зайти к ним в дом, чтобы исповедать умирающего.

— Хорошо, — сказал человек спокойно. — Я не священник, но это все равно. Идемте. Они вошли в дом. При свете свечи Мария увидела, что незнакомец невысокий, худой и очень молодой. Он придвинул к кровати стул, сел и наклонился к умирающему.

— Говорите, — сказал он. — Может быть, властью, данной мне не от Бога, а от искусства, я смогу облегчить ваши последние минуты и вашу душу.

— Я работал всю жизнь, пока не ослеп, — прошептал старик. — У меня не было времени грешить... Но когда заболела моя жена и доктор прописал ей разные дорогие лекарства, я украл маленькое золотое блюдо из сервиза графини и продал его. Мне тяжело вспоминать об этом. Я скрывал это от дочери и учил ее не брать ничего чужого...

— А кто-нибудь из слуг графини пострадал за это? — спросил незнакомец.

— Клянусь, сударь, никто! — ответил старик и заплакал. — А золото не помогло моей Марте, она умерла.

— Как вас зовут? — спросил незнакомец.

— Иоганн Мейер, сударь.

— Так вот, Иоганн Мейер, — сказал незнакомец, положив руки на слепые глаза старика.

— Вы невиновны перед Богом и перед людьми. То, что вы сделали, не есть грех, и совершили вы это ради любви. А теперь скажите мне вашу последнюю просьбу.

— Я хочу, чтобы кто-нибудь позаботился о Марии.

— Я сделаю это. А еще чего вы хотите?

Тогда умирающий неожиданно улыбнулся:

— Чего я хочу? Я хотел бы еще раз увидеть Марту такой, какой я встретил ее в молодости. Увидеть солнце и этот старый сад, когда он цветет весной... Простите меня за мои глупые слова.

— Хорошо, — сказал незнакомец и встал. Он подошел к клавесину (拨弦古钢琴) и сел перед ним на стул.

— Хорошо! — повторил он. — И как будто звон хрустальных шариков рассыпался по дорожке.

— Слушайте! Слушайте и смотрите. — Он заиграл. Старый клавесин пел полным голосом впервые за много лет. Звуками наполнялся не только дом, но и старый сад.

— Я вижу, сударь! — сказал старик, приподнимаясь на кровати. — Я вижу день, когда я встретился с Мартой. Это было зимой в горах. Белый снег, синее небо и Марта. Марта смеялась...

Незнакомец играл, глядя в окно, за которым была темная ночь.

— А теперь, — спросил он, — вы видите, как ночь становится синей, потом голубой. В старом саду начинают цвести белые цветы... Видите?

— Я все это вижу! — крикнул старик. — Мария, открой окно! — Незнакомец стал играть тихо и медленно.

— Я видел все так ясно, как много лет назад, — уже с трудом проговорил старик. — И я хочу узнать ваше имя... Имя! Незнакомец перестал играть, подошел к кровати:

— Меня зовут Вольфганг Амадей Моцарт.

Мария низко, почти касаясь коленом пола, склонилась перед великим музыкантом. Когда она выпрямилась (伸直腰), старик был уже мертв. За окном начинался рассвет и виден был сад, засыпанный цветами мокрого снега.

50. Зачем старик велел Марии позвать в дом первого встречного?

A. Чтобы рассказать ему о своей жене.

B. Чтобы покаяться в своих грехах.

C. Чтобы послушать музыку.

D. Чтобы умыться и переодеться.

51. Какое преступление совершил старик?

    A. Убил свою жену.

    B. Убил графиню.

    C. Украл у графини золотое блюдо, и за это были наказаны другие слуги.

    D. Украл у графини золотое блюдо, но за это никто не был наказан.

52. Что увидел старик, когда незнакомец играл на клавесине?

    A. Прекрасные замки.   B. Клавесин и свою дочь.

    C. Цветы и свою жену.   D. Золотое блюдо графини.

53. Как была фамилия молодого человека?

    A. Моцарт.   B. Мейер.

    C. Мейерлинк.   D. Мирбах.

Текст 3

Мики заранее купила билеты через интернет, и мы договорились встретиться перед входом в кинотеатр. Я купил в цветочном магазине букет и поехал на нужную станцию, которая находилась в другом конце города. Пока я ехал с букетом, на меня смотрели все, кому не лень, а позже я узнал, что в Японии вообще редко дарят цветы.

Я подъехал за полчаса до назначенного времени и стал ждать Мики с мамой, которые должны были приехать вместе. Наступил декабрь, и, хотя градусник показывал пять градусов выше нуля, было такое ощущение, что кто-то просто откачал все тепло, оставив сухой холод. Я продрог（冷得打战）до костей и трясся как осиновый листочек, когда наконец сзади ко мне подошли Мики с мамой.

Мама представилось Юмико-сан, но сказала, что мне стоит звать ее просто мама. Я вручил ей букет цветов, и мы направились к кинотеатру. Она задавала мне разные вопросы: обо мне, учебе в языковой школе, подработке, отношении к Японии и к религии. Общаться с Юмико-сан было очень легко, и все оказалось не так страшно, как я себе представлял. Совершенно нормальное человеческое общение без каких-либо странностей.

Японские кинотеатры отличаются от российских только ценой, которая в любое время суток и день недели составляет 1800 йен. Для школьников и девушек в определенные дни есть скидки. Вообще, если в Японии существует какая-то скидка, то она обычно действует только для девушек, потому что считается, что мужчина в принципе больше зарабатывает и может себе позволить совершить покупку за полную стоимость.

Хоть власти Страны восходящего солнца из-за демографического кризиса (人口危机) пытаются уравнять права полов, создавая рабочие места для женщин, все равно остается сильным предубеждение, что мужчина — добытчик, а женщина должна вести домашнее хозяйство. Зачастую на одной и той же работе на одинаковой должности мужчине будет платить немного больше, чем женщине. Японские власти стараются постепенно менять многовековые традиции и устои, но процесс это небыстрый.

Мы посмотрели фильм и решили пойти куда-нибудь перекусить, ведь в Японии без этого никак. Мы проговорили несколько часов, и мне показалось, что мама Мики осталась мной довольна. У нее не было каких-то предрассудков на счет иностранцев или конкретно русских, поэтому большинство вопросов были не о России, а о моем взгляде на мир. Перед тем как попрощаться, Юмико-сан пригласила меня и Мики прийти к ней 2 января и отпраздновать всем вместе Новый год.

На Новый год Юмико-сан приготовила множество вкусных блюд, поэтому мы почти все время кушали и разговаривали. Закончили вечер игрой на игровой приставке Nintendo Wii, чтобы хоть немного подвигаться и сжечь набранные калории. С нашей первой встречи и до сих пор наши с Юмико-сан отношения ни разу не ухудшались, и мы за столько времени стали настоящей семьей. Часто созваниваемся, чтобы просто узнать как дела, и встречаемся пару раз в месяц. Могу сказать, что с тещей мне повезло.

С отцом Мики мне довелось встретить через полгода после знакомства с мамой. На дворе стояло лето, и я изнывал от ужасной жары. Если вы когда-нибудь были в Египте, то сможете представить себе лето в Стране восходящего солнца. Из-за высокой влажности и нещадно палящего солнца складывается ощущение, что находишь посреди пустыни. Каждый год летняя жара становится причиной смерти десятков японцев.

Попадая на улицу, вы испытываете только одно желание — побыстрее выпить литров десять холодной воды и зайти в прохладное помещение. Благо, что практически везде, даже в поездах и автобусах, стоят кондиционеры, которые помогают спастись от раскаленного воздуха. Лето — это не самое хорошее время для посещения Японии. Лучше приезжать в конце весны или начале осени, когда стоит теплая и комфортная погода. Июнь я бы тоже не советовал, так как начинается сезон дождей Цую (梅雨), длящийся почти весь месяц.

Мы договорились пойти в раменную, и отец Мики решил заехать за нами на машине. Он оказался добродушным человеком, из которого позитив бил нескончаемым потоком. Перед встречей я начитался историй о знакомствах с японскими папами и был рад, что в реальности все произошло совершенно не так, как там описывалось.

Отца Мики зовут Нобуюки-сан, он увлекается рыбалкой и игрой на гитаре. В молодости отучился на инженера и сразу открыл свою небольшую фирму по проектированию и переобустройству помещений, которой владеет до сих пор. При первой встрече Нобуюки-сан также задал множество вопросов обо мне и о моем отношении к разным вещам, в том числе к религии.

54. Почему автор очень замерз?
    A. Потому что температура была плюс пять.
    B. Потому что температура была минус пять.
    C. Потому что температура была минус пятнадцать.
    D. Потому что он не надел теплое пальто.

55. Почему в Японии существуют скидки для девушек?
    A. Потому что в Японии мало девушек.
    B. Потому что власти Японии особенно заботятся о девушках.
    C. Потому что японские мужчины особенно заботятся о девушках.
    D. Потому что японские мужчины зарабатывают больше, чем женщины.

56. О чем спрашивала автора Юмико-сан?
    A. О России. B. О мире.
    C. О взглядах автора на мир. D. О зарплате автора.

57. Когда лучше всего приезжать в Японию?
    A. В июне. B. В августе.
    C. В сентябре. D. В ноябре.

Текст 4

В июле 2013-го года в концертном комплексе «Олимпийский» пройдет ежегодная церемония вручения наград за музыкальные достижения «Золотая песня», организаторы приуроченного к церемонии концерта говорят, что надеются установить тесное сотрудничество с миром китайской популярной музыки.

На церемонии вручения наград соберутся все крупные знаменитости, включая музыкантов старой школы, представленных Львом Лещенко и группой

«Любэ», а также молодых певцов, среди которых будет Алсу, группа А-Студио и прочие представители нового поколения. На церемонии будут вручены награды лучшему певцу и певице, лучшему композитору и т. д., более 20 звезд выступят на концерте со своими музыкальными хитами.

Это мероприятие проводится с 1971-го года, на данный момент оно уже стало одним из самых важных событий в мире русской современной популярной музыки. В этом году организаторы мероприятия официально пригласили китайские СМИ посетить церемонию награждения. Исполнительный директор Александр Румянцев сообщил журналистам, что за последние годы культурное общение между Россией и Китаем стало более плотным, но музыкальная отрасль все еще остается неохваченной (辽阔的). Музыка существует вне государственных границ, и мы надеемся, что в дальнейшем молодежь двух наших стран сможет наладить общение в области популярной музыки.

Специальный представитель Президента Российской Федерации по международному культурному сотрудничеству Швыдкой во время своего приезда в Китай в июле этого года также отметил, что Россия — это не только «Лебединое озеро», он хотел бы, чтобы китайская публика ближе познакомилась с творчеством современных русских деятелей культуры.

Представитель китайского посольства в России и культурный представитель Китая Чжан Чжунхуа говорит, что в советские времена русская музыка была широко распространена в Китае, но потом произошел разрыв, и, в отличие от американских, европейский, корейских и японских певцов, которые широко разрекламированы, лишь некоторые русские певцы известны в Китае, им не хватает стабильной рекламы. Культурный центр китайского посольства в России готов при поддержке министерства культуры заняться популяризацией русской музыки в Китае и организовать русско-китайские музыкальные фестивали.

58. Когда в России начала проводиться церемония «Золотая песня»?

    A. В девятнадцатом веке.

    B. В семидесятых годах двадцатого века.

    C. В девяностых годах двадцатого века.

    D. В 2013 г.

59. Кто получает награды на этой церемонии?

    A. Музыканты.   B. Поэты.

    C. Актеры.   D. Художники.

60. Зачем организаторы мероприятия пригласили китайские СМИ на церемонию?

A. Чтобы поговорить с ними по-китайски.
B. Чтобы показать им «Лебединое озеро».
C. Чтобы развивать туризм между Китаем и Россией.
D. Чтобы познакомить китайских зрителей с современной российской культурой.

61. Какие мероприятия хочет проводить культурный центр китайского посольства в России?
A. Русско-китайские дни культуры и письменности.
B. Обмен студентами.
C. Музыкальные фестивали.
D. Детские утренники.

Текст 5

В новом семестре этого года в среднюю школу для китайских эмигрантов (侨民) на Хайнане приехали семь учеников старших классов из зарубежных стран, они прибыли для годового обучения и обмена на Хайнане благодаря помощи организации международного обмена. Здесь они учат китайский язык, наслаждаются китайскими деликатесами, знакомятся с настоящим Китаем. Год учебы и жизни в Китае помог им глубоко влюбиться в эту страну, некоторые из них даже приготовились поступать в университет на Хайнане, и активно повышают свой уровень китайского языка, чтобы вести лучшую жизнь на Хайнане.

Итальянская студентка Анна: я хочу поступить на Хайнане в университет.

Приехавшая из Италии 18-летняя студентка Анна — одна из участников первой партии отправившихся на Хайнань студентов по обмену. В этом году она вновь приехала в Хайнаньскую среднюю школу для китайских эмигрантов, чтобы продолжить учебу: «Мне кажется, что на Хайнане лучше, чем в Италии, у меня здесь много хороших друзей, я хочу поступить здесь в университет, хочу здесь жить».

Хайнаньский народ очень дружелюбный.

Когда иностранные студенты приезжают на Хайнань, они живут в гостевых семьях, вместе живут и учатся с детьми из этих семей, вместе с ними растут и развиваются. Ребенок из гостевой семьи, в которой в прошлом году жила Анна, Ли Вэньди, в этом году успешно поступил в американский университет, Анна говорит журналисту, что раньше у Ли Вэньди был не очень хороший английский, но после того, как он год пообщался с Анной, уровень его устного английского языка стремительно повысился, «он сейчас уехал в Америку, когда я вернулась, то не смогла с ним увидеться, очень по нему скучаю».

Когда журналист брал интервью у этих иностранных студентов, он обнаружил, что они очень хорошо приспособились к жизни на Хайнане, им нравится Хайнань, им нравится китайская кухня, они ощутили гостеприимство и дружелюбность хайнаньского народа. Что касается любимой китайской еды, Анна и приехавший из Франции 15-летний мальчик Веттер говорят, что это «паровые пирожки», узнав, что у них одинаковые вкусы, они от радости ударили по рукам.

16-летняя девочка из Германии Лора до приезда в Китай считала, что китайцы очень скромны, но, прибыв на Хайнань, она обнаружила, что на самом деле народ Хайнаня очень открыт и дружелюбен, «когда я иду по улице, они говорят мне «хэллоу», а еще фотографируют меня, китайцы очень любят фотографировать», — говорит Лора.

При общении с китайскими студентами они не почувствовали никаких конфликтов и расхождений на почве разной культуры, «мы стали хорошими друзьями, и очень дружелюбно общаемся», — сказала Анна журналисту.

62. Сколько времени должны провести на Хайнане иностранные ученики?

    A. Месяц.　　　　　　　　B. Шесть месяцев.

    C. Год.　　　　　　　　　D. Четыре года.

63. Где живут иностранные студенты?

    A. В общежитии для иностранных студентов.

    B. В общежитии для китайских студентов.

    C. В арендованной квартире.

    D. В китайских семьях.

64. Почему у Ли Вэньди повысился уровень английского языка?

    A. Потому что он в течение года общался с американкой.

    B. Потому что он в течение года общался с итальянкой.

    C. Потому что он уехал в Америку.

    D. Потому что он брал дополнительные уроки.

65. Что Лора раньше думала о китайцах?

    A. Китайцы очень дружелюбны.

    B. Китайцы кричат «хэллоу» и фотографируют иностранцев без спроса.

    C. Китайцы очень трудолюбивы.

    D. Китайцы застенчивы.

☞ 阅读答案

| 46. D | 47. B | 48. D | 49. C | 50. B | 51. D | 52. C | 53. A | 54. A | 55. D |
| 56. C | 57. C | 68. B | 59. A | 60. D | 61. C | 62. C | 63. D | 64. B | 65. D |

模拟题 10

ЧТЕНИЕ

(20 баллов, 30 минут)

Прочитайте тексты и задания. Выберите из четырех вариантов один подходящий, зачеркнув соответствующую букву на матрице.

Текст 1

Имя Александра Сергеевича Пушкина известно не только в России, но и во всем мире. «Величайший поэт России», «солнце русской поэзии» — так называют Пушкина любители литературы.

Александр Пушкин родился 6 июня 1799 года в Москве в небогатой дворянской семье. Он рано научился читать, мог весь день провести в богатой библиотеке своего отца. Сергей Львович, отец Пушкина, занимался литературой, в его доме часто бывали известные русские писатели. Собирались чаще всего в столовой и разговаривали о литературе, о политике, спорили о прошлом и будущем России, обсуждали новости.

Свои первые стихи Александр написал в раннем детстве, и что интересно, написал их на французском языке. Лето Пушкин обычно проводил у своей бабушки в деревне, там он на всю жизнь полюбил русскую природу. И потом, когда Пушкин стал известным поэтом, он написал свои лучшие произведения не в Москве или в Петербурге, а в деревне.

19 октября 1811 года недалеко от Санкт-Петербурга, в Царском Селе (сейчас это город Пушкин) открылся лицей. В этом лицее Александр Пушкин провел шесть лет, может быть, шесть лучших лет своей короткой жизни. О лицее Пушкин всегда писал с большой любовью. В лицее о нем впервые заговорили как о большом поэте. Пушкин окончил лицей в 1817 году и стал серьезно заниматься литературой.

Пушкин писал не только стихи, но и романы, повести, поэмы. Он писал о природе, о жизни, об истории русского государства. Но самые лучшие его стихи — это стихи о любви. Женился довольно поздно, в 1831 году. Его жену звали Наталья Николаевна. Она считалась одной из самых красивых женщин России. Пушкин впервые увидел шестнадцатилетнюю красавицу на балу в Москве в декабре 1828 года и сразу же влюбился в нее. «Я полюбил. Голова у меня закружилась», — писал Пушкин о первой встрече. Но Наталья была слишком молода, и ее мать не дала согласия на брак. Только через два года Пушкин смог жениться на Наталье Николаевне.

У Александра Сергеевича и Натальи Николаевны было 4 (четверо) детей: 2 мальчика и 2 девочки. Кроме его жены и детей, в доме жили еще незамужние сестры Натальи Николаевны. Пушкину нужно было заботиться и о них.

Семья Пушкина была известна в Санкт-Петербурге. Царь часто приглашал Александра Сергеевича, его жену и ее сестер во дворец. Материальное положение семьи было довольно трудным. Пушкину приходилось много работать, чтобы обеспечить семью. У Пушкина было много друзей, но и множество врагов, которые завидовали славе поэта. Чтобы защитить свою честь и честь своей жены, ему пришлось участвовать в дуэли. На дуэли он был тяжело ранен, и через несколько дней, 10 февраля 1837 года, Пушкина не стало. Он погиб в молодом возрасте.

Кто виноват в смерти лучшего поэта России? Ответить на этот вопрос не просто. Никто не остановил руку Дантеса — человека, который не мог понять, какое значение для России имеет Пушкин. Нам остается только горько жалеть об этом.

В последней квартире поэта, на Мойке, 12, сейчас находится музей. Если вы хотите побольше узнать о великом русском поэте Александре Пушкине — музей ждет вас.

46. Что вы узнали из текста про первые стихи Пушкина?

A. Они были о природе.

B. Они были о любви.

C. Они были написаны в деревне.

D. Они были написаны не на русском языке.

47. Как Пушкин относился к Царскосельскому лицею?

A. Он очень любил лицей.

B. Он очень не любил лицей.

C. Он немного скучал в лицее.

D. Он преподавал русскую литературу в лицее.

48. Кто жил в доме Пушкина?

A. Он, его жена и мать.

B. Он, его жена и его дети.

C. Он, его жена, его дети и сестры жены.

D. Он, его жена, дети, его сестра и мать его жены.

49. Зачем Пушкин дрался на дуэли?

A. Он защищал родину.

B. Он защищал честь своей жены.

C. Он защищал честь сестер жены.

D. У него было тяжелое материальное положение.

Текст 2

Дом был маленький. Он стоял в старом заброшенном саду. Ночью мы иногда просыпались от стука яблок, падавших с веток на крышу. В доме мы только ночевали. Все дни, с утра до темноты, мы проводили на берегу озера, где купались, ловили рыбу, варили на костре уху. Возвращались мы вечером, усталые, обгоревшие на солнце, со связкой серебристой рыбы. И каждый раз нас встречали рассказами о том, что и у кого украл рыжий кот, которого в деревне звали Ворюгой.

Это был кот — бродяга и бандит. Он воровал все: рыбу, мясо, сметану и хлеб. При этом он так ловко прятался, что никто его толком не видел. Нам очень хотелось поймать Ворюгу и выдрать как следует. Однажды утром, когда мы еще завтракали, деревенские мальчики прибежали к нам и сказали, что кот бежал на рассвете по деревне с большой связкой рыбы в зубах. Эту рыбу мы принесли с озера вчера вечером. Это было уже не воровство, а грабеж средь бела дня. Мы были возмущены и поклялись поймать и наказать бандита. Мальчики вызвались нам помогать.

Кот попался этим же вечером. Он украл с нашего стола, что стоял около домика, кусок колбасы и, несмотря на наши крики, полез с ним на дерево. Мы стали трясти дерево изо всех сил. Кот сердито завыл. Но вот сначала упала колбаса, а потом сорвался и кот. Упав на землю, он подпрыгнул, как футбольный мяч, и умчался под дом через узкий лаз.

Мы закрыли лаз рыболовной сетью и стали ждать. Кот не выходил. При этом он беспрерывно выл, как подземный дух, и это действовало нам на нервы. Тогда мы позвали Леньку, самого ловкого и сообразительного среди деревенских мальчишек. Ленька взял тонкую бечевку, прикрепил к ней рыбку и бросил ее через лаз под дом. Вой тут же прекратился — кот схватил рыбку. Ленька тянул бечевку, кот сопротивлялся, но рыбу не выпускал. В конце концов его голова с рыбой в зубах показалась из лаза. Ленька схватил его и поднял над землей. Мы впервые рассмотрели ворюгу. Это был тощий, несмотря на постоянное воровство, рыжий кот с разорванным ухом и коротким, видимо, оторванным хвостом.

— Что с ним делать? — спросил Ленька. — Кот ждал, закрыв глаза и прижав уши.

— Выдрать! — сказал я.

— Не поможет. У него характер такой. Попробуйте его накормить как следует, — предложил Ленька. — Мы так и сделали. Посадили кота в чулан и дали ему замечательный ужин: мясо, рыбу, сырники со сметаной.

Кот ел больше часа, и когда мы открыли дверь, он никуда не пытался бежать, вышел из чулана медленно и пошатываясь (摇摇晃晃), сел около дома и стал умываться, поглядывая на нас зелеными нахальными глазами. Он остался у нас жить и перестал воровать. Он стал ходить по дому и по саду, как хозяин и сторож.

Однажды на наш стол в саду залезли куры и стали клевать из тарелок гречневую кашу. Кот с возмущенным воем бросился на них. Куры подняли страшный шум и крик, убегая от кота. Быстрее всех бежал петух, но его догнал кот. Он мчался с ним рядом и бил лапой по спине. С тех пор куры боялись воровать и разбегались, только увидев кота. И мы переименовали его из Ворюги в Милиционера.

50. Почему кота звали Ворюгой?

  A. Он крал рыбу и мясо.   B. Он был рыжий.

  C. Он был тощий.   D. Его никто не видел.

51. Что делал кот, сидя под землей?

  A. Пытался убежать.   B. Ел колбасу.

  C. Мяукал.   D. Дрался с Ленькой.

52. Что люди сделали с котом, когда поймали его?

  A. Прогнали.   B. Побили.

  C. Погладили.   D. Накормили.

53. Почему кота переименовали из Ворюги в Милиционера?

  A. Он потолстел.

  B. Он стал хозяином дома.

  C. Он перестал воровать и стал охранять имущество хозяев.

  D. Он перестал воровать и стал брать взятки.

Текст 3

Жить в общежитии с китайцами было сложно, поэтому я, подучив (学会) немного японский язык, начал искать себе новое жилье. Иностранцу найти какую-то квартиру оказалось непросто. Почти все арендодатели с недоверием относятся к иностранцам, особенно со студенческой визой. Даже японцам порой сложно найти хорошую квартиру.

Отправляясь в Японию в качестве туриста, скорее всего вы будете вынуждены остановиться в заранее забронированном отеле, потому что это одно из условий предоставления туристической визы. Если же какой-то японец сделал для вас приглашение, то вам надо будет остановиться в его доме, либо в другом заранее оговоренном месте. Как бы вы ни хотели, снять обычную квартиру у вас не получится.

Конечно, в интернете можно найти квартиры на сутки с возможностью продления, но на самом деле это все так называемые share house. Такое жилье представляет собой квартиру или отдельный двухэтажный дом, в котором каждая комната сдается разным людям. Больше всего напоминает обычное общежитие. Типов share house очень много и различаются они по цене и условиям проживания. Самый дешевый вариант — это дома на три-четыре комнаты, где в свою очередь в каждой комнате располагается по четыре человека. Все делят между собой ванную, туалет и кухню. Тесно, зато дешево. В среднем цена за месяц в таком шеа-хаузе составляет 25 000 – 30 000 йен. Чем меньше человек в комнате и лучше условия, тем дороже аренда. Стоимость аренды одноместной комнаты в share house 65 000 йен (выйдет в среднем примерно 36 500 рублей). Обычно в стоимость аренды такого общежития включены коммунальные услуги. Нужно понимать, что жить в общежитии или share house, что в принципе одно и то же, не всегда дешевле, чем снимать свою отдельную однокомнатную квартиру, но зачастую это более простой вариант для иностранцев.

Предположим, арендная плата за квартиру — 80 000 йен. Ее необходимо платить ежемесячно, как и в России. Но зачастую при заключении контракта существуют еще два пункта, которые тоже нужно оплатить. Первый называется «Sikikin» и является, по сути, страховкой квартиры на случай, если за время проживания что-то сломается. Стоимость sikikin точно такая же, как и стоимость аренды. Проще говоря, нужно заплатить еще раз 80 000 йен просто как депозит (押金). Если при выселении из квартиры с ней все в порядке, эта сумма обычно возвращается обратно. Некоторые хитрые арендодатели вычитают из депозита деньги на уборку квартиры и замену замков для новых жильцов. Помимо sikikin есть еще «Reikin»(礼金). Его стоимость тоже входит в размер одной квартирной платы. Эти деньги, по сути, «спасибо» за то, что добрый дядя-арендодатель разрешил жить в его квартире. Оба взноса платятся разово.

 Из-за того, что многие иностранцы, да и молодые японцы, не понимают, почему должны платить reikin, в последнее время появилось жилье, где указано, что reikin составляет 0 йен. Другими словами, обычно при заселении в квартиру нужно заплатить сразу как за 3 месяца, причем кварплата будет оплачена только за первый месяц, и через 30 дней опять нужно будет отдавать деньги. Помимо всего прочего, нужно заплатить за работу риэлтору, который берет от пятидесяти до ста процентов стоимости аренды. По этой причине, если приезжать в Японию на полгода или меньше, вообще не имеет смысла снимать квартиру.

 Стоимость жилья сильно разнится от району к району, но если брать недорогое жилье, то в Токио на среднем удалении от метро однокомнатная квартира будет стоить примерно 60 000 йен. Если брать дорогие районы, то там цена может возрасти в десять раз. Говоря «небольшая квартира», я имею в виду комнату где-то на девять квадратных метров, миниатюрную (微型的) кухню и туалет с ванной. Квартиры в Японии в принципе небольшие, а в Токио еще и очень дорогие.

54. Как японские арендодатели относятся к иностранцам?
 A. Хорошо.
 B. Берут с иностранных арендаторов больше денег, чем с японцев.
 C. Не доверяют иностранцам.
 D. Ненавидят иностранцев.

55. На что больше всего похож японский share-house?
 A. На общежитие.   B. На гостиницу.
 C. На коттедж.   D. На сарай.

56. Почему иностранцы часто живут в share-house?
 A. Жить в share-house дешевле, чем в общежитии.
 B. Жить в share-house дешевле, чем снимать отдельную однокомнатную квартиру.
 C. Share-house очень комфортабельны и красивы.
 D. Иностраццу проще жить в share-house, чем снимать квартиру.

57. Сколько денег нужно заплатить при заселении в квартиру?
 A. 60000 йен.

B. 80000 йен.

C. Нужно заплатить за три месяца вперед.

D. Нужно заплатить как за три месяца, но через месяц все равно придется платить снова.

Текст 4

В мае 2014 года Шанхайская организация сотрудничества откроет в месте своего основания первый центр обучения и взаимного сотрудничества по вопросам международной юстиции стран-участников ШОС, и уже через два года он будет полностью достроен на базе Шанхайского института политики и права.

На церемонии открытия данного центра представители судебной и юридической власти стран-участников ШОС, а также юристы и члены антитеррористических организаций смогут обменяться опытом и заняться исследованием перспектив международного сотрудничества.

Ректор Шанхайского института политики и права Цзинь Гохуа на днях сообщил, что он надеется, что строительство данного образовательного центра станет стартом для создания нового «шелкового пути» в области экономики и гуманитарных наук.

13 сентября этого года на 13-м заседании совета глав государств стран-участников ШОС председатель КНР Си Цзиньпин в своей речи упомянул, что китайская сторона планирует создать центр обучения и взаимного сотрудничества по вопросам международной юстиции стран-участников ШОС на базе Шанхайского института политики и права, и надеется, что этот центр станет хорошей платформой для подготовки специалистов в области права из других стран-участников ШОС. В ближайшие 10 лет Китай выделит 30 000 стипендиальных мест для учащихся, прибывших из стран-участников ШОС.

Цзинь Гохуа считает, что Шанхайская организация сотрудничества является важной стратегической платформой для развития китайских дипотношений (外交关系), и создание центра обучения и взаимного сотрудничества по вопросам международной юстиции (司法) не только поможет странам-участникам ШОС, странам-наблюдателям и странам-партнерам воспитать специалистов в области международного права, но также расширит влияние ШОС, способствует развитию экономических, культурных, юридических и других отношений между Китаем и странами-участниками ШОС.

Цзинь Гохуа также сообщил, что в дальнейшем шанхайские правоохранительные и судебные органы примут участие в создании этого учебного центра, а

3. 阅读理解模拟题

также окажут помощь в разработке процесса обучения. На данный момент подготовка к созданию этого учебного центра уже идет полным ходом, уже начат набор первых студентов. Цзинь Гохуа говорит, что сейчас институт планирует ежегодно принимать от 50 до 100 студентов, приехавших из разных стран.

58. Кого будет готовить центр обучения по вопросам международной юстиции ШОС?
    A. Политиков.   B. Инженеров.
    C. Юристов.   D. Офицеров.
59. Какую огранизацию возглавляет Цзинь Гохуа?
    A. Шанхайскую организацию сотрудничества.
    B. Шанхайский институт политики и права.
    C. Центр обучения и взаимного сотрудничества по вопросам международной юстиции стран-участников ШОС.
    D. Шанхайские правоохранительные и судебные органы.
60. Сколько стипендий Китай собирается предоставить студентам из стран ШОС?
    A. От 50 до 100 в год.   B. Три тысячи в год.
    C. Три тысяч за 10 лет.   D. Тридцать тысяч за 10 лет.
61. Когда учебный центр планирует принять первых студентов?
    A. Он их уже принимает.   B. 13 сентября этого года.
    C. Через 5 лет.   D. Через 10 лет.

Текст 5

Современная религия Страны восходящего солнца и отношение к ней довольно просты. Японские законы запрещают навязывание какой-либо религии, а также запрет какой-либо веры. А в самой Японии на протяжении почти полторы тысячи лет сосуществуют, дополняют и изменяют друг друга две религии — буддизм и синтоизм(神道教).

Изначально в древней Японии существовала религия синтоизм, суть которой заключалась в одушевлении окружающего мира. По верованиям синто, в каждом предмете вокруг существует божество: в дереве, камне, воде или траве. У каждой горы, какого-то явления или определенной местности тоже есть свое божество. Например, такова богиня Солнца Аматерасу, которую считают не только одним из самых главных божеств в Японии, но и прародительницей (夏娃) императорского рода. Духи умерших родственников тоже почитаются как божества.

Религия синтоизм насчитывает более восьмисот тысяч богов, и каждый японец может верить в тех, которые ему по душе. Главный принцип синтоизма — жить в единении с природой, другими божествами и людьми. Все-таки мы все живем в одном мире и неразрывно связанны. Про себя могу сказать, что по своим убеждениям я атеист, однако религия синтоизм мне нравится своей идеей — природу надо беречь. Уже позже в Японию пришел буддизм. По официальным документам это случилось в 552 году, но некоторые историки склонны полагать, что буддизм пришел в Японию в 558 году вместе с проповедниками из Пэкче (百济). Было много противников и сторонников новой религии, все это вылилось в кровопролитные войны, закончившиеся тем, что в итоге буддизм стал второй официальной религией Японии.

В период Мэйдзи в 1886 году синтоизм признали единственной религией Японии, но уже после принятия новой конституции, навязанной США в 1947 году, синтоизм перестал быть единственной официальной религией.

Часто в интернете можно увидеть информацию, что в Японии запрещен ислам, но это не так.

В разных городах есть мечети, а количество мусульман насчитывает пятьсот тысяч, среди которых, конечно, практически все иностранцы, а не сами японцы. Также в Японии около двух миллионов христиан, есть церкви и верующие японцы.

Население Страны восходящего солнца на девяносто восемь процентов состоит из самих японцев, поэтому все-таки самые распространенные религии в Японии — это синтоизм и буддизм. По всей стране стоят десятки тысяч храмов, в которые можно спокойно зайти. Никто не ходит по улицам и не собирает деньги на сотый подряд ремонт храма.

Если говорить про отношение японцев к религии, то их можно охарактеризовать как атеистов. Да, у них есть две религии, но при этом они отмечают Хэллоуин, Рождество и вообще любой праздник из любой религии, если он кажется им веселым. Фанатичных верующих практически нет. На вопрос, почему ты ходишь в храм или пишешь пожелания Богу, любой японец ответит: «Потому что это весело».

Также в Японии нет таких вещей, как пост или запрет на питание каким-то мясом. Японцы спокойно едят любимую еду круглый год, и даже делают это в храмах. Никто не мешает вам зайти на территорию храма, сесть где-нибудь на лавку и съесть онигири (饭团), запивая его баночкой пива. Во время праздников и фестивалей на территориях храмов открывают палаточки по продаже разных вкусностей: собы, мяса и, конечно же, бананов в шоколаде. На 31 декабря многие японцы приходят в храм встретить Новый год. Пьют алкоголь, едят и веселятся.

Японские божества тоже в большинстве своем знатные любители алкоголя. На 1 января японцы приходят в храм, чтобы попросить у божеств удачного года, а также вытянуть предсказание, которое не больше, чем просто забава.

Помимо божеств, люди в Японии верят еще и в существ из потустороннего мира, которых называют Екай. Они представляют собой духов, как добрых, так и злых. Екай в Японии пользуются невероятной популярностью. Везде продаются фигурки, мягкие игрушки и брелоки (坠子) на ключи.

62. Где, согласно верованиям синто, живут боги?

 A. На Солнце.   B. На небе.

 C. В храмах.   D. Везде.

63. Когда буддизм стал второй официальной религией Японии?

 A. В доисторические времена.

 B. В шестом веке.

 C. В период Мэйдзи.

 D. После принятия конституции 1947 года.

64. Праздники каких религий любят отмечать японцы?

 A. Всех религий.

 B. Синто.

 C. Буддизма и синто.

 D. Все праздники, кроме христианских.

65. Почему 1 января японцы любят вытягивать предсказания будущего?

 A. Они хотят знать свое будущее.

 B. Они верят, что это принесет им удачу в новом году.

 C. Они боятся духов Екай.

 D. Они так развлекаются.

阅读答案

46. D	47. A	48. C	49. B	50. A	51. C	52. D	53. C	54. C	55. A
56. D	57. D	68. C	59. B	60. D	61. A	62. D	63. B	64. A	65. D

§4. 翻译模拟题(答案)

模拟题 1

ПЕРЕВОД
(20 баллов, 45 минут)

1. Переведите следующий текст на китайский язык.

Главная задача Международного телеканала на русском языке Центрального телевидения Китая (ЦТК) заключается в укреплении взаимопонимания и сотрудничества, обмена мнениями между Китаем и странами СНГ, а также русскоязычными странами и регионами. Телеканал намерен показать современный Китай русскоязычной аудитории всего мира и передать голос Китая.

Большую часть эфирного времени "CCTV-русский" занимает информационное вещание. Телеканал также транслирует развлекательные, просветительские и другие передачи, предоставляя полезную информацию широким кругам общества. На телеканале представлены 13 различных по тематике передач.

2. Переведите следующий текст на русский язык.

青年人充满生机和活力,最具创新精神。经济全球化、社会信息化为青年人提供了更宽阔的舞台和更多样的选择。两国政府正在为他们提供更多的机会,搭建更广阔的平台。在"中俄青年交流年"期间,双方将积极开展"百校万人"大学生交流活动,扩大互派留学规模,使双方留学生总数到2020年达到10万人。

翻译答案
1. 俄译汉

中国中央电视台国际俄语频道的主要任务是加强中国和独联体国家、以及俄语国家和地区之间的相互理解、合作和意见交流。向全世界俄语观众介绍当代中国,传递中国声音。

CCTV俄语频道直播的主要内容是新闻资讯,设有13个不同的主题栏目,除了为社会大众提供有益信息外,还转播娱乐、教育和其他节目。

2. 汉译俄

Молодёжь наполнена жизненными силами и энергией, она в максимальной степени обладает духом инноваций. Экономическая глобализация и информатизация общества предоставили молодёжи более обширную арену, более разнообразный выбор. Правительства двух стран сейчас предоставляют молодёжи ещё больше возможностей, создают ещё более широкие площадки. Во время «китайско-российских годов молодёжных обменов» стороны будут активно проводить студенческий обмен «десятью тысячами человек между сотнями учебных заведений», расширять масштабы обмена студентами, чтобы количество направленных на обучение друг к другу студентов к 2020 году достигло 100 тыс. человек.

模拟题 2

ПЕРЕВОД
(20 баллов, 45 минут)

1. Переведите следующий текст на китайский язык.

Одним из важнейших событий Петербургского экономического форума стало подписание договора на выполнение работ по инженерным изысканиям и проектированию высокоскоростной магистрали «Москва-Казань». Стоимость проекта больше триллиона рублей. 52 миллиарда напрямую вложит Китайская железнодорожная корпорация, еще 250 миллиардов-кредиты китайских банков. Участок «Москва-Казань» может стать частью высокоскоростной магистрали «Москва-Пекин» и проекта «Шелковый путь». Сделка ? яркий пример китайско-российского инвестиционного сотрудничества, которое с каждым годом укрепляется. По данным за 2014 год, объем китайских инвестиций в Россию составил 740 миллионов долларов.

2. Переведите следующий текст на русский язык.

俄罗斯联邦邮政运营商的新闻办对外宣称，7月29日将与世界最大电子零售商之一———中国京东签订意向合同。合同的具体内容尚未公开。

京东俄语版于2015年6月18日投入使用，这是继阿里全球速卖通（AliExpress，阿里集团的子公司）之后进入俄罗斯市场的第二个中国电商集团。在京东的电子平台上可以购买到日用电器、电脑设备乃至办公用品、运动鞋等各类商品。

翻译答案

1. 俄译汉

圣彼得堡经济论坛的最重要事件之一是签署了莫斯科至喀山的高铁项目勘察设计合同。该项目总投资超过一万亿卢布。中国铁路集团直接投资 520 亿，中国银行提供 2500 亿贷款。莫斯科至喀山段是莫斯科至北京高速干线和丝绸之路项目的一部分。该项目是逐年加强的中俄投资合作典范。2014 年，中国对俄罗斯投资总额为 7.4 亿美元。

2. 汉译俄

29 июля подпишет соглашение о намерениях с одним из крупнейших мировых интернет-магазинов JD.com(Китай). Об этом сообщили в пресс-службе федерального почтового оператора. Подробности соглашения пока не раскрываются.

JD.com 18 июля 2015 года запустил сайт на русском языке. Это второй после AliExpress («дочка» Alibaba Group) китайский интернет-ритейлер, вышедший за последний год на российский рынок. На торговой онлайн-площадке можно приобрести различные виды товаров: от бытовой техники и компьютерных устройств до канцелярских товаров и кроссовок.

模 拟 题 3

ПЕРЕВОД
（20 баллов, 45 минут）

1. Переведите следующий текст на китайский язык

Десятого сентября, игнорируя непрерывные дипломатические заявления со стороны Китая, японское правительство самовольно объявило о «покупке» острова Дяоюйдао, а также прилегающих к нему северного и южного островков, которые находятся в частной собственности. В связи с этим многие китайские высокопоставленные руководители, включая Министерство иностранных дел и Министерство обороны КНР, выразили свое мнение относительно данной проблемы, демонстрируя решимость и непреклонность китайской стороны в деле защиты территориального суверенитета и законных прав Китая. В ответ на самовольные действия японского правительства правительство Китая предприняло ряд сдерживающих мер.

4. 翻译模拟题

2. Переведите следующий текст на русский язык.

中国提出的"一带一路"倡议得到了世界各国广泛的肯定和支持。博鳌亚洲论坛上的交流和探讨,将会继续推动"一带一路"倡议的落实。

本次论坛还将对亚洲和世界经济前景、货币政策走向、全球经济议程等进行前瞻式预测和讨论;而互联网技术、创新、创业则是本次会议的新亮点,全球各行业知名人士将为人类的可持续发展头脑风暴、出谋划策。

此外,食品安全、病毒与人类、雾霾与健康、农村与农业、代际流动与家族传承、反腐与政商关系等等一系列与普通民众生活息息相关的议题,也让本届博鳌论坛更受瞩目。

☞翻译答案

1. 俄译汉

9月10号,日本政府不顾中方一再严正交涉,宣布"购买"钓鱼岛及其附属的南小岛和北小岛。包括外交部和国防部在内的中方高层领导就此问题发表了自己的意见,表达了中方坚决维护国家主权和领土的决心。中国政府采取了一系列反制措施作为对日本政府擅自行为的回应。

2. 汉译俄

Выдвинутая Китаем концепция «одного пояса, одного пути» получила широкое признание и поддержку среди государств мира. Общение и обсуждения на Боаоском азиатском форуме будут способствовать продвижению претворения в жизнь концепции «один пояс, один путь».

В ходе предстоящего форума также будут обсуждены и даны прогнозы по перспективам азиатской и мировой экономики, направлению валютной политики, повестке дня глобальной экономики. Новыми вопросами для обсуждения станут интернет-технологии, инновации и создание бизнеса. Деятели разных индустрий со всего мира будут думать и разрабатывать планы по продолжительному развитию человечества.

Кроме этого, в ходе предстоящего форума особое внимание также будет уделено проблемам, связанным с жизнью простого народа, как продовольственная безопасность, вирусы и человечество, смог и здоровье, деревня и сельское хозяйство, межпоколенческая мобильность и клановое наследие, связь между борьбой с коррупцией и правительством и деловыми кругами.

模拟题 4

ПЕРЕВОД
（20 баллов, 45 минут）

1. Переведите следующий текст на китайский язык.

Вы слышали о принтере, который может «напечатать» способный подняться в небо самолет, велосипед, на котором можно запросто отправиться на прогулку, торт, который так и просится в рот, красивую одежду и обувь, и даже стрелковое оружие?

Это вовсе не чудеса, запечатленные в научно-фантастическом фильме, а самая настоящая реальная действительность. Появление этих объектов стало возможным благодаря 3D-принтеру. На 3D-принтере вы даже сможете «напечатать» самого себя и подарить своей девушке!

2. Переведите следующий текст на русский язык.

2015年，中国国家主席和俄罗斯总统利用双边和多边场合举行了五次会晤，从莫斯科到乌法，再从北京到安塔利亚，到巴黎，不断推动着中俄关系向更广、更深发展。中俄两国元首频繁会晤既体现了两国元首之间的亲密友谊，也反映了两国关系的高水平。在两国元首会晤的积极推动下，中俄双方的关系在广度和深度上进一步延伸。

翻译答案

1. 俄译汉

您听说过可以打印出能飞上天的飞机、骑着轻松漫步的自行车、能吃的蛋糕、漂亮的衣服和鞋子、甚至是射击武器的打印机吗？

这绝对不是在科幻电影中出现的奇迹，而是最真实的现实。3D打印机使这一切成为可能。您甚至可以用3D打印机把自己打印出来送给自己的女朋友！

2. 汉译俄

В прошлом председатель КНР и президент РФ провели пять встреч в двустороннем и расширенном форматах. В течение 2015 г. главы государств встречались в Москве, Уфе, Пекине, на полях саммитов в Анталии (Турция) и в Париже. Все эти встречи содействовали поступательному продвижению и дальнейшему развитию двусторонних отношений. Регулярные и частые встречи глав Китая и России свидетельствуют не только о тесных дружеских отношениях лидеров двух стран, но и отражают высокий уровень двусторонних отношений. Каждая встреча лидеров Китая и России — становится мощным стимулом укрепления и расширения дружбы и сотрудничества обеих стран.

模 拟 题 5

ПЕРЕВОД
(20 баллов, 45 минут)

1. Переведите следующий текст на китайский язык.

Китай был главным театром военных действий в Азии во Второй мировой войне. Китайский народ раньше всех поднялся на борьбу против японских милитаристов, вел самую продолжительную войну, воевал при самых тяжелых условиях, и как Россия, понес самые колоссальные жертвы и потери. Китайская армия и народ стойко и упорно боролись, уничтожили и приковали к себе огромные контингенты японских агрессоров, ценой крупной национальной жертвы жизнями более 35 млн человек и, наконец, завоевали великую победу, тем самым внесли большой вклад в победу Мировой антифашистской войны. Подвиг китайского народа в антимилитаристической войне, как и подвиг российского народа, будут навеки запечатлены в истории и никогда не померкнут.

2. Переведите следующий текст на русский язык.

近年来,俄罗斯、哈萨克斯坦和白俄罗斯的经济发展受到外部因素的影响。毫无疑问,创建欧亚经济联盟是我们共同努力取得的积极成果。我们所熟知的消极因素中,需要强调的是世界经济增长速度放缓,乌克兰危机,对俄罗斯的制裁,以及我们出口的主要商品——石油和天然气——国家价格的大幅下跌。

☞ 翻译答案
1. 俄译汉

中国是第二次世界大战亚洲主战场。中国人民抗日战争起始最早,持续时间最长,条件最艰苦,付出的牺牲也同俄罗斯人民一样是最惨痛的。中国军民不屈不挠、艰苦卓绝的抗日斗争,消灭并牵制了日本侵略者大量兵力,以伤亡3500万人的巨大民族牺牲,最终赢得了抗日战争的伟大胜利,为世界反法西斯战争胜利做出了巨大贡献。同俄罗斯人民一样,中国人民为抗战胜利谱写的历史篇章也永远铭刻在历史中。

2. 汉译俄

В последние годы развитие экономик России, Казахстана и Беларуси оказалось подвержено влиянию многих внешних факторов. Несомненно, позитивным итогом явилась общая работа по созданию Евразийского экономического союза, который начал работу с 1 января этого года. Среди негативных факторов, известных нам всем, нужно отметить замедление роста в целом мировой экономики, украинский кризис и санкционную политику в отношении России, а также резкое снижение мировых цен на наши основные экспортные товары — нефть и газ.

模拟题 6

ПЕРЕВОД
（20 баллов, 45 минут）

1. Переведите следующий текст на китайский язык.

Постоянный комитет Всекитайского собрания народных представителей в воскресенье принял законопроект, разрешающий всем китайским семьям иметь двух детей. Он вступит в силу с 1 января 2016 года.

Закон был разработан на основе решений пятого пленума ЦК Компартии Китая, постановившего в октябре нынешнего года продолжить смягчение политики «одна семья — один ребенок».

Согласно официальным данным, за 40 лет своего существования политика «одна семья — один ребенок» предотвратила рождение в Китае около 400 млн человек. В настоящее время в КНР насчитывается около 140 млн женщин детородного возраста, которые уже воспитывают по одному ребенку. По данным Государственного комитета по делам здравоохранения и ограничения рождаемости, около 90 млн таких матерей, как ожидают власти, могут решить завести второго ребенка.

2. Переведите следующий текст на русский язык.

2015 年,中国稳居俄罗斯入境游第一大客源国,赴俄中国游客人数已经连续3年呈增长趋势。据俄罗斯官方统计,2015 年 1 月至 9 月,以旅游为目的到访俄罗斯的中国公民达到 58.3 万人,比去年同期增长了 63%,特别是通过团体免签渠道进入俄罗斯的中国游客呈井喷式增长。

翻译答案

1. 俄译汉

周日,全国人大常委员会通过修正法案,允许所有中国家庭生育二胎。决议从 2016 年 1 月 1 日起实施。

今年十月,中国共产党第十八届中央委员会第五次全体会议做出继续弱化"独生子女"政策的决定,该法案在中央决定基础上制定。

据官方资料显示,已经实施 40 年的"独生子女"政策阻止了 4 亿人的出生。目前,中国有近 1.4 亿名已育有一个孩子的育龄妇女。据国家计生委的资料统计,其中 9000 万名母亲将如希望的那样生育二胎。

2. 汉译俄

В 2015 г. Китай стал крупнейшим партнером России по количеству туристов. Три года подряд отмечается тенденция неуклонного роста количества китайских туристов в Россию. Согласно данным российской статистики, с января по сентябрь Россию посетило 583 тыс. китайских туристов. Этот показатель увеличился на 63% по сравнению с 2014 годом. Стоит отметить, что резко возросло количество китайских туристов, посещающих Россию в составе групп по безвизовому режиму.

模拟题 7

ПЕРЕВОД
(20 баллов, 45 минут)

1. Переведите следующий текст на китайский язык.

с 28 декабря вступает в силу новый закон о страховании выезжающих за рубеж. Это значит, что российские туристы будут обязаны оформлять медстраховку по новым правилам. Ее минимальный размер составит два миллиона рублей. Об этом сообщает Всероссийского союза страховщиков.

Если на отдыхе наступит страховой случай, договор покроет все расходы на лечение, а также транспортировку. Медстраховку должны будут оформлять все без исключения, даже те путешественники, которые едут за границу самостоятельно. Если страховое событие произошло в период действия полиса (保险

单），и на момент окончания срока страхования турист еще не долечился, то страховщик несет ответственность в пределах страховой суммы. Если же путешественник не заключит такой договор, то в случае наступления ЧП（紧急事件）за рубежом человек должен будет самостоятельно оплачивать лечение и транспортировку.

2. Переведите следующий текст на русский язык.
中俄双方共同努力，积极协调配合，推动此次谈判取得成功。2015年，中俄两国在叙利亚危机、朝鲜半岛等重大国际问题上彼此呼应。两国维护正确的历史观，促进国际秩序朝着更加公正合理的方向发展，说明中俄合作已经远远超出了双边的范畴。

☞ 翻译答案
1. 俄译汉
全俄保险公司宣布，从12月28号起，境外游客保险新法案将付诸实施，这意味着俄罗斯游客必须按照新法规办理医疗保险，至少200万卢布保额。

假如度假中遇险，全部医疗费用，包括交通费都可以报销。所有人都必须办理医疗保险，无人例外，包括自由行旅客。如果遇险事件发生在投保期限内，保期结束而游客尚未痊愈，保险公司仍将承担保额内费用。如果游客未办理此保险，那么在国外发生突发事件时游客自行承担治疗费和交通费。

2. 汉译俄
Китай и Россия прилагали для достижения договоренностей совместные усилия, активно взаимодействовали и целенаправленно продвигали трудные переговоры, чтобы в конечном итоге добиться успеха. В 2015 г. Китай и Россия тесно взаимодействовали друг с другом также по таким ключевым международным проблемам, как сирийский кризис, проблема Корейского полуострова и др. Обе страны отстаивают честный исторический подход к проблемам, содействуют формированию более справедливого и рационального мирового порядка. Все это подтверждает, что китайско-российское сотрудничество давно уже перешагнуло уровень двустороннего.

模拟题 8

ПЕРЕВОД
（20 баллов, 45 минут）

1. Переведите следующий текст на китайский язык.

Государство защищает электронную информацию, которая содержит персональные данные и касается личной жизни граждан. Любая организация или частное лицо не имеет права похищать или незаконным путем получать персональную электронную информацию граждан. Запрещается продавать и незаконно предоставлять другим персональную электронную информацию граждан.

Поставщики интернет-услуг обязаны усилить работу по управлению опубликованной абонентами информацией. Если будет обнаружена информация, которую действующие законы и нормативные акты запрещают публиковать или передавать в Интернете, следует сразу же прекратить передачу данной информации и своевременно ее изъять, к тому же, необходимо сохранить соответствующие материалы и передать их в компетентные органы.

2. Переведите следующий текст на русский язык.

2015年堪称中俄军技合作的"收获年"。中俄两国举办了跨越几个月时间，分两个阶段进行的"海上联合－2015"联合军演等军事交流活动。如今中俄的军事合作已经一改过去中方完全依赖俄罗斯的状态，转变为了中俄互相弥补、互相依赖，未来中国在关键技术上也将实现独立，中俄之间将以1+1大于2的形式共同应对来自西方的打压。

翻译答案

1. 俄译汉

国家保护涉及公民个人资料和个人隐私的电子信息。任何组织或个人不得窃取或通过非法途径获取公民的个人电子信息。禁止出售和非法将公民个人电子信息提供给他人。

互联网服务商有义务对发布的用户信息进行加强管理。如果发现现行法律法规禁止在网上发布或传播的信息，应该立即停止对这些信息的传递，并及时将其删除，此外，须保留相关资料以将他们提交给主管部门。

2. 汉译俄

Прошедший 2015 год стал плодотворным и для двустороннего военно-технического сотрудничества. Китай и Россия проводят масштабные совместные военные учения. Состоялись крупные учения «Морское взаимодействие-2015», которые длились несколько месяцев. На сегодняшний день в сфере военно-технического сотрудничества ВС Китая и России все более взаимно дополняют друг друга. В перспективе ВС Китая в сфере ключевых технологий смогут стать более независимыми. Китай и Россия будут готовы совместно противостоять давлению западных стран по формуле «1 + 1 > 2».

模 拟 题 9

ПЕРЕВОД

(20 баллов, 45 минут)

1. Переведите следующий текст на китайский язык.

Как сообщила Китайская железнодорожная корпорация 17 марта, Министерство транспорта Индонезии и индонезийское совместное предприятие по строительству высокоскоростной железной дороги Джакарта-Бандунг 16 марта вечером в Джакарте подписали соглашение франшизы, что стало серьезным прогрессом после запуска проекта строительства высокоскоростной железной дороги Джакарта-Бандунг.

В соответствии с соглашением, Министерство транспорта Индонезии передаст франшизу совместному предприятию высокоскоростной железной дороги Джакарта-Бандунг, созданному объединением китайских предприятий и объединением индонезийских госпредприятий. Франшиза начнется 31 мая 2019 года, срок действия — 50 лет.

Общая протяженность железной дороги — 142 км, она соединит столицу страны Джакарту с четвертым по величине городом Бандунгом, максимальная скорость движения поездов — 350 км/час, запланировано завершить строительство и сдать дорогу в эксплуатацию за 3 года. К тому времени, время в пути между Джакартой и Бандунгом от трех часов сократится до 40 минут.

Высокоскоростная железная дорога Джакарта-Бандунг — первый международный проект высокоскоростной железной дороги в сотрудничестве предприятий этих двух стран, а также первый для Китая зарубежный проект с полной разработкой — от технических стандартов, проектирования, строительства, производства оборудования до управления, обучения персонала и т. д.

2. Переведите следующий текст на русский язык.

在中国传统的祭奠已故亲人的清明节，中国人没有忘记同时纪念抗战期间外国援华牺牲者。在中国人民艰苦卓绝的抗战进程中，苏联、美国、英国等反法西斯盟国提供了宝贵的人力物力支持，中国人铭记在心，世代不忘。

抗战期间，来华的苏联空军志愿人员多达2000余人，多次与中国空军并肩作战，参加保卫南京、武汉、南昌、重庆等地的空战，并远征轰炸被日本占领的台湾地区，有200多人在空战中牺牲。直至德军进攻苏联，苏联空军志愿队才撤出中国战场。

翻译答案

1. 俄译汉

中国铁路总公司17日披露，印尼交通部与印尼雅万高铁合资公司16日晚在印尼雅加达签署特许经营协议，这是继2016年1月21日印尼雅万高铁项目开工奠基之后，该项目推进工程中取得的新进展。

根据协议，印尼交通部将雅万高铁的特许经营权，给予了由中国企业联合体与印尼维卡公司牵头印尼国企联合体组建的雅万高铁合资公司。特许经营权从2019年5月31日开始，为期50年。

雅万高铁一期全长142公里，连接印尼首都雅加达和第四大城市万隆，最高设计时速350公里，计划3年建成通车。届时，雅加达到万隆的车程将由现在的3个多小时缩短到40分钟。印尼雅万高铁，是国际上首个由政府主导搭台、两国企业对企业进行合作建设和管理的高铁项目，也是中国高速铁路从技术标准、勘察设计、工程施工、装备制造，到人才培训等全方位整体走出去的第一单项目。

2. 汉译俄

В праздник «Цинминцзе», по китайской традиции люди поминают усопших родственников — китайский народ не забыл почтить память и иностранных добровольцев, пожертвовавших жизнью во время сопротивления японским захватчикам.

В ходе тяжелой войны китайского народа, СССР, США, Великобритания и другие союзники в антифашистской борьбе оказали бесценную поддержку человеческими и материальными ресурсами, которая навсегда останется в памяти и сердцах китайского народа.

Во вермя войны в Китай прибыло более 2000 советских летчиков-добровольцев, вместе с китайскими ВВС они многократно принимали участие в воздушной обороне Нанкина, Уханя, Наньчана, Чунцина и других городов, к тому же совершили бомбардировочный налет на оккупированный Японией Тайвань, более 200 летчиков пали в этих боях. Только когда немцы напали на СССР, советские летчики-добровольцы покинули китайские поля сражений.

模拟题 10

ПЕРЕВОД
（20 баллов, 45 минут）

1. Переведите следующий текст на китайский язык.

Развитие Дальнего Востока всегда было мечтой России, с начала строительства Транссибирской магистрали в 19 веке, Россия предпринимала попытки соединить Европу и Азию, реализовать стратегию двуглавого орла. Однако центр России — в Европе, только когда европейские районы страны столкнулись со стратегическим давлением, то были вынуждены поставить на повестку дня развитие дальневосточных районов. После украинского кризиса Путин стал продвигать стратегическое перебалансирование, совершать попытки компенсировать европейские потери в Азии. Дальневосточный регион обладает богатыми природными ресурсами, однако ему не хватает трудовых ресурсов, капитала и технологий, если Россия откроет государственные ворота для сотрудничества с Восточной Азией, то это может обеспечить процветание на Дальнем Востоке.

2. Переведите следующий текст на русский язык.

中国游客使用移动客户端预订旅行的比例位居世界第一，达12%，超越全球平均水平6个百分点。中国游客在旅途时对于手机的依赖程度最高，有87%的中国受访者表示他们出游必带手机，超过75%的全球受访者表示出游时必带智能手机。中国游客在全球受访者中最为看重酒店里的免费WiFi，比例高达60%，高于全球平均水平14个百分点。

☞ 翻译答案
1. 俄译汉

开发远东一直是俄罗斯的梦想，从19世纪修建西伯利亚大铁路开始，俄罗斯试图实现欧亚之间的整合，也真正落实双头鹰的战略。但俄罗斯的重心在欧洲，只有当在欧洲地区面临战略压力的时候,才会迫切地将远东开发列入日程。普京在乌克兰危机之后就在推动战略再平衡,在欧洲的所失要在亚洲得到弥补。远东地区拥有丰富的自然资源,缺少劳动力、技术和资金,如果俄罗斯打开国门,与东亚国家合作,将会为远东的繁荣提供可能。

2. 汉译俄

Китайские туристы занимают лидирующее место в мире по бронированию туров с помощью мобильных телефонов, их доля достигает 12%, что существенно превышает средний мировой уровень — 6%. Китайские туристы также продемонстировали самую высокую степень зависимости от мобильных телефонов во время путешествий, 87% китайских респондентов заявили, что обязательно берут в поездку мобильный телефон, что превышает среднемировой показатель — 75%. Среди мировых респондентов китайские туристы больше всего ценят в гостиницах бесплатный Wi-Fi, их доля достигает 60%, что на 14% выше, чем среднемировой показатель.

§5. 作文模拟题（题目与范文）

模拟题 1

СОЧИНЕНИЕ
(20 баллов, 40 минут)

1. Прочитайте и изложите свое мнение по прочитанному (не меньше 180 слов).

Сейчас среди молодежи бытует(存在)мнение, что высшее образование не обязательно для богатой и счастливой жизни, примеры тому — миллионеры, не закончившие даже школу: Стив Джобс, Билл Гейтс, Генри Форд и многие другие. Как вы думаете? Зачем нужно высшее образование?

2. Пошлите СМС-ку своему преподавателю в День учителя.

作文：

Я думаю, что высшее образование обязательно. Вышее образование в стране — это основа культуры, производства, а главное душевного здоровья людей. Высшее образование сегодня не редкость, практически каждый школьник по окончании школы идет учиться в высшее учебное заведение.

Занимаясь в институте, человек учится работать системно, упорно трудиться, получая знания. Конечно, не всегда эти знания в полном объёме ему пригодятся в жизни, но ни одни знания ещё никому не оттянули плеч и не попросили кушать. Конечно, многие люди и без высшего образования добиваются больших успехов. Но мне моё высшее образование дало очень много в жизни и я очень рада, что оно у меня есть.

Образование, получаемое в средней школе, позволяет человеку получить тот минимум общих знаний в различных областях естественных и гуманитарных наук, который позволит ему считаться грамотным человеком. Этот объем недостаточен и для того, чтобы стать высококлассным инженером или специалистом-гуманитарием.

Только имея те знания, которые можно получить в вузе, вы можете говорить о том, что достаточно хорошо знаете теорию вашей профессиональной деятельности, чтобы считаться высококлассным специалистом. Только специальные знания по предмету, ставшему вашей профессией, делают вас профессионалом высокой квалификации, инженером, врачом или ученым.

应用文:

Уважаемая Светлана Петровна! С днём учителя! Разрешите мне искренне поблагодарить Вас за помощь, оказанную мне во время учёбы в университете! С уважением, Ли Минь.

模拟题 2

СОЧИНЕНИЕ
(20 баллов, 40 минут)

1. Напишите сочинение на тему «Мобильник в нашей жизни». (не меньше 180 слов).
2. Составьте объявление о собрании студентов.

作文:

Мы живём в то время, когда вокруг нас существует огромное множество мобильных устройств. Многие люди не могут представить жизнь без использования мобильного телефона. Могу сказать, что и я не исключение. Возможно, 10 лет назад они не были столь популярны. Мои родители говорят, что у них не было телефонов, и их жизнь была очень интересной. Но мне их не понять. Сегодня мобильные телефоны играют важную роль в нашей жизни, полагаю я.

Многие дети (даже первоклассники) просят родителей купить им мобильные устройства, говорят, что у всех одноклассников они уже есть.

Что касается меня, у меня конечно, не iPhone6, но своим телефоном я горжусь. Я слушаю музыку, смотрю видео, общаюсь с друзьями с помощью мобильного телефона. Я уверена, что сложно найти ученика, который может прожить без того, чтобы зайти в микроблок или разместить фото в QQ. Я люблю делать фотографии (я фотографирую всё, что вижу: вкусную еду, красивую природу, необычные вещи, я люблю делать селфи). Я люблю болтать с моим парнем по телефону часами (особенно ночью).

Если я забываю свой телефон дома, я весь день нервничаю. Я понимаю, что это ненормально, но ничего с этим поделать не могу.

应用文：

Внимание!

28 октября в 15 часов в аудитории №118 пятого учебного здания состоится собрание старост 2, 3 и 4 курсов и магистров 1 курса. Явка обязательна.

Деканат

模 拟 题 3

СОЧИНЕНИЕ

（20 баллов, 40 минут）

1. Прочитайте и напишите сочинение на тему «На ходу ехать-собак кормить». (не меньше 180 слов).

Как часто вы что-то делаете в последний момент? Помните синдром (综合症) студента? Бессонные ночи перед экзаменом, диплом за последние три дня. **Сталкивались ли вы с чем-то подобным? Удалось ли бросить эту привычку? Если да, то как?**

2. Составьте объявление о пропаже вещи.

3. 作文：

4. На ходу ехать-собак кормить. Ты, наверное, догадался, что эта пословица родилась из традиций охотников. Своих верных помощников, собак, они кормят не перед самой охотой, а заранее. Голодные собаки будут более резво бегать за добычей.

5. Так в чём же смысл этой пословицы? Она порицает людей, которые поспешно делают всё необходимое в самый последний момент. Разумеется, ничего хорошего из этого не получается. Эта русская пословица намек на то, что любое дело нужно делать в нужное время и в нужном месте.

6. Обрати внимание на своих одноклассников. Одни из них с вечера готовятся к школе — делают уроки, собирают портфель. А беспорядочные ребята утром хватают учебники и тетради, на ходу учат домашнее задание. Почему же у них не получается делать свои дела по мере их поступления?

7. В каждом человека есть такое явление, как леновость, именно лень за-

ставляет людей откладывать на последний момент почти все свои дела и даже особо важные дела. У меня была такая же беда, всегда все делала в последний момент, хотя есть время, чтобы сделать то что мне нужно, но я его просто прожигала. Я поняла, что эта привычка вредна. Нельзя в последний момент делать то, что нужно было сделать заранее. Я решила бросить сразу эту плохую привычку. И мне удалось избавиться от неё.

8. Сейчас я никогда не откладываю на завтра то, что можно сделать сегодня. Я делаю все в срок.

9. 应用文：

10. Потерян паспорт на имя Ли Минь

11. В городе Санья в парке потерян паспорт на имя Ли Минь, вернувшему вознаграждение 300 юаней. Звонить по контактному телефону 66260000

模 拟 题 4

СОЧИНЕНИЕ
(20 баллов, 40 минут)

1. Прочитайте и изложите свое мнение по прочитанному (не меньше 180 слов).

В гениальности 1% таланта и 99% труда. Некоторые считают, что одних усилий мало, во всем нужен талант. А другие считают, что без усилий талант — это ничто. Как вы думаете?

2. Составьте объявление о продаже старинных книг.

作文：

В гениальности 1% таланта и 99% труда. Гений — достижение 100%. Составляющие гения: талант, работа. Но наивно полагать, что чем больше таланта, тем меньше тебе работать.

Талант — это то, что уже заложено внутри нас. Изменить нельзя, эти качества уже есть. Но, для того, чтобы этот талант реализовался, необходимо выполнить несколько неприятных действий: во-первых, найти свой талант (поиск реализуется через действие); во-вторых, это и самое главное, реализовать свой талант (опять же через действия).

Талант — это искра. Далее, чтобы ее разжечь, нужен труд. Я считаю, что талант без усилий не работает. Чтобы найти и реализоваться в жизни требуется приложить усилия. **Что это значит**? Усилия означают, что вам будет сильно не комфортно, и ум будет постоянно сбиваться на прежние, привычные схемы растрачивания вашего времени. Поэтому придется приложить усилия для того, чтобы просто заставить делать что-то длительное время. Каждый день.

Усилия означают **начать совершать новые для вас поступки и действия**. Приложите усилия и начните делать что-то новое, то, чего раньше вы никогда не делали. Очень быстро вы поймете, что новизна предоставила вам кучу возможностей и полезной информации.

Все начинается с малого и прямо сейчас!

应用文:

Продажа

Продам англо-китайский словарь, объёмом около 40 тысяч слов, устойчивых словосочетаний и фразеологических оборотов, принятых в современном английском языке. В отличном состоянии, покупал для себя, но не пользовался.

Ли Минь
Телефон:66260000

模拟题 5

СОЧИНЕНИЕ
(20 баллов, 40 минут)

1. Прочитайте и изложите свое мнение по прочитанному (не меньше 180 слов).

Широко известно изречение, под которым стоит фамилия русского писателя А. П. Чехова: «В человеке должно быть все прекрасно: и лицо, и одежда, и душа, и мысли». Эта фраза стала крылатой. Однако некоторые эту мысль считают спорной. Каково ваше мнение? Согласны ли вы с подобным изречением? Почему?

2. Составьте объявление о продаже квартиры.

作文:

«В человеке всё должно быть прекрасно: и лицо, и одежда, и душа, и мысли...», — так сказал когда-то великий классик. Этот классик — А. П. Чехов.

А что же такое красота? По словарю понятие «красота» обозначает совершенство, гармоничное сочетание всех свойств объекта. Красота человека может быть физической, нравственной и духовной. В идеальном представлении у человека должны присутствовать все стороны красоты, все ее виды. И физическая, и нравственная, и духовная. Именно соединение всех этих сторон красоты в одном человеке, делает его образ совершенным, сформировавшимся, законченным в полном смысле этого слова.

Общение с таким человеком доставляет одно удовольствие. Черты его лица, его опрятная и со вкусом подобранная одежда радуют глаз. А его хорошее воспитание, манера общения моральные устои при общении помогают обогатить свою собственную душу, свой собственный мир.

Конечно, в мире нет совершенных человек. Каждый из нас должен себя совершенствовать. Я считаю, что в А. П. Чехов прав без каких-либо условий. В человеке всё должно быть гармонично, потому что человека «по одежке встречают, а по уму провожают». И конечно же, если человек будет выглядеть, например, неопрятно, то вам врядли захочеться иметь с ним какое-либо дело.

Ведь недаром говорят, что красота спасёт мир!

应用文：

Элитная квартира на привокзальной площади

Продаётся элитная 3-комнатная квартира на привокзальной площади. Общая площадь 135 кв. м. В квартире выполнен новый евро-ремонт.

Развитая инфраструктура: рядом школа, магазины, детский сад, транспорт в любых направлениях.

Подробности можно узнать по тел. 66260000.

模 拟 题 6

СОЧИНЕНИЕ
(20 баллов, 40 минут)

1. Прочитайте текст песни из кинофильмов «Служебный роман» и напишите сочинение на тему «У природы нет плохой погоды». (не меньше 180 слов).

  У природы нет плохой погоды -
  Каждая погода благодать.
  Дождь ли, снег — любое время года
  Надо благодарно принимать.

  Отзвуки душевной непогоды,
  В сердце одиночества печать,
  И бессонниц горестные всходы
  Надо благодарно принимать,
  Надо благодарно принимать.

2. Составьте объявление о приостановке обслуживания клиентов на время новогодних каникул.

作文:

  У природы нет плохой погоды. Если задуматься, то в любой погоде можно найти свои прелести, и в дождь, слякоть, мороз и даже жуткую жару. В каждый сезон года, независимо от того солнечный он или дождливый, можно найти массу чудесного.

  В жаркий период лета можно загорать, купаться в озере, отдыхать за городом, или на море. Солнечные дни очень полезны. Многие люди, живущие на севере, специально в отпуск едут к морю, чтобы насладиться солнечными теплыми деньками.

  Осенью, когда идет дождь, так здорово собраться дома с друзьями, пить чай и рассказывать интересные истории или смотреть любимый фильм. А еще дождь интересно слушать поздним вечером, перед тем, как собираешься уснуть, то, как капли дождя звонко бьют по карнизу и по крыше.

Зимой, нет ничего лучше, чем слепить во дворе снеговика, а потом, уже дома, забраться под самое теплое одеяло и пить горячий чай, прислушиваясь, как морозный ветер воет за окном. Но самое большое удовольствие, это кататься на лыжах. Можно выехать за город в лес, где есть специальные лыжные тропы или поехать в горы на лыжню.

Но моя самая любимая погода весной, когда теплые лучи солнца растапливают снег, весело бегут ручьи и слышится первое щебетание вернувшихся с зимовки птиц.

У природы, действительно, не бывает плохой погоды. Ведь все зависит от нашего с вами настроения!

应用文:

Объявление

Уважаемые клиенты! Доводим до Вашего сведения, что в период с 28 декабря 2015г. по 10 января 2016 г. ваши заказы обрабатываться не будут. Все заказы в указанный период будет обработанны нами с 11 января 2016 года.

Browing Shop. ru

模拟题 7

СОЧИНЕНИЕ
(20 баллов, 40 минут)

1. Напишите сочинение на тему «Ты родился оригиналом — не умри копией.» (не меньше 180 слов).
2. Составьте заявление на командировку.

作文:

Немецкий поэт Гейне сказал: «Каждый человек — это неповторимый мир.». Если взять пригоршню песка и хорошо рассмотреть ее под микроскопом, то окажется, что нет ни одной песчинки, похожей на другую. Капли дождя, которые на первый взгляд должны быть похожими, при детальном изучении оказываются совсем разными. И так можно пересчитать все живое и безжизненное на земле, от листка на дереве до цветка, от насекомого до слона, и в конце концов, до человека. Все это уникальное сочинение природы.

Мы живём потому, что мы разные. Мы по-разному воспринимаем обстоятельства жизни, по-разному на них реагируем. Мы можем быть красивыми и некрасивыми, умными и не очень. Но есть то, что нас объединяет. Все мы — люди, и основным признаком человека являются понимания.

Иногда нам кажется, что все люди вокруг нас неприязненные, они не разделяют нашей точки зрения, им не нравится наша одежда, манера вести разговор и т. п.. Но каждый человек — неповторимый! Итак давайте ее воспринимать как явление неординарное. Во всех нас разные чувства, эмоции, и нельзя однозначно сказать, кто прав в той или другой ситуации. Любим друг друга, уважаем.

Пусть расцветут наши таланты, пусть каждый человек поймет, что задача жизни не в том, чтобы быть на стороне большинства, а в том, чтобы жить согласно внутреннему закону, закону настоящего человека.

应用文:
Директору института иностранных языков
От преподавателя факультета русского языка Ли Минь
Заявление
Прошу Вас разрешить мне поехать в город Сиань в научную командировку с 10 октября по 14 октября 2015 года для работы в архивах, библиотеках и участия в научной конференции.

Оплата авиабилетов, гостиницы и суточных из средств факультета русского языка.

Ли Минь
20 сентября 2015 г.

模拟题 8

СОЧИНЕНИЕ
(20 баллов, 40 минут)

1. Напишите сочинение на тему «Легко или тяжело быть молодым.» (не меньше 180 слов).
2. Составьте заявление на отпуск.

作文：

  Мне нравится, что я молод, полон сил и идей. Передо мной моё будущее, и только от меня будет зависеть, какое оно будет, и стану ли я счастливым. Молодость даёт уверенность в своих силах, и надежду на то, что все мои планы исполнятся. Но иногда именно из-за моих немногих лет возникают недопонимания и конфликтные ситуации. Почему это происходит?

  Молодость почти всегда выступает как синоним неопытности и незрелости. Я против этого, ведь молодые люди не настолько глупы, чтобы не понимать всей ситуации. Но, к сожалению, мы можем ошибаться именно потому, что в свои юные годы не обладаем таким опытом, что помог бы нам всегда правильно оценивать и свои силы, и свои возможности, и свои способности.

  Мы сейчас, как скульпторы, которые работают над своим будущим. Что-то в жизни лишнее, мы смело его отсекаем, а что-то другое, напротив-важно, и мы делаем его более значимым и заметным. У нас достаточно времени, чтобы составить свой каталог ошибок и достоинств. Это, как архив, куда начинает собираться опыт, на его основе мы научимся делать правильно, и как можно меньше ошибаться.

  Нужно стараться экономить отпущенное нам время, ведь годы очень быстро летят, поэтому нужно торопиться, использовать все преимущества юности. Тогда только молодым будет легко, если мы умнеем с каждым днём, и если мы в каждом случае, что с нами произошёл, видим смысл.

应用文：

              Генеральному директору
              «ООО Копилка»
              Б. И. Алексеевичу
              от менеджера отдела закупок
              С. О. Петровой

Заявление на отпуск

  Прошу предоставить мне очередной оплачиваемый отпуск продолжительностью 15 календарных дней с 05 января 2016 года.

28 декабря 2015 года   С. О. Петрова

模拟题 9

СОЧИНЕНИЕ
（20 баллов，40 минут）

  1. Напишите сочинение на тему «Здоровый образ жизни» (не меньше 180 слов).
  2. Составьте объяснительную записку об отсутствии на занятии.

作文：

  Сегодня в обществе все больше людей борются за здоровый образ жизни. Они не курят, занимаются физкультурой, не едят вредных продуктов. Их главная цель — сберечь здоровье, чтобы вести активную жизнь и дольше прожить.

  Еще такой человек специально гуляет на свежем воздухе, регулярно проветривает квартиру, делает зарядку или пробежку по утрам, занимается каким-нибудь видом спорта. Так он поддерживает свое тело в хорошей спортивной форме.

  Еще один фактор здорового образ жизни — это здоровое питание. Люди, которые его практикуют, соблюдают режим приема пищи, стараются есть только натуральные продукты. У них на столе много свежих овощей и фруктов. Чтобы не вредить организму, такие люди ограничивают себя в жирной, жареной, копченой пище. Ведь вкусная еда не означает, что она полезна.

  Люди, которые борются за здоровый образ жизни, стараются жить так, чтобы было поменьше стрессов. Они учатся не волноваться по пустякам, не портить себе нервы. Ведь, как говорится, нервные клетки не восстанавливаются.

Я считаю, что здоровый образ жизни — это хорошо, и поддерживаю его. Я и мои родители соблюдаем часть правил здорового образа жизни. Почему не все? Должна быть строгая дисциплина всем, а к этому трудно приучиться сразу. Но, может быть, когда-нибудь мы будем соблюдать и все правила. Ведь я тоже хочу быть крепким, сильным и здоровым, чтобы не тратить свою жизнь на болезни и лекарства.

应用文：

Декану факультета русского языка
Лю Фану
От студента 2 курса
Ли Мина

Объяснительная записка

Я, Ли Минь, не присутствовал на занятиях 18.05.16 в связи с тем, что был болен.

Медицинская справка прилагается.

Ли Мин

19.05.16

模拟题 10

СОЧИНЕНИЕ
(20 баллов, 40 минут)

1. **Напишите сочинение на тему «Деньги в нашей жизни»** (не меньше 180 слов).

2. **Составьте письмо-приглашение.**

作文：

Сейчас деньги играют важную роль в жизни людей. Имея деньги, мы можем сделать свою жизнь более комфортной и безопасной. Деньги определяют статус человека, его положение в обществе, успешность. Иногда кажется, что весь мир вращается вокруг денег. Они оказывают влияние на все сферы человеческой жизни.

У каждого из нас своё отношение к деньгам, мы по-разному воспринимаем их наличие или отсутствие. Нездоровое отношение к деньгам может стать источником проблем. В народе говорят, что за деньги можно «купить» всё. Но тогда сколько стоят любовь к семье и близким людям, дружба, здоровье и, наконец, человеческая жизнь?

Я раньше думала, почему человек несчастлив, когда у него много денег? Если бы у меня было много денег, я бы была счастлива! Но, повзрослев, я стала смотреть на деньги другими глазами. Я поняла, что не в деньгах счастье.

Мои одноклассники часто задают вопрос: «А сколько денег нужно для счастья?» Ответ вроде бы прост, но в тоже время и сложен. Однозначно не ответишь. Кому-то много надо, а кому-то совсем ничего.

应用文：

От имени руководства нашей компании имею честь пригласить Вас на фуршет по случаю окончания приёма делегации деловых кругов из Китая.

Начало фуршета — в17 часов 10 августа 2015 года. Место проведения фуршута — банкетный зал « Бизнес-центра».

Будем рады, если Вы сможете принять участие в мероприятии.

С уважением.

По поручению генерального директора ОАО

Иванова Мария Мизайловна, шеф-секретарь.

§6. 全国高校俄语专业八级水平测试试卷真题（解析）

2014年俄语专八真题

ЗНАНИЯ ПО РУССКОМУ ЯЗЫКУ
（15 баллов, 20 минут）

Прочитайте предложения. Выберите правильный вариант и отметьте соответствующую букву на матрице.

ГРАММАТИКА, ЛЕКСИКА И СТИЛИСТИКА

16. Физика, химия, медицина, торговля — какую отрасль _____ , все они оснащены компьютерами.

　　A) не возьми　　　　　　　　B) ни возьмут
　　C) ни возьми　　　　　　　　D) не возьмут

17. Туманы в Лондоне бывают _____ каждый день, то через день непременно.

　　A) если не　　　　　　　　　B) хотя и
　　C) если бы　　　　　　　　　D) хотя бы

18. Если вас теперь сыростью _____ , болезнь сейчас же назад вернется.

　　A) охватят　　　　　　　　　B) охватит
　　C) охватили　　　　　　　　 D) охвачены

19. За _____ простотой этого романа скрывается такая глубина мысли, что не всякий читатель сможет уловить.

　　A) оказавшейся　　　　　　　B) оказавшей
　　C) кажущейся　　　　　　　　D) показывающей

20. Матвеев был _____ расстроен, сколько удивлен сложившейся ситуацией.

　　A) не столько　　　　　　　　B) насколько
　　C) не на столько　　　　　　 D) настолько

21. Ликвидировать _____ крупного ДТП на Удоре удалось за 42 минуты.

A) наследство B) вследствие
C) последствия D) следствия

22. Все в мире стало зависеть от электричества и компьютеров, _____ что-то в этой области, жизнь остановилась бы.

    A) случилось B) случись
    C) случиться D) случившись

23. Имя Конфуция придет на память _____ при упоминании культуры Китая.

    A) любого B) к любому
    C) любому D) о любом

24. Многие специалисты сходятся _____, что СМС-мания опаснее компьютерной зависимости.

    A) во мнение B) к мнению
    C) по мнению D) во мнении

25. Не надо меня благодарить, _____ я и врач, чтобы больного лечить.

    A) на то B) а то
    C) за то D) в то

26. Перевод на другую работу допускается только с письменного согласия работника, _____ случаев, предусмотренных законом.

    A) исключая B) без исключения
    C) исключив D) за исключением

27. Как хорошо, что Пасха в этом году _____ на длинные майские каникулы.

    A) пришла B) выпала
    C) попала D) наступила

28. Если вы ждете определения, что такое подвиг, обратитесь к нашему Валерию, он любит все _____.

    A) оформлять B) формулировать
    C) формировать D) функционировать

29. Всю ночь ему не спалось, _____ на другой день он отправился в путь.

    A) тем более B) более или менее
    C) тем не менее D) тем более что

30. Прежде чем уехать на дачу, Васильева просила выписать лекарство на 3 месяца _____.

    A) дальше B) подряд
    C) вперед D) впереди

31. Как показывает практика, заключение контракта путем обмена факсами может привести к _____ недоразумениям.
    A) следующим   B) последним
    C) последовательным   D) последующим
32. В строке Ф. И. Тютчева «Внизу, как зеркало стальное, синеют озера струи» используется стилистический прием _____.
    A) сравнение   B) метонимия
    C) метафора   D) олицетворение
33. _____ стиль реализуется в таких жанрах, как заявление, расписка, объявление, приглашение и др.
    A) Научный   B) Официально-деловой
    C) Разговорно-бытовой   D) Газетно-публицистический

ЛИТЕРАТУРА

34. _____ не только достиг больших успехов в литературном творчестве, но и завоевал широкую популярность в области киноискусства.
    A) В. Г. Распутин   B) В. П. Астафьев
    C) В. М. Шукшин   D) Б. Л. Пастернак
35. В рассказе _____ А. П. Чехов обличает человека, который, приспосабливаясь к обстановке, легко меняет свои мнения, симпатии.
    A) «Маска»   B) «Хамелеон»
    C) «Смерть чиновника»   D) «человек в футляре»
36. Главным героем знаменитого рассказа М. А. Шолохова «Судьба человека» является _____.
    A) Андрей Соколов   B) Петр Гринев
    C) Григорий Мелехов   D) Самсон Вырин
37. Крылатое выражение «Счастливые часов не наблюдают» взято из комедии _____.
    A) «Недоросль»   B) «Ревизор»
    C) «Горе от ума»   D) «Свои люди-сочтемся»
38. В «Повести покойного Ивана Петровича Белкина» А. С. Пушкина не входит _____.
    A) «Выстрел»   B) «Дубровский»
    C) «Станционный смотритель»   D) «Барышня-крестьянка»
39. Будучи последователем Салтыкова-Щедрина, прозаик и драматург _____

свое литературное мастерство проявляет в сатире и фантастике.
A) М. А. Булгаков   B) А. П. Платонов
C) В. Г. Распутин   D) А. Т. Твардовский

СТРАНОВЕДЕНИЕ

40. В настоящее время Шанхайская организация сотрудничества включает в себя _____ государств-членов.
    A) 5   B) 6
    C) 7   D) 8

41. До конца 2014 г. в Москве появится памятник детскому поэту, автору текстов гимнов СССР и РФ _____.
    A) С. В. Михалкову   B) А. В. Александрову
    C) Д. Д. Шостаковичу   D) С. В. Рахманинову

42. Калининградская область Российской Федерации граничит с _____.
    A) Латвией и Беларусью B) Литвой и Беларусью
    C) Латвией и Польшей   D) Литвой и Польшей

43. В декабре 2013 г. Центробанк России утвердил знак своей национальной валюты, который будет обозначаться знаком _____.
    A) ₽   B) $
    C) €   D) ¥@

44. Идейным и организационным руководителем Товарищества передвижных художественных выставок долгие годы был _____.
    A) В. С. Серов   B) И. Е. Репин
    C) И. Н. Крамской   D) И. И. Левитан

45. 23 декабря 2013 г на 94 году жизни скончался легендарный конструктор _____ М. Т. Калашников.
    A) вертолета К-32   B) автомата АК-47
    C) реактивной установки Катюши   D) подводной лодки К-141

ЧТЕНИЕ

(20 баллов, 35 минут)

Прочитайте тексты и задания. Выберите правильный вариант и отметьте соответствующую букву на матрице.

Текст 1

Традиция украшать рождественскую елку огнями зародилась в Германии в XVIII веке. Первыми елочными огнями стали свечи в домах аристократов и состоятельных людей. С развитием электричества и изобретением лампочек и гирлянд из них традиция устраивать рождественские иллюминации распространилась по всему земному шару. Во всем мире люди украшают огнями свои дома, улицы и общественные здакия.

Германия — это родана гирлянд и рождественских огней, поэтому неудивительно, что столица этой страны просто потопает в рождественских огнях. Когда солнце садится за горизонт, каждая улица, дом, дерево в Берлине начинает сверкать многочисленными огнями. Весь город выглядит как одна сплошная иллюминация! Множество туристов приезжают в Берлин во время Рождественских праздников исключительно с целью увидеть его иллюминации. Более того, здесь есть даже экскурсоводы, которые покажут все восхитительные рождественские экспозиции. На городских площадях и бульварах можно посетить около 60-ти рождественских ярмарок, которые предлагают туристам и жителям города огромный выбор сувениров, подарков и вкусной еды. Одна из лучших иллюминаций размещается на 38-метровой телезиционнои вышке.

Париж — город, который в народе называют «городом огней», просто не может не сиять на Рождество! И это действительно так! В дневное время здесь редко удается увидеть что-нибудь особенное. Ну, кроме толпы туристов, конечно. Но вечером начинаются настоящие чудеса! Мерцающая Эйфелева башня, светящиеся Елисейские поля, сказочные улицы — с наступлением темноты город становится просто сказочным!

Если вы хотите увидеть настоящее европейское Рождество, вам надо ехать в Вену. Начиная с 10-го ноября, улицы и площади Вены перевоплощаются в прелестные рождественские ярмарки, базары, украшенные пышньши деревьями и мерцающими гирляндами.

В Торонто ежегодный Парад Огней знаменует официальное открытие рождественского сезона с музыкой, катанием на коньках, танцами и несметным количеством рождественских огней! Парад впервые был проведен в 1967 году для демонстрации недавно построенных суперсовременных зданий. Обычно парад устраивается в последние выходные ноября. Площадь и огромная рождественская елка украшается 30 000 огней, которые радуют взгляд туристов и местных жителей с 17 ноября до 1 января.

    В последнее время европейская традиция украшать рождественские елки электрическими гирляндами и устраивать иллюминации распространилась по всей Азии. Каждый вечер с 20 ноября по 2 января в двух крупных городах в Сингапуре загорается грандиозная иллюминация. Как же великолепно выглядит Рождество в тропиках! Самый известный торговый район Сингапура просто сияет мерцающими фонарями, украшенными витринами, рождественскими выставками и мюзиклами.

46. Чем украшали елку в первое время?
    A) Свечами.　　　　　　　　B) Фонарями.
    C) Гирляндами.　　　　　　 D) Лампочками.
47. Зачем приезжают туристы в Берлин на Рождество?
    A) Чтобы научиться искусству украшать елку.
    B) Чтобы увидеть чудесную иллюминацию.
    C) Чтобы устроить рождественскую иллюминацию в Берлине.
    D) Чтобы экспонировать свою рождественскую елку в Берлине.
48. Как выглядит Париж в вечерние часы под Рождество?
    A) Весь город в рождественских огнях.
    B) Вечерний Париж напоминает большой базар.
    C) Париж перевоплощается в прелестную ярмарку.
    D) Париж выглядит таким же, как в. дневное время.
49. Чем открывается рождественский сезон в Торонто?
    A) Парадом рождественских огней.
    B) Конкурсом на лучшие музыкальные работы.
    C) Украшением огромной рождественской елки.
    D) Демонстрацией суперсовременных зданий.

Текст 2

    Букве «ё» исполняется 230 лет. Она по-прежнему необязательна в русском языке, и шансов на введение ее обязательного употребления мало. Буква «ё» является одной из самых необычных букв русского гражданского алфавита. У нее две особенности — во-первых, известна точная дата ее возникновения, во-вторых, ее употребление не является обязательным.

В русском языке «ё» используется для обозначения ударного гласного звука [о] после мягкого согласного или шипящего (в этом случае существует сложная система исключений). В начале слова «ё» означает звукосочетание [j] и ударного [о]. «Ё» в безударной позиции используется крайне редко: в заимствованиях и сложных словах типа «трёхчастный».

История ее появления многократно описана: 29 ноября 1783 года на обсуждении первого проекта толкового словаря русского языка в доме директора Академии наук княгини Екатерины Дашковой, у хозяйки возник вопрос: почему в слове «iолка» один звук передается двумя буквами. Там же была придумана новая буква для передачи этого звука. Впрочем, некоторое время изобретение буквы «ё» приписывалось Николаю Михайловичу Карамзину Деятели литературы конца XVIII века охотно употребляли букву в своих письмах и дневниках. Однако ее использование не было обязательным ни тогда, ни позднее. В середине 1940-х годов использование «ё» попытались сделать обязательным. По правилам 1956 года ее предписывалось печатать в специальньк текстах (то есть учебниках, в том числе для изучающих русский язык как иностранный), в географических названиях, а также в случаях, когда возможно неправильное прочтение.

В России движение за ёфикацию приобрело новую силу в середине 2000-х годов. В 2007 году Межведомственная комиссия по русскому языку при правительстве России рекомендовала использовать «ё» в случаях, когда возможно неправильное прочтение. В 2009 году Министерство образования и науки рекомендовало употреблять букву в учебниках. Все больше газет и журналов ёфицируются, например, с 2013 года обязательна к употреблению буква «ё» в журнале «Российская история».

В 2005 году в Ульяновске был установлен памятник этой букве. В 2010 году возник портал городских новостей Воронежа под названием «Моё». Затем Михаил Прохоров презентовал свой проект гибридного автомобиля под названием «Ё-мобиль». Однако пока машины этой марки на конвейер не вышли.

Реальная лингвистическая дискуссия о необходимости буквы «ё» весьма сложна. Аргументы сторонников в том, что в русском языке достаточно слов, которые значат разные вещи, но без постановки точек читаются одинаково, например «всё» и «все».

Пожалуй, наиболее последовательным союзником противников официальной ёфикации становится традиция — любое орфографическое новшество, даже самое объяснимое (как, например, отмена твердых знаков на конце слова в 1918 году), вызывает недовольство у носителей языка. Вероятно, поэтому в ближайшие годы не следует ждать официальной ефикации всего и вся. А вот введение более четких правил в отношении многострадальной буквы вполне вероятно.

50. В чем главная функция буквы «ё» в русском языке?
    A) Обозначать ударный звук [о] после согласных.
    B) Выполнять ту же функцию, что и буква [о].
    C) Указывать [о] в ударной позиции в заимствованных словах.
    D) Указывать [о] в ударной позиции после мягких согласных или шипящих.
51. Благодаря кому была изобретена буква «ё»?
    A) Автору первого толкового словаря русского языка.
    B) Известному писателю Н. М. Карамзину.
    C) Директору Академии наук Екатерине Дашковой.
    D) Деятелям литературы конца XVIII века.
52. С какого периода снова активизировалось использование буквы «ё»?
    A) С начала XX века.
    B) С начала XXI века.
    C) С 40-х годов XX века.
    D) С 50-х годов XX века.
53. Какая судьба ждет букву «ё»?
    A) Рано или поздно она исчезнет из русского языка.
    B) Скоро появится официальное постановление о ее ликвидации.
    C) Она постепенно заменится буквой «е».
    D) В ближайшее время существенных изменений не будет.

Текст 3

Большие города опасны для здоровья. В официальной психологии нет понятия «синдром мегаполиса», но специалисты говорят об основных симптомах этой болезни: чувство одиночества, агрессивность, хроническая усталость, депрессия.

Психологи говорят, что большие города, и Москва особенно, очень сильно отличаются от провинциальных городов. Вот простой пример: все знают о таком понятии как личное пространство. Но, как только человек заходит в метро, садится в автобус, пространство перестает быть личным. Другая серьезная проблема — одиночество в толпе. У нас есть электронная почта, всегда рядом мобильный телефон. Кажется, что общаться стало легче. но в то же время люди все реже говорят друг с другом, глядя в глаза друг другу. «В моей практике были случаи, — рассказывает один московский психолог, — молодые люди познакомятся через Интернет, болтают, переписываются все хорошо, но, когда встречаются, они вдруг понимают, что не могут общаться друг с другом».

Москвичам приходится быть максимально собранными — на работе, на дороге, везде. Когда челочек вынужден жить в таком состоянии долгое время, он накапливает в себе нервозность. И эту нервозность можно увидеть на лицах горожан, она делает их агрессивными.

Современные москвичи не похожи на москвичей советского периода. В середине двадцатого века Москва отличалась от других городов лучшим образованием, так как в Москве было больше высших и средних специальных учебных заведений. Здесь работали лучшие театры, музеи, самые интересные выставки, концерты. В провинин все это было недоступно. Жители столицы были более образованными людьми, они гордились этим. Сейчас ситуация кардинально изменилась. Люди, которые отовсюду едут в Москву, стремятся получить не культурные, а материальные ценности. Проблемы, которые появляются у них сегодня, связаны с постоянным желанием заработать больше денег. Жители столицы мечтают о высокой зарплате. Но всегда есть кто-то, кто зарабатывает больше, у кого квартира ближе к центру, а машина дороже. Поэтому многие москвичи чувствуют себя неудачниками. Традиционные духовные ценности забываются. Вместо этого сегодня важно показать не свой характер, интересы и знания, а свой толстый кошелек.

Бороться с влиянием большого города практически невозможно. Но все-таки есть способ облегчить ситуацию. Нужно научиться сбрасывать напряжение и негатив. Сама природа человека подсказывает, как это сделать. В последние годы москвичи, у которых есть дачи или загородные дома, предпочитают жить в Подмосковье. Они стараются быть ближе к природе, жить пусть в небольшом, но своем отдельном доме. Если дачи нет, то помогает какое-нибудь увлечение-хобби. Когда у человека есть хобби, он может отдохнуть, отвлечься, снять напряжение, занимаясь любимым делом. У него появляются и новые друзья-единомышленники. Общение с ними н родственниками — отличный рецепт против синдрома мегаполиса. Еще одно «лекарство» — домашние животные. Заботясь и ухаживая за ними, люди забывают обо всех неприятностях и проблемах, отдыхают не только физически, но и духовно.

Если все это вам не подходит, остается одно — прнять правила игры большого города. Стараться получать удовольствие от ежедневных поездок на общественном транспорте, не нервничать, а медитировать в автомобильных пробках. Привыкнуть к бизнес-ланчам и фаст-фуду вместо домашней еды. Отдыхать на дискотеках или в ночных клубах, а не в лесу или на рыбалке. И если вы чувствуете себя в такой жизни как рыба в воде — вам очень повезло.

54. Из-за чего люди в больших городах разучились общаться друг с другом?
    A) Из-за большой территории мегаполисов.
    B) Из-за отсутствия личного пространства.
    C) Из-за разрыва в социальном положении.
    D) Из-за современной техники.

55. Чем отличаются современные москвичи от москвичей советского периода?
    A) Свременные москвичи имеют лучшее образование.
    B) У современных москвичей нет времени на театры и музеи.
    C) Современные москвичи уже не так ценят духовное богатство.
    D) Современные москвичи зарабатывают меньше.

56. Какой способ предлагает автор для смягчения негативного влияния больших городов?
    A) Переселиться на окраину города и там найти обе новую работу.
    B) Найти для себя увлечения и посвятить им свободное время.
    C) Избегать общения с неприятными и проблемными людьми.
    D) Регулярно принимать лекарство против синдрома мегаполиса.

57. Как нужно понимать «принять правила игры большого города» в последнем абзаце текста?
    A) Приспособиться к жизни больших городов.
    B) Часто ездить на рыбалку в свободное время.
    C) Быть максимально собранным в автомобильных пробках.
    D) Строго соблюдать правила уличного движения.

Текст 4

К 2015 году Единый государственный экзамен станет более похожим на классические экзамены прошлого. Единый государственный экзамен, вызывающий дрожь у школьников, родителей и педагогов, ждут новые изменения, направленные на устранение его бесконечных, все время увеличивающихся недостатков. Впрочем, Минобрнауки не намерено форсировать нововведения — новшества, скорее всего, коснутся тех, кому предстоит сдавать ЕГЭ в 2015 году.

Как заявил глава Минобрнауки Дмитрий Ливанов, в текущем учебном году радикальных нововведений не планируется. В первую очередь это касается возможного возвращения в качестве экзаменационной дисциплины сочинения. Дискуссия о сочинении развернулась с новой силой после того, как президент России Владимир Путин после заседания Президентского совета по культуре и искусству отдал ряд поручений правительству, среди которых и введение в школах индивидуальных проектов в форме сочинения в связи с необходимостью повышения требований к результатам изучения русского языка и литературы.

Дискуссия на сей счет разгорелась жаркая. Выяснилось, что в преподавательской среде противников сочинения не меньше, чем сторонников. По мнению негативно настроенных учителей, оценка за сочинение может быть необъективной, так как трудно определить четкие критерии хорошего сочинения. Правда, сторонники сочинения упрекают оппонентов в том, что те попросту не хотят работать. Мол, тем, кто приспособился к диктантам и натаскиванию детей на ЕГЭ, чрезвычайно трудно будет перестроиться на более сложную форму.

Дмитрий Ливанов сказал, что в настоящее время рассмотрение возможных вариантов возвращения сочинения в программу экзаменов продолжается. Возможны три формы введения сочинения. Согласно первому варианту, это будет форма промежуточной аттестации, которая станет допуском к ЕГЭ. Второй вариант предполагает, что сочинение станет частью самого ЕГЭ. Причем не в укороченной форме, которая присутствует в современной версии ЕГЭ, а в полноценном виде. Третий вариант ближе к университетскому — он предполагает, что сочинение превратится в настоящий «дипломный проект», который будет выполняться учениками 11-го класса в течение нескольких месяцев. В итоге же школьнику предстоит защищать свою работу перед комиссией, как это делается в вузе.

Согласно информации «известий», ЕГЭ-2015 будет предусматривать возможность устных ответов на экзамене. Для этого в ЕГЭ будет введен целый новый раздел «говорение».

Выглядеть это должно примерно так: экзаменуемый заходит в аудиторию, оборудованную средствами цифровой аудиозаписи, получает задание и дает устный ответ. По окончании ответа экзаменуемому дадут возможность прослушать запись, которая станет «железным» доказательством продемонстрированных выпускником знаний.

Одним «Говорением» дело не ограничится, Еще один раздел будет называться «Аудирование». В этой части ЕГЭ экзаменуемым будут предлагаться задания, которые следует воспринимать на слух, после чего выполнять. Задания планируется дважды воспроизводить с аудионосителя, для исключения возможности неверного понимания.

Если «Говорение» и «Аудирование» действительно появятся в ЕГЭ, это намного приблизит его к классической форме экзаменов. Причем даже в усовершенствованном виде — экзаменаторы прошлого не имели в руках запись ответа, а в нынешнем виде шансов для ловкачей станет еще меньше.

58. Как изменится ЕГЭ к 2015 году?
    A) Не будет никаких новшеств в ЕГЭ.
    B) Ожидаются радикальные нововведения в ЕГЭ.
    C) ЕГЭ станет более похожим на классические экзамены.
    D) ЕГЭ станет совсем не похожим на классические экзамены.

59. Что служит доводом для противников введения сочинения в ЕГЭ?
    A) Это лишняя нагрузка для поступающих в вуз.
    B) Учителям трудно освоить новую программу ЕГЭ.
    C) Это может вызвать негативное настроение у учителей.
    D) Трудно определить объективные критерии для оценки сочинении.

60. Какое высказывание о вариантах сочинения соответствует содержанию текста?
    A) Согласно первому варианту, сочинение пишут до ЕГЭ.
    B) Согласно второму варианту, сочинение пишут в укороченной форме.
    C) Согласно третьему варианту, сочинение пишут вместо дипломной работы.
    D) Абитуриенты имеют право выбрать один из трех вариантов.

61. Как будет проходить экзамен «Говорение»?
    A) Экзаменуемые проводят дискуссию между собой.
    B) Экзаменуемые получают задания и дают устный ответ.
    C) Экзаменуемые пишут диктант и отвечают на заданные вопросы.
    D) Между экзаменуемыми и экзаменаторами проходит свободная беседа.

Текст 5

Около десяти лет назад появились так называемые трансгенные продукты. Российские потребители узнали о них сравнительно недавно. А узнав, забили тревогу: измененная генная информация, попадающая в организм человека с пищей, очень опасна для будущих поколений.

Насколько это опасно — покажет время. Ученые пока ничего не говорят о вреде или пользе таких продуктов. Они пока молчат, хотя не все ученые уверены в безопасности модифицированных продуктов.

Однако едва ли стоит надеяться, что человечество откажется от генного модифицирования. Уж очень большие перспективы открывает это научное направление для сельского хозяйства, пищевой промышленности, медицины и для мировой экономики.

Все десять лет существования модифицированные продукты вызывают в мире споры. Страны Европейского союза, волнуясь за будущие поколения, объявили у себя временный запрет на ввод новых трансгенов. Решено подождать и убедиться на практике, что такие трансгенные продукты действительно безопасны. Те же модифицированные растения и продукты, которые уже есть на рынке, непременно маркируются, чтобы покупатели могли делать выбор. В отличие от европейцев американцы, австралийцы и жители еще многих стран даже не помечают трансгены.

В то же время мир периодически узнает очередную страшную историю о воздействии на здоровье генетически измененных продуктов. Например, сравнительно недавно в Америке после нескольких отравлений возник «кукурузный скандал». Модифицированная кукуруза содержала ген, способный привести к смерти.

Многие считают трансгены потенциально опасными и уверены, что потребители должны о них знать как можно больше. И обязательно отличать их от обычных продуктов с помощью специальной маркировки. В России существует перечень разрешенных Минздравом продуктов с генной модификацией. В нем сейчас более пятидесяти наименований. Пока, говорят специалисты, это импортная продукция: прежде всего соя, фрукты и овощи. Их, естественно, добавляют в разнообразную пищу — колбасу, мясные, кондитерские изделия, макароны и так далее. На всех этих товарах должна быть специальная маркировка.

Кстати, в отличие от крупных отечественных фирм-производителей, маркирующих свои продукты, в состав которых входят модифицированные плоды и растения, более мелкие фирмы этого не делают. Тем более вряд ли найдется такое кафе или ресторан, где в меню есть соответствующие пометки. Наша проблема в том, что мы не знаем, что мы едим. Нам не оставлено возможности выбора для себя и своих детей, хотим ли мы рисковать. В наше время процент врожденных генетических отклонений и уродств постоянно растет. И в последние годы, согласно статистике, — почему-то особенно бурно.

62. Как россияне относятся к трансгенным продуктам?

А) Они отказываются от них.

B) Они относятся к ним безразлично.

C) Они проявляют некоторое беспокойство.

D) Они положительно их воспринимают.

63. Почему трансгенные продукты существуют и будут существовать?

A) Трансгенные продукты не вызывают никаких споров.

B) Ученые уверены в безопасности трансгенных продуктов.

C) Практика показывает, что они действительно безопасны.

D) Они открывают большие перспективы для производства и потребления.

64. Как страны ЕС относятся к новым трансгенным продуктам?

A) Они не помечают трансгены на продуктах.

B) Они объявили временный запрет на ввод новых трансгенов.

C) Они продолжают импортировать трансгенные продукты.

D) Они окончательно отказались от всех новых трансгенов.

65. Как обстоит дело с маркировкой трансгенных продуктов в России?

A) Не все производители указывают трансгены на своих продуктах.

B) В меню кафе и ресторанов есть соответствующпе пометки.

C) На всех товарах есть специальная пометка.

D) Ни на каких продуктах не указывают трансгены.

ПЕРЕВОД
(20 баллов, 45 минут)

1. Переведите следующий текст на китайский язык.

Линейно ориентированные в отношении ко времени западные люди представляют свою жизнь как дорогу, по которой нужно следовать вперед с определенной скоростью, от цели к цели.

В отличие от европейцев время для русских связано не с поставленными целями, а скорее, с людьми и событиями. Причем активные натуры предпочитают заниматься сразу несколькими делами, и именно такая жизнь представляется им интересной и насыщенной. Распределяя свои дела по порядку, русские прежде всего учитывают не их практическую пользу, а то, какое эмоциональное и личное значение будут иметь такие дела в их жизни. Лучшая форма инвестирования времени для них — межличностное взаимодействие. Таким образом, распределение времени у русских подчинено скорее не делу, а эмоциям.

2. **Переведите следующий текст на русский язык.**

中秋节是中国的传统节日之一。农历八月十五晚上，一家人团聚在一起赏月并品尝月饼。月饼是一种圆形甜饼，象征着团圆和安康。

赏月传统从远古时代就形成了，在唐代开始盛行。很多诗人写下了咏月的诗句，在民间也流传着很多有关月亮的美丽传说。

СОЧИНЕНИЕ
（20 баллов, 40 минут）

1. **Прочитайте и изложите свое мнение по прочитанному** (не меньше 180 слов).

Развитие экономики нередко приводит к ухудшению экологии. Как вы думаете, что нужно делать, чтобы рост экономики и защита окружающей среды «мирно сосуществовали»?

2. **Составьте текст-приглашение на вечер художественной самодеятельности, который скоро состоится на вашем факультете.**

2014年俄语专八真题解析

1. 语法、词汇和修辞试题答案

16. C	17. A	18. B	19. C	20. A	21. C	22. B	23. C	24. D
25. A	26. D	27. B	28. B	29. C	30. C	31. B	32. A	33. B

2. 文学知识试题答案

34. C	35. B	36. A	37. C	38. B	39. A

3. 国情知识试题答案

40. B	41. A	42. D	43. A	44. C	45. B

试题 1-3 答案解析

16. 正确选项为 C）。该题考查带让步从句的主从复合句的用法。本句译文：物理、化学、医学、商贸，无论哪个领域都装备了电脑。判定四个选项中应该用哪个选项，涉及两方面的问题。首先句中有疑问代词 какую（отрасль），说明 A）не возьми 和 D）не возьмут 可以排除，因为两者习惯上不能搭配。而 B）ни возьмут 呢，由于句中没有相应的复数第三人称主语，故也不能用。只有单数第二人称命令式 ни возьми 可以跟 какую（отрасль）搭配，表示"不管你说到什么领域"，所以 C）是正确答案。

17. 正确选项为 A）。该题考查连接词的用法。本句译文：伦敦如果说不是每天都有雾，那隔天一定有。"если не..., то..."表示"如果不……，那也/至少也……"。根据句子要表达的实际意思，A）是正确答案。

18. 正确选项为 B）。该题考查无人称动词的用法。本句译文：如果你现在就被湿气所包围，那病情就会马上反复。本句中，由于没有复数形式的主语，故可以排除 A）охватят, C）охватили 和 D）охвачены 这三个复数形式的谓语。由于 охватить 可用无人称形式（单数第三人称）+ чем 表示（火焰、黑暗等）笼罩某人某物（кого-что）和（思想、感情）充满、纠缠、支配某人（кого）。如：Пламя охватило здание. 火焰笼罩了整个建筑物。Нас охватила безграничная радость. 我们心中充满了无限的喜悦。故根据词义和句子要表达的实际意思，B）охватит 是正确答案。

19. 正确选项为 C）。该题考查形近词的用法。本句译文：这部小说看似简单却蕴藏着深意,并不是所有读者都能理解的。A)оказаться каким,кем-чем 表示"(实际上)是,原来是。";B)оказать что 表示"予以,给以,加以(与某些名词连用,往往等于该名词的同义动词)" ~ помощь(予以)帮助 ~ влияние 影响;C)казаться кому-чему,кем-чем 或 каким 表示"看起来像,样子像,好像是;显得";D)показывать кого-что кому-чему 表示"把……给……看,让……看看,指给……看;出示" ~ кому письмо 把信给……看。根据词义和句子要表达的实际意思,C)是正确答案。

20. 正确选项为 A)。该题考查连接词的习惯用法。本句译文:面对既成环境,马特维耶夫与其说是感到沮丧,不如说是感到惊讶。"не столько..., сколько"表示"与其说……,不如说……"。所以 A)是正确答案。

21. 正确选项为 C)。该题考查形近词的用法。本句译文:消除乌多尔区特大交通事故的后果只用了42分钟。A)наследство 表示"遗产";B)вследствие 为前置词(接二格)表示"因,因为,由于";C)последствия 表示"后果,结果";D)следствия 表示"结论;结果"。根据词义和句子要表达的实际意思,C)是正确答案。

22. 正确选项为 B)。该题考查命令式表示虚拟条件意义的用法。本句译文:世界上的一切都开始与电和电脑有关,如果在这个方面出问题,生活就会停止。主句中有 остановилась бы,这说明从句谓语应该用虚拟条件式,这样即可排除 C)случиться 和 D)случившись,而 A)случилось 如带 бы 的话,是可以用的,但它没有,这样也可排除。而第二人称命令式单数形式正可以替代 случилось бы 表示虚拟条件意义,所以 B)是正确答案。

23. 正确选项为 C)。该题考查固定词组的用法。本句译文:提到中国文化,任何人都会想到孔子这个名字。表示"想到……,回想起……"的意思应用 кому прийти на память 表示,所以 C)是正确答案。

24. 正确选项为 D)。该题考查动词的搭配。本句译文:很多专家意见一致:手机上瘾比电脑依赖症更危险。сходиться в чём 或 чем(在…方面)一致,相投,相合 ~ во вкусах 趣味相投. ~ характерами 性情相投. ~ мнением 意见一致,所以 D)是正确答案。

25. 正确选项为 A)。该题考查固定搭配。本句译文:不用谢我,我就是治病救人的医生。表示"是医生就应该治病救人"应用 на то и..., чтобы... 结构。所以 A)是正确答案。

26. 正确选项为 D)。该题考查近义词的词义辨析。本句译文:转入另一项工作,除法律规定的情形外,必须得到工作人员的书面同意。A)исключая"除……之外"做前置词用,与动物名词连用接二格或四格,而与非动物名词连用时接四格,如:Все с ним были согласны, исключая жены. 除了妻子外,所有的人都同意她的意见。Работали всю неделю, исключая праздники. 除了节日之外,干了一周的活。本题中 случаев 是第二格,语法上与 исключая 不搭配。B)без исключения 指"毫无例外",与句意不符。C)исключив 是完成体副动词形式,在没有主要动作动词时不能使用。请看可以使用的实例:Исключив эти продукты из рациона, вы станете на несколько шагов ближе к своей цели — похудению. 从每日饮食中去掉这些食物,您就离自己的减配目标近了几步。Правда ли, что, исключив из рациона соль, можно есть всё и при этом не полнеть и даже худеть? 这是真的吗,在每天的饮食中去掉盐就可以什么都吃,而且不会胖甚至还会瘦? D)за исключением 表示"除……以外"(属书面语)接名词二格,意义和搭配关系都符合本题,所以 D)是正确答案。

27. 正确选项为 B)。该题考查近义词辨析。本句译文:太好了,今年复活节正好赶上五月长假期。首先,由于句中有前置词结构 на каникулы,根据搭配规则即可排除 A)прийти"来到;来临"和 D)наступить"(时间)来临,降临,到来;(状态)开始"。其次,B)выпасть на что 表示"碰上,赶上"和 C)попасть 表示"来到;进入;(无意中)来到"都可以跟前置词结构 на...搭配,但根据词义和句子要表达的实际意思,B)是正确答案。

28. 正确选项为 B)。该题考查形近词辨析。本句译文:如果您期待对功勋下定义,去找我们的瓦列里,他喜欢给一切下定义。A)оформлять 表示"使形成,使成形"~ что в систему 使……形成体系,~ договор 使合同成形;B)формулировать 表示"指用合乎逻辑的语言简明地阐述原理、论点、结论、下定义等";C)формировать 表示"使具有(某种)形状;使定形,使完善,使形成"~ произведение 使作品定形 ~ мировозрение 形成世界观;D)функционировать 表示"起作用,发挥职能"。根据词义和句子要表达的实际意思,B)是正确答案。

29. 正确选项为 C)。该题考查形近词组辨析。本句译文:他一夜没能入眠,但第二天他还是动身上路了。A)тем более 表示"何况,尤其,更(加)";B)более или менее 表示"多多少少的,一定程度的,比较……的,大致,大体,有所,相当";C)тем не менее 表示"虽然如此,但是,然而";D)тем более что 连接词表示"尤其是;因为;况且"。根据词义和句子要表达的实际意思,C)是正确答案。

30. 正确选项为 D)。该题考查副词意义的辨析和使用。本句译文:去别墅前,瓦西里耶娃请求提前开三个月的药。所给几个词单纯从汉语译文来识别其间区别(即是否可以用于句中)是很困难的,必须从俄语词本身的实际意义来考查。首先,A)дальше,B)подряд,C)вперед 都是跟动词本身发生意义联系的。A)дальше 表示动作在……之后接着做下去,显然开药的动作不能接下去再做三个月,所以此词可以排除。B)подряд 表示动作"接连不断(地)"做,病人开药也不能三个月里反复来开,句子表示的不是这个意思,所以这个副词不能用。C)вперед 表示动作"预先,提前"做,句中如果用这个词,表示的是"开药的动作提前三个月进行",而这是不可能的,所以此词也不能用。只有 D)впереди

可以表示动作所涉及的某事物"将来、以后"继续存在若干时间。根据句子要表达的意思,D)是正确答案。

31. 正确选项为 D)。该题考查对形近词的正确理解和使用。本句译文:实践表明,用互换传真的方式签署合同可能导致以后的误解。区别这几个词,要从俄语词本身的实质意义来考虑。A) следующий 表示句中同样事物"紧在后面的,下一个的",用这个词就表示下一个或几个合同会发生误解,所以不能用。B) последний 表示事物是已经发生和存在的,即"最后的,最近的,上次的,最新的",如:~ сеанс 最后一场(电影等) ~ ее заседание 上次会议 ~ ие новости 最新消息等,本句所指"误解"是将来才可能发生的,因而此词意义与本句不符。C) последовательный 表示动作或状态本身是"连续的,一贯的",但不是以后才发生的,故也不能用于此句。D) последующий 表示"随后的,以后的",Его последующие произведения не имели успеха. 他此后的作品都不成功。根据词义和句子的言语逻辑,D)是正确答案。

32. 正确选项为 A)。该题考查修辞手法的正确识别。本句译文:在丘特切夫的诗句中"山下湛蓝的湖水像镜面"运用了比喻的修辞手法。A)表示"比喻";B)表示"换喻,借代";C)表示"隐喻";D)表示"拟人"。根据句子表达所用的实际修辞手法,A)是正确答案。

33. 正确选项为 B)。该题考查对不同语体实际题材的正确识别。本句译文:公文事务语体体现在申请书、收据、通知、邀请函等题材中。A)科技语体;B)公文事务语体;C)日常口语体;D)报刊政论语体。根据句中所列题材所体现出的实际语体特点,B)是正确答案。

34. 正确选项为 C)。本句译文:舒克申不仅在文学创作方面获得了巨大的成功,而且在电影艺术方面也获得广泛赞誉。瓦西里·马卡罗维奇·舒克申,俄罗斯作家、电影导演、演员。他参加过25部电影的演出,凭借自编自导的影片《有这么一个小伙子》,获得第十六届威尼斯电影节金狮奖。作为作家,舒克申也颇有成就。一生写过两部长篇小说;7 部中篇小说(包括他独创的电影小说和话剧小说);125 篇短篇小说以及多部电影剧本。在众多创作中,以短篇小说最具影响,也最能代表其艺术风格。在苏联批评界,他通常被称作"农村作家"。所以 C)是正确答案。

35. 正确选项为 B)。本句译文:契诃夫在短篇小说《变色龙》里揭示了见风使舵、趋炎附势的小人。《变色龙》是俄国作家契诃夫早期创作的一篇讽刺小说。在这篇著名的小说里,他以精湛的艺术手法,塑造了一个专横跋扈、欺下媚上、见风使舵的沙皇专制制度走狗奥楚蔑洛夫的典型形象,具有广泛的艺术概括性。小说的名字起得十分巧妙。变色龙本是一种蜥蜴类的四脚爬行动物,能够根据四周物体的颜色改变自己的肤色,以防其它动物的侵害。作者在这里是只取其

"变色"的特性,用以概括社会上的一种人。所以 B)是正确答案。

36. 正确选项为 A)。本句译文:肖洛霍夫著名小说《一个人的遭遇》的主人公是安德烈.索科洛夫。《一个人的遭遇》(又译《人的命运》)是作家米哈伊尔·肖洛霍夫于1956年创作的连载短篇小说,发表于前苏联党报《真理报》。它讲述了战争给个人生活带来的悲剧故事,索科洛夫在战场上被俘,在战俘营做苦工,最后他失去了所有亲人和温暖的家庭,但索科洛夫并没有失去生活的意志,有一天在火车站看到一名孤儿,于是两人相依为命。这部小说的发表,被看成是前苏联五十年代中后期解冻文学的信号,从此,前苏联大面积出现反思社会黑暗的,反对官僚主义的作品。所以 A)是正确答案。

37. 正确选项为 C)。本句译文:名言"幸福的人不看钟"出自《聪明误》。《聪明误》这部不朽的喜剧著作,是俄罗斯诗歌剧中最杰出的作品。其作者 A.C.格里鲍耶陀夫是一位天才的作家,是俄罗斯现实主义的奠基人之一。作为他所处的那个时代先进的活动家和思想家,格里鲍耶多夫对俄罗斯民族文化的发展产生了深远的影响。别林斯基称赞《聪明误》是一个天才人物最崇高的创作。所以 C)是正确答案。

38. 正确选项为 B)。本句译文:普希金的《别尔金小说集》不包括《杜布罗夫斯基》。短篇集共收入《射击》(«Выстрел»)、《大风雪》(«Метель»)、《棺材商人》(«Гробовщик»)、《小姐——乡下姑娘》(«Барышня-крестьянка»)和《驿站长》(«Станционный смотритель»)五个短篇。这些短篇均写于 1830 年 9 月,均用"伊凡·彼得罗维奇·别尔金"为笔名,因而成集时定名为《别尔金小说集》。所以 B)是正确答案。

39. 正确选项为 A)。本句译文:作为萨尔迪科夫.谢德林风格的继承者,小说家、剧作家布尔加科夫善于在讽刺和梦幻中表现自己的文学才华。布尔加科夫是"白银时代"的重要作家,被世界公认为 20 世纪俄罗斯文学的经典作家。同时也在一定程度上被认为是魔幻现实主义的鼻祖。所以 A)是正确答案。

40. 正确选项为 B)。本句译文:目前上海合作组织有六个成员国。上海合作组织,简称上合组织,是哈萨克斯坦共和国、中华人民共和国、吉尔吉斯共和国、俄罗斯联邦、塔吉克斯坦共和国、乌兹别克斯坦共和国于 2001 年 6 月 15 日在中国上海宣布成立的永久性政府间国际组织。所以 B)是正确答案。

41. 正确选项为 A)。本句译文:到 2014 年底,莫斯科将建成儿童诗人、前苏联及俄罗斯联邦国歌歌词作者米哈尔科夫的纪念碑。米哈尔科夫是前苏联和俄罗斯国歌歌词 3 个版本的作者,儿童文学家、寓言及讽刺作家和剧作家,斯大林文学奖的多次得主。所以 A)是正确答案。

42. 正确选项为 D)。本句译文:俄罗斯联邦加里宁格勒州与立陶宛和波兰接壤。加里宁格勒州是俄罗斯联邦最小的州,它位于俄罗斯的西部边境、有着与其它地区相比独特的地理状况。加里宁格勒州南邻波兰,东北部和东部与立陶宛接壤。所以D)是正确答案。

43. 正确选项为A)。本句译文:2013年12月俄罗斯中央银行确定以符号₽为本国货币符号。人民币:¥;美元:$;欧元:€。所以A)是正确答案。

44. 正确选项为C)。本句译文:很多年以来,克拉姆科依都是巡回艺术展览画派的精神领袖和组织者。巡回展览画派是1870年至1923年间由俄国**现实主义**画家组成的集体,成立于彼得堡,发起人为伊万·尼古拉耶维奇·克拉姆斯柯依、瓦西里·格里高里耶维奇。彼罗夫、米亚索耶多夫等人。19世纪70年代,随着俄国批判现实主义文学运动的高涨,出现了著名的**现实主义画派**——巡回展览画派。它的创始者便是克拉姆斯科依。所以C)是正确答案。

45. 正确选项为B)。本句译文:2013年12月23日AK–47冲锋枪传奇设计者卡拉什尼科夫去世,享年94岁。<u>AK–47</u>是由苏联枪械设计师米哈伊尔·季莫费耶维奇·卡拉什尼科夫(Михаил Тимофеевич Калашников)设计的<u>自动步枪</u>。AK是Автомат Калашникова("自动步枪"的首字母缩写)<u>卡拉什尼科夫</u>1947年制造的自动步枪。是前苏联的第一代突击步枪。AK47算得上是全球局部战争中使用人数最多的武器。所以B)是正确答案。

☞ 4. 阅读理解答案

| 46. A | 47. B | 48. A | 49. B | 50. D | 51. B | 52. B | 53. D | 54. D | 55. C |
| 56. B | 57. A | 58. C | 59. D | 60. A | 61. B | 62. C | 63. D | 64. B | 65. A |

☞ 5. 翻译答案

1) 俄译汉:

对时间进行线性定位的西方人把人生看成一条路,沿着这条路向前走需要有一定的速度,从一个目标走向另一个目标。

与欧洲人不同,对于俄罗斯人来说时间与既定的目标无关,而是更多地与人和事相关。积极的天性使他们更喜欢同时作几件事,正是这种生活让他们感到更有趣和充实。安排做事先后顺序时,俄罗斯人首先考虑的不是他们的实际利益,而是这些事在他们的生活中具有什么样的情感和意义。对他们来说,时间投资的最佳形式是人际关系。所以,俄罗斯人安排时间经常不是依据事情而是情感。

2) 汉译俄:

Праздник Луны — один из традиционных праздников в Китае. Вечером 15-го августа по лунному календарю вся семья собирается вместе, любуется луной и едят Юебин. Юебин — круглые сладкие пироги, символизирующие встречу всех членов семьи и благополучие.

Традиция любоваться луной сформировалась в древние времена и стала особенно популярной с династии Тан. Поэты много слагали стихотворения о луне, а в народе ходят красивые предания о ней.

2015年俄语专八真题

ЗНАНИЯ ПО РУССКОМУ ЯЗЫКУ
(15 баллов, 20 минут)

Прочитайте предложения. Выберите правильный вариант и отметьте соответствующую букву на матрице.

ГРАММАТИКА, ЛЕКСИКА И СТИЛИСТИКА

16. Иванову нужно было сдавать вступительные экзамены в университет, _____ он и приехал в город.
    A) что   B) чтобы
    C) когда   D) зачем

17. _____ выступить перед большой и незнакомой аудиторией, мне надо набраться смелости.
    A) Прежде чем   B) С тех пор как
    C) После того как   D) Как только

18. Новый выставочный центр находится _____ федеральной трассы Москва — Санкт-Петербург.
    A) на 115 километрах   B) в 115-м километре
    C) на 115-м километре   D) в 115 километрах

19. Не надо бояться беспокоить врача. Он _____ врач, чтобы больных лечить.
    A) за то и   B) на то и
    C) поэтому и   D) потому и

20. Каждый год _____ заболевают миллионы людей — среди них те, кто курит, и те, кто только вдыхает табачный дым.
    A) при курении B) от курения
    C) с курением   D) для курения

21. Стоит нам попытаться воплотить свою мечту в реальность, _____ мы сталкиваемся со множеством проблем.
    A) как   B) чтобы
    C) если   D) хотя

22. В новом фильме молодого режиссера показан странный мир, но вполне _____ зрителем.
    A) узнающий   B) узнаваемый
    C) узнанный   D) узнавший
23. Московское «Динамо» _____ четвертую победу в Лиге Европы.
    A) потерпело   B) одержало
    C) совершило   D) пережило
24. Зимнее время было _____ с осени 2011 года по инициативе экс-прездента Дмитрия Медведева.
    A) отменено   B) отнято
    C) отмечено   D) отнесено
25. Каждый пятый россиянин готов попробовать себя _____ предпринимателя, открыть свое дело.
    A) на роли   B) в роли
    C) к роли   D) с ролью
26. Сегодня _____ обязанности губернатора края В. Молчанов приступил к работе.
    A) заполняющий   B) наполняющий
    C) выполняющий   D) исполняющий
27. Через 3 дня мы поняли, что задача _____ труднее, чем мы думали.
    A) куда   B) как можно
    C) как   D) как нельзя
28. За девять месяцев текущего года Москву посетили 2,6 млн иностранных гостей, что на 15% меньше, чем за _____ период предыдущего года.
    A) сходный   B) подобный
    C) аналогичный D) похожий
29. Ректор очень занят, но _____ он всегда находит время для встречи со студентами.
    A) тем более   B) более того
    C) тем не менее   D) более или менее
30. Они воспринимают друг друга как людей, на которых вполне можно _____.
    A) доверить   B) положить
    C) довериться   D) положиться
31. Присущая Третьякову _____ взгляда на искусство нашла отражение в созданной им экспозиции.

· 208 ·

A) ширина B) длина
C) широта D) длинна

32. Фразеологизм «семь пятниц на неделе» говорит о человеке, который _____.

A) работает эффективно B) постоянно меняет свои решения
C) живет напряженной жизнью D) любит хвастаться перед людьми

33. В строке М. Горького «Эта толпа походила на огромную серую птицу» используется стилистический прием _____.

A) метонимия B) сравнение
C) метафора D) олицетворение

ЛИТЕРАТУРА

34. Роман _____ принес Ф. М. Достоевскому первый успех. Белинский высоко оценил его как первый в русской литературе опыт социального романа.

A) «Белые ночи» B) «Униженные и оскорбленные»
C) «Бедные люди» D) «Записки ш Мертвого дома»

35. В начале 1918 г. А. А. Блок написал свою последнюю поэму «Двенадцать», посвященную теме _____.

A) Прекрасной дамы B) Октябрьской революции
C) русской природы D) семейной жизни

36. _____ является автором знаменитых статей «Что такое обломовщина» и «Луч света в темном царстве».

A) И. С. Тургенев B) В. Г. Белинский
C) Н. А. Добролюбов D) Д. Н. Писарев

37. В цикле рассказов «Записки охотника» И. С. Тургенева каждый из рассказов поднимает одну из важнейших проблем того времени, это — _____.

A) семейная проблема B) человек и природа
C) взаимоотношения влюбленных D) борьба с крепостным правом

38. Литературные направления _____ зародились в «золотом веке» русской литературы.

A) романтизм, классицизм B) романтизм, реализм
C) классицизм, сентиментализм D) сентиментализм, реализм

39. В 2014 г. в России и во многих странах мира торжественно отмечали 200-летие со дня рождения великого русского поэта _____.

A) Ф. И. Тютчева B) А. С. Пушкина

C) А. А. Фета   D) М. Ю. Лермонтова

СТРАНОВЕДЕНИЕ

40. Мурманск, один из крупнейших российских портов, расположен за Северным полярным кругом, на побережье _____.
    A) Чукотского моря   B) Баренцева моря
    C) Белого моря   D) Балтийского моря

41. Из перечисленных стран _____ имеют общую государственную границу с Россией.
    A) Армения, Грузия, Азербайджан
    B) Казахстан, Узбекистан, Кыргызстан
    C) Литва, Латвия, Эстония
    D) Беларусь, Украина, Грузия

42. Начиная с 2005 года, 4 ноября в России отмечается государственный праздник _____.
    A) День космонавтики   B) День народного единства
    C) День знаний   D) День Конституции

43. 21 сентября 2011 года В. И. Матвиенко была избрана Председателем _____.
    A) Совета Федерации   B) правительства РФ
    C) Государственной Думы   D) Федерального Собрания

44. Картина «Девочка с персиками» принадлежит кисти _____.
    A) И. Е. Репина   B) В. С. Серова
    C) И. И. Левитана   D) И. Н. Крамского

45. _____ является основателем русской балетной школы XX века.
    A) А. Я. Ваганова   B) Г. С. Уланова
    C) С. В. Рахманинов   D) М. П. Мусоргский

ЧТЕНИЕ
(20 баллов, 35 минут)

Прочитайте тексты и задания. Выберите правильный вариант и отметьте соответствующую букву на матрице.

Текст 1

Чистота Сочи — не от мира сего. Такой чистоты в России еще не видали.

Сочи стал импортным европейским городом. Улицы и тротуары мыты, грязненькие ларьки и шашлычницы убрали. Таким мы видели Сочи на экранах телевизоров во время Олимпиады, но тогда город был заполнен спортсменами, болельщиками и силами безопасности. Сейчас толпы схлынули, а чистота осталась. Жители Сочи и одеваться стали почище, и вести себя посдержаннее.

Впрочем, народу немного. Приезжего из Москвы пустота поражает — ни тебе пробок, ни толп. Спокойные жители города и его гости чинно гуляют по чистым улицам. Подземные переходы снабжены пандусами для спуска-подъема колясок и велосипедов, переходы-«зебры» оснащены динамиками, которые сообщают пешеходу, когда безопасно пуститься в путь и когда переход следует завершить. Множество подробных дорожных указателей подсказывают, как дойти до театра или библиотеки.

Пробок нет — а в доолимпийском Сочи пробки были каждодневным злом, и казалось, что им не будет конца. Ведь город Сочи вытянулся на сто с лишним километров, прижатый горами к морю. Но были построены объездные дороги и развязки, и пробки рассосались.

Кафе и рестораны заметно дешевле, чем в столицах, хотя когда-то Сочи лидировал по ценам. Наверху, на Красной поляне, видно процветание — дома хорошие, крыши новые, магазины, рестораны, отели известных мировых брендов. Многие из них закрыты — сейчас лыжный сезон заканчивается, хотя последние энтузиасты еще катят на подъемниках в гору со своими сноубордами под мышкой.

Гостиниц в Сочи понастроили массу в последние годы. Сочи — первый российский город, где есть достаточно номеров и где их цена реально пошла вниз. Можно остановиться в приличном отеле за две тысячи рублей, а то и меньше. «Золотое кольцо» — гораздо дороже.

В целом, жители Сочи выиграли от олимпийской стройки — хотя поначалу это всем не было очевидно. Известная сочинская писательница Вероника Кунгурцева, которая котда-то выступала против проведения Олимпиады в Сочи, опасаясь, что город потеряет свое историческое лицо и что местные жители будут вытеснены подрядчиками и застройщиками, сейчас соглашается, что результат оказался лучше, чем она ожидала. К известным достопримечательностям Сочи проложили и заасфальтировали дороги, и люди стали охотнее селиться и строиться в горах, а не только в узкой приморской полосе.

Время покажет, оправдал ли себя строительный бум — в городе построили много высотных зданий с апартаментами, и они еще далеко не распроданы. Есть дома, которые пустуют и по пять лет, как и в Москве — видимо, это квартиры, скупленные инвесторами и спекулянтами, надеющимися выгодно вложить деньги и продать на пике. Пустуют и роскошные советские санатории. Помните лестницы, ведущие к морю, сады, фонтаны, лепнина залов и комнат? Они закрыты, их персонал уволен и будущее этих шедевров архитектуры с гигантскими территориями и замысловатыми садами остается неясным.

Сочинские предприниматели с опаской ожидают рывка крымского туризма Не увлечет ли возвращенный полуостров потенциальных гостей? Они рассчитывают, что новая инфраструктура и олимпийская рекламная кампания позволят Сочи успешно пройти наступающий летний туристский сезон. Посмотрим и увидим!

46. Как вы думаете, когда была написана эта статья?
    A) После зимней Олимпиады в Сочи.
    B) Во время зимней Олимпиады в Сочи.
    C) Накануне зимней Олимпиады в Сочи.
    D) Во время строительного бума в Сочи.

47. Каким образом в Сочи решили проблему пробок на дорогах?
    A) Расширили приморскую полосу.
    B) Построили объездные дороги и развязки.
    C) Поставили множество дорожных указателей.
    D) Увеличили количество подземных переходов.

48. Как обстоят дела с гостиницами в Сочи?
    A) Гостиниц много, но отелей мировых брендов мало.
    B) Гостиничных номеров достаточно, и их цена доступна.
    C) Уровень сервиса повысился, но число гостиниц сократилось.
    D) Цена в приличных отелях в Сочи дороже, чем на «Золотом кольце».

49. Почему некоторые квартиры в Сочи постоянно пустуют?
    A) Они еще не проданы из-за завышенной цены.
    B) Они предназначены для летнего туристского сезона.
    C) Владельцы хотят продать их по более высокой цене.
    D) Спекулянты ждут шанса купить их по более низкой цене.

Текст 2

Большинство из нас считают, что быть дизайнером может каждый — подумаешь, переставить мебель в квартире, подобрать обои или шторы. Однако дязайн — понятие, скорее, философское и означает единение материального с духовным, то есть полную гармонию во всем.

Слово design (дизайн) появилось впервые около четырех веков назад и однозначно употреблялось во всей Европе. Оксфордский словарь 1588 года дает такую интерпретацию этого слова: «Задуманный человеком план или схема чего-то, что будет реализовано, первый набросок будущего произведения искусства».

В советские времена специальности дизайнера у нас в стране просто не существовало. Архитекторы-проектировщики «штамповали» типовые жилые районы, магазины, школы, детские сады и кинотеатры, не отличавшиеся разнообразием ни внешней, ни внутренней отделки. Ныне дизайнер — одна из самых востребованных профессий.

Дизайнеры работают в самых разнообразных сферах, где обычные навыки проектирования могут проявляться в меньшей степени. В каких только областях не работают дизайнеры: дизайнеры автомобилей, дизайнеры декораций, дизайнеры-модельеры, дизайнеры ювелирных изделий, дизайнеры игр, дизайнеры-графики, промышленные дизайнеры, дизайнеры интерьера, ландшафтные дизайнеры, системные дизайнеры и веб-дизайнеры. Именно дизайнеры придумывают «внешность» бытовых приборов и автомобилей, одежды и обуви, небоскребов и коттеджей и пр. Причем делают это с учетом вкусов заказчика, моды и удобства.

Дизайнер — это широкое определение, характеризующее человека, который проектирует разнообразные вещи. Дизайн подразумевает под собой творение, а быть дизайнером значит быть творческой личностью в определенной области. Обычно слово «дизайнер» относится к кому-то, кто рисует или использует другие воспринимаемые визуально изображения для организации своей работы.

Дизайнеры обычно несут ответственность за создание модели, включая также ее концепцию, как продукт будет использоваться и каким образом.

Заветный диплом дизайнера — это только начало карьеры. Как правило, дизайнеры какое-то время занимают штатную должность в компаниях или на предприятиях, но, при наличии таланта и умений, которые котируются в той или иной области, они нередко начинают работать на себя уже в кратчайшие сроки.

Даже самый блестящий специалист в одиночку не сможет обустроить квартиру, коттедж или офис. Ему нужны разнообразные контакты, знакомства с профессионалами в смежных областях. Дизайнер должен знать, где купить тот или иной стройматериал. Именно дизайнер должен вести переговоры с клиентами — людьми обеспеченными и зачастую капризными. Во время первых встреч дизайнер должен понять и «раскусить» все требования и пожелания заказчика, составить план дальнейшей работы и объяснить заказчику, какие из его пожеланий могут сбыться, а какие выполнять нежелательно.

Образно выражаясь, дизайнер — одновременно актёр, режиссёр, психолог в какой-то степени и директор собственного «театра», который порой напоминает театр абсурда.

50. Как большинство людей представляют работу дизайнера?

A) Это достаточно простая работа.

B) Дизайнер — понятие философское.

C) Это единение материального с духовным.

D) Далеко не каждый может быть дизайнером.

51. Как автор относится к архитектуре советских времён?

A) Он считает, что она страдала однообразием.

B) Он считает, что она отличалась разнообразием.

C) Автору нравятся типовые дома того времени.

D) Автору нравятся внешняя и внутренняя отделка того времени.

52. В чём суть профессии дизайнера?

A) Это чисто физический труд.

B) Это работа творческой личности.

C) Это строительство жилых домов.

D) Это разработка новых стройматериалов.

53. Как чаще всего работает дизайнер?

A) Он работает в контакте с профессионалами.

B) Он работает обычно в одиночку.

C) Он не занимается переговорами с клиентами.

D) Во время первой же встречи с клиентами он выдвигает свой план.

Текст 3

С книгой мы знакомимся в самом раннем детстве и после уже не расстаёмся: она сопровождает нас повсюду — в учёбе, на работе, отдыхе. Доставая с полки очередной том, мы даже не задумываемся, что держим в руках не просто предмет, а результат многовековой эволюции человеческой культуры. Появившись много веков назад, бумажная книга основным способом сохранения и передачи информации от человека к человеку, от поколения к поколению. Так продолжалось много веков: книга совершенствовалась, улучшалось качество бумаги, печати, иллюстраций, собирались библиотеки.

С появлением вычислительной техники ситуация изменилась: на смену «бумажным» все чаще приходят электронные способы записи и хранения информации. Цифровой способ записи позволяет легко копировать информацию с одного типа носителя на другой, оставляя ее неизменной при любом числе перезаписей. Что станет с книгой завтра, в будущем? Будет ли обычая бумажная книга и дальше служить человечеству или ее полностью заменят различные электронные устройства? Не получится ли так, что со сменой материального носителя (бумаги) изменится само понятие «книга» в нашем сегодняшнем представлении и на смену ей придет нечто совсем иное?

Наряду с такими очевидными преимуществами, как небольшая цена, простота и удобство пользования, обычная бумажная книга обладает и рядом недостатков. И дело не только в том, что для производства бумаги нужно губить деревья; при необходимости можно было бы печатать книги и на других материалах, например, на тонких листах пластмассы. И от этого книга не потеряла бы свой привычный внешний вид. Главный недостаток подобных изданий — статичность. «Что написано пером, не вырубишь топором» — эту пословицу хорошо знает любой редактор, которому не раз приходилось в конце книги помещать извинения об опечатках.

Еще большие трудности возникают у издателей энциклопедической литературы: только очередной «исправленный и дополненный» том окажется распроданным, как ученые откроют или изобретут что-нибудь новое, и энциклопедия в один миг оказывается устаревшей. Что же тогда говорить о справочниках! Любые справочные данные оказываются недолговечными. Вот если бы можно было управлять всеми проданными книгами на расстоянии! Исправил в редакционном экземпляре случайную ошибку, дописал строчку-другую — и эти изменения появляются у всех читателей...

Рисунки, иллюстрирующие обычную книгу, неподвижны и молчаливы. Для учебников и различной познавательной литературы — это недостаток. Насколько легче было бы понять смысл напечатанного, если бы таблицы и схемы могли вдруг «ожить». И, например, изменением цвета слов, знаков, движением стрелочек наглядно продемонстрировать ход описываемых событий. А книга дает лишь словесное описание событий. Безусловно, это, с одной стороны, ограничивает ее возможности, но с другой — книга тем самым будит фантазию читателя, заставляет его представить и «озвучить» описываемое в своем воображении.

  Люди давно задумываются о способах расширения возможностей обычной бумажной книги. Включите радио, и вы услышите голоса актеров, читающих стихи и прозу. За рубежом (а в последнее время и в России) все более популярны книги на аудиокассетах, представляющие собой магнитофонные записи таких чтений. Что же это, как не попытка дать книге голос? А киноэкранизадии литературных произведений — разве это не способ помочь читателю (зрителю) увидеть описываемые в книге события?

54. Как автор понимает роль и значение книги?
  A) Книга — это память человеческой культуры.
  B) Книга — это плод многовековых революций.
  C) Кнкга — это незаменимый способ сохранения информации.
  D) Книга — это результат совершенствования качества бумаги.

55. Каковы преимущества цифровых справочников перед бумажными?
  A) Они обычно предлагаются бесплатно.
  B) Они легко сохраняют привычный внешний вид.
  C) Они способны своевременно донести изменения до читателей.
  D) Они автоматически исправляют ошибки в редакционном экземпляре.

56. В каком значении употребляется фразеологизм «Что написано пером, не вырубишь топором»?
  A) Нельзя бросать слова на ветер.
  B) Нельзя писать пером на книге.
  C) Нельзя рубить деревья топором.
  D) Нельзя исправить написанное.

57. Как люди пытаются расширить возможности обычной бумажной книги?
  A) Они улучшают качество бумаги и печати.
  B) Они выпускают аудио- и видеопродукцию.
  C) Они печатают книги на других материалах.
  D) Они все больше снабжают книги иллюстрациями.

Текст 4

  Рынок интернет-торговли активно развивается в России. Эксперты провели исследование с целью изучить отношение российских потребителей к онлайн-шоппингу на примере покупок одежды и обуви. Такой сегмент в качестве примера был выбран неслучайно: одежда и обувь — не самая простая для онлайн-продаж категория товаров. Невозможность примерить является одним из основных сдерживающих факторов покупки. Однако растет активность покупателей одежды и обуви в Рунете — русскоязычном Интернете.

Российский гардероб часто обновляется из-за сезонности климата, в результате одежда и обувь отнимают изрядную часть семейного бюджета. Причиной возрастающей популярности онлайн-покупок одежды и обуви является возможность сэкономить. Этот же фактор объясняет предпочтения делать покупки в российских интернет-магазинах, доставка в которых стоит гораздо дешевле, чем доставка из-за границы.

Выяснилось, что западные бренды берут числом и развитым маркетингом. Многие из них уже давно пришли на российский рынок и, имея налаженную систему сбыта и продуманную до мелочей коммуникацию с клиентами, на несколько шагов обгоняют российских коллег. Пятерка самых попурярных и востребованных интернет-магазинов одежды представлена исключительно западными брендами. Российский потребитель голосует за них рублем, выбирая более высокое качество товаров, широкий ассортиментный ряд и невысокую цену, которая при заказе нескольких вещей легко окупает международную доставку.

И все же российские бренды, играя на своем поле, постепенно завоевывают сердца онлайн-покупателей. Как им удалось достичь такого успеха? Судя по всему, многие магазины стараются исключить все названные покупателями в ходе опроса недостатки онлайн-шоппинга. Например, они предлагают бесплатную примерку, гарантируют конфиденциальность пользовательских данных и дают возможность получения консультации продавца — через онлайн-консультанта.

По примеру западных аналогов, они сопровождают клиента на всех стадиях совершения покупки: от первого входа на сайт до благодарности за совершенную покупку. Они общаются с покупателем в большинстве коммуникации — по электронной почте. И потенциал видится огромным, учитывая тот факт, что далеко не все российские интернет-магазины пользуются им в полной мере.

Исследование показывает большой потенциал рынка интернет-торговли в России. во-первых, люди хотят покупать в Интернете, потому что дешевле. Во-вторых, они готовы тратить больше. Есть много предубеждений в отношении покупок одежды и обуви онлайн. Однако все эти сдерживающие факторы преодолимы при наличии грамотной системы сбыта, возврата и постоянной коммуникации с клиентом при помощи современных маркетинговых инструментов.

58. В чем недостатки онлайн-покупок одежды?

A) Невозможно примерить одежду.
B) Доставка одежды — услуга платная.
C) В России мало интернет-магазинов.
D) Интернет-магазины работают сезонно.

59. В чем причина роста активности покупателей одежды в Рунете?

A) Рунет позволяет обновлять гардероб почаще.
B) Рунет позволяет делать покупки экономно.
C) Доставка товаров при онлайн-шоппинге дешевле, чем в магазинах.
D) Онлайн-шоппинг хорош тем, что он гарантирует качество товаров.

60. Как правильно понять «Российский потребитель голосует за них рублем...»?

A) Российский покупетель вынужден приобретать их за высокую цену.
B) Российский покупатель голосует за оплату товаров в рублях.
C) Российский покупатель охотно покупает их товары.
D) Российский покупатель выступает против платной доставки товаров.

61. Почему считается, что рынок интернст-торговли в России имеет большой потенциал?

A) Сдерживающие факторы уже преодолены.
B) Онлайн-шоппинг поддерживается правительством.
C) Покупки в Интернете надежнее, чем в магазинах.
D) Русские готовы расходовать больше денег.

Текст 5

Человек, владеющий несколькими языками — полиглот, — всегда был востребован в обществе, находился в привилегированном положении. Вся дипломатия еще в глубокой древности опиралась на полиглотов. Экономика тоже сильно зависела от них. Отправляясь в чужеземные страны за товаром, предприимчивые люди обязательно брали с собой переводчиков с иноземных языков. Выгодно было брать именно полиглота. Его языковые знания позволяли даже в совершенно незнакомых краях все же понять общий смысл чужой речи, поскольку полиглот мог, владея дюжиной языков, найти родственные связи, а при отсутствии таковых интуитивно угадывать смысл обращения по мимике, жестам. Дело в том, что во многих языках, даже отдаленных друг от друга, эмоции практически одинаково привязаны к смысловой основе.

Нынче главная проблема в мировом сообществе — дефицит настоящих полиглотов. Казалось бы, коль существует спрос, соответственно ему должна вестись и подготовка этих специалистов. Но злую шутку с человечеством сыграла электронная революция. Примерно с середины семидесятых годов минувшего века на Западе активно стали развивать систему электронных переводов. Сперва она была доступна далеко не всем, стоила дорого. Но преимуществом ее было то, что сокращался круг лиц, посвященных в текст перевода. А в бизнесе это чрезвычайно важное обстоятельство.

 Сегодня уже достаточно просто (были бы деньги) приобрести автоматические электронные переводчики с пяти-шести языков одновременно и с солидным словарным запасом. Базовый язык в них — английский, как международный. Начальный текст ввести можно на любом из числа тех, словарный запас которых заложен в памяти компьютера. Фирмы, выпускающие их, старательно замалчивают один минус. В свое время был проведен интересный эксперимент. В электронный переводчик ввели на английском языке небольшой текст средней сложности и последовательно перевели его на языки, заложенные в памяти компьютера, а в конце снова перевели на английский. Вероятно, вы уже догадались, что начальный и конечный тексты (хотя оба они были на английском) имели очень большую разницу. Сработал принцип испорченного телефона. Если переводчик-человек может учитывать разнообразные нюансы значении одного и того же слова, то машина этой возможностью в полной мере не обладает. И никогда обладать не будет.

 Электронные переводы частачно опираются на пласты заимствованных из других языков слов, а они, как правило, являются паразитными. Второй существенный момент: электронные помощники-переводчнки породили у молодежи иллюзию ненужности изучения иностранных языков. Мир, на мой взгляд, подошел к еще одной глобальной ошибке, ведущей к дальнейшему отупению человечества. Шчроко распространенные калькуляторы, их дешевизна уже привели к тому, что молодежь, что-то приоиретая в магазине, даже не делает попытку проверить в уме правильность подсчета, произведенного продавцом — начисто забыта таблица умножения!

 Через несколько лет будут забыты богатства родного языка, а молодое поколение уже вовсю общается в сети Internet с помощью электронных переводчиков. Но самая большая беда в том, что без переводчика порой уже невозможно полноценно понять в русских СМИ суть материалов, наполненных иностранными словами.

62. Почему полиглоты были востребованы в торговле?

 А) Они получали привилегии во внешней торговле.

B) Они умели использовать дипломатические связи в торговле.

C) Они помогали торговцам преодолеть языковые барьеры.

D) Они обеспечивали перевозку товаров в чужеземные страны.

63. Как нынче обстоят дела с полиглотами?

A) Полиглоты уходят в торговлю.

B) Не хватает настоящих полиглотов.

C) Новое поколение полиглотов еще не пришло на смену.

D) Подготовка полиглотов только начинается.

64. Какие результаты показал проведенный эксперимент?

A) Электронный перевод не различает нюансы значений слов.

B) При электронном переводе начальный и конечный тексты одинаковы.

C) Электронный переводчик одновременно переводит несколько текстов.

D) Электронный переводчик работает по принципу телефона.

65. Что больше всего тревожит автора данного текста?

A) Молодежь плохо знает иностранные языки.

B) Богатства родного языка будут забыты.

C) Без элеетронного переводчика общение в Интернете не обходится.

D) Без электронного переводчика трудно понять материалы русских СМИ.

ПЕРЕВОД
(20 баллов, 45 минут)

1. Переведите следующий текст на китайский язык.

Русские — энтузиасты, они способны «гореть» на работе. Если работа доставляет удовольствие, то они готовы работать и без денег, брать часть работы с собой домой, получать маленькую зарплату и не менять место работы. По мнению аналитиков, для русских напряженность работы и величина зарплаты мало связаны между собой, а чаще даже независимы при выборе места работы.

При опросе общественного мнения выяснилось, что для половины опрошенных самыми важными являются такие условия работы, как «атмосфера доброжелательности в трудовом коллективе», «возможность личного роста», «гибкость рабочего дня» и др. В основе всех этих предпочтений того или иного труда лежит личное побуждение, а не стремление к высокому материальному доходу или соображения быстрой карьеры.

2. Переведите следующий текст на русский язык.

当前，中国人民正在为实现中华民族伟大复兴的中国梦而不懈奋斗。中国梦就是要实现国家富强、民族振兴、人民幸福。为了实现中国梦，我们将全面深化改革开放、全面推进依法治国，不断推进现代化建设，不断提高人民生活水平。

СОЧИНЕНИЕ
（20 баллов, 40 минут）

1

Работа нужна, это понятно всем. Но для чего она нужна, эта работа? Вспомним слова Ф. Вольтера: «Работа избавляет нас от трех великих зол: скуки, порока и нужды». Согласны вы с его мнением? Напишите сочинение на тему:

«Для чего человеку нужна работа?»

2

Ваш факультет готовится к празднованию 70-детия Победы над фашизмом во Второй мировой войне. Напишите объявление о готовящихся мероприятиях.

2015年俄语专八真题解析

1. 语法、词汇和修辞试题答案

16. D	17. A	18. C	19. B	20. B	21. A	22. B	23. B	24. A
25. B	26. D	27. A	28. C	29. C	30. D	31. C	32. B	33. B

2. 文学知识试题答案

34. C	35. B	36. C	37. D	38. B	39. D

3. 国情知识试题答案

40. B	41. D	42. B	43. A	44. B	45. A

试题1-3答案解析

16. 正确选项为 D)。该题考查带接续从句的主从复合句。本句译文：伊万诺夫需要参加大学入学考试，为此他来到城里。关联词 зачем 连接接续从句，表示目的意义。所以 D) 是正确答案。

17. 正确选项为 A)。该题考查带时间从句的主从复合句。本句译文：在很多不熟悉的听众面前演讲之前，我要鼓足勇气。表示"在……之前"应用 A) Прежде чем。而 B) с тех пор как 表示"从……以来"，C) после того как 表示"在……之后"，D) как только 表示"刚……就……"，都不符合本句要表达的意思。所以 A) 是正确答案。

18. 正确选项为 C)。该题考查前置词的用法。本句译文：新的展览中心位于莫斯科到圣彼得堡联邦干线115公里处。首先，表示某事物在某开放线路的某一个点上要用前置词 на + 顺序数词第六格表示，这样可以排除掉 B) в 115-м километре 和 D) в 115 километрах，其次，要表示"在公路的第几公里处"，须用 на + 序数词（单数六格）+ километре（六格），而不是用基数词六格 + 名词复数六格。所以 C) на 115-м километре 是正确答案。

19. 正确选项为 B)。该题考查习惯搭配。本句译文：不必害怕打扰医生。他作为医生，就是给病人治病的。要表示"既然是医生，就应该给病人治病"的意思，就要用 на то и..., чтобы... 这个习惯搭配。所以 B) 是正确答案。

20. 正确选项为 B)。该题考查前置词的用法。本句译文：每年数百万人因吸烟生病，其中有吸烟者，也有吸二手烟的人。表示"因……而生病"应用（заболе-

222

вать)от。所以 B)是正确答案。而 A)при курении 在抽烟的时候,C)с курением 带着烟,D)для курения 为了吸烟,都不符合本句意思。

21. 正确选项为 A)。该题考查带条件从句的主从复合句。本句译文:只要我们试图把自己的梦想变为现实,我们就会遇到很多问题。看到句首有 Стоит……,那么接下来从句中必须用 как…,这是此类复合句固定的搭配模式,表示"只要(一旦)……,就……"。所以 A)是正确答案。

22. 正确选项为 B)。该题考查形动词用法。本句译文:在新电影中,年轻导演展示了一个虽然奇特、但观众却完全了解的世界。首先,形动词短语作独立定语,说明名词 мир,见到句中有第五格名词主体,即可排除两个主动形动词 A) узнающий 和 D) узнавший。再看 B) узнаваемый 和 C) узнанный,由于句中有показан,其所体现的是说话时刻的现在时间,故应用现在时被动形动词 узнаваемый。所以 B)是正确答案。

23. 正确选项为 B)。该题考查近义词区别及其搭配。本句译文:莫斯科迪纳摩队在欧洲联盟杯比赛中获得第四次胜利。见到句中有 победу,与其搭配的一定是动词 одержать。(одержать победу 获得胜利),所以 B)是正确答案。而 A) потерпеть(忍受),C) совершить(完成),D) пережить(经受)都不能表示"获得胜利"之意。

24. 正确选项为 A)。该题考查形近词词义辨析。本句译文:根据前总统德米特里·梅德韦杰夫的提议,冬令时从2011年秋季开始被废止(取消)。四个选项均为动词的完成体过去时被动形动词短尾形式。请看原词意义:A) отменено(отменить 废止、取消);B) отнято(отнять 夺走);C) отмечено(отметить 登记、庆祝)。D) отнесено(отнести 送走,推迟)。本句要表示的是"废止(取消)",所以 A)是正确答案。

25. 正确选项为 B)。该题考查前置词的用法。本句译文:五分之一的俄罗斯人准备尝试当个企业家来开创自己的事业。попробовать себя в роли… 表示"尝试作为……,尝试以……身份"(请比较:попробовать артиста на роль… 让演员试演……角色)。所以 B)是正确答案。

26. 正确选项为 D)。该题考查形近词的词义辨析。本句译文:今天,代理州长莫尔洽诺夫上任。四个选项均为动词的现在时主动形动词。请看原词意义:A) заполняющий(заполнять 占据),B) наполняющий(наполнять 充满),C) выполняющий(выполнять 完成),D) исполняющий(исполнять 履行)。从句中有обязанности(职务)一词,说明是要接表示"履行(职务)"的词,即 исполняющий。所以 D)是正确答案。

27. 正确选项为 A)。该题考查副词与比较级习惯上的意义搭配。本句译文:过了三天我们才明白,任务比我们想象的难得多。我们试着将选项一个个填入空白。куда + 比较级,表示"比……得多"。所以 A)是正确答案。而 B) как мож-

но 表示说话者主观上希望任务尽量难一些，显然不符合题意。C) как 表示疑问，不表示程度，所以也不能用于此句。D) как нельзя 表示"不能再(难)了"，与本句意思相悖。

28. 正确选项为 C)。该题考查近义词词义辨析及其习惯搭配。本句译文：今年前九个月有 260 万外国游客到访莫斯科，比去年同期下降 15%。表示"同期"要用 аналогичный период。所以 C) 是正确答案。

29. 正确选项为 C)。该题考查惯用词组合的词义辨析。本句译文：校长非常忙，但是他总是找时间与学生见面。从本句内部结构的语义关系看，前后两部分的意思是相反的，能表示这种关系的只有 C) тем не менее "虽然如此，但是，然而"，而且常与 но, а 连用，所以 C) 是正确答案。而 A) тем более 表示"何况，尤其"，B) более того 表示"此外，尤其是"，D) более или менее 表示"多多少少，大体上"，都不能用于此句。

30. 正确选项为 D)。该题考查词义辨析。本句译文：他们认为彼此是完全可以信赖的人。根据句中的 на которых 来判断，只有 D) положиться 后能接 на (кого-что) 表示"指望，可信赖"。所以 D) 是正确答案。而 A) доверить кому-чему кого-что 或接不定式表示"付托，委托"；B) положить 接 кого-что 表示"放，放置"；C) довериться 后接 кому-чему 表示"信任，信赖"，显然都不能用于此句。

31. 正确选项为 C)。该题考查两组形近词的词义辨析和词之间的意义搭配。本句译文：特列季雅科夫所特有的宽广的艺术视野在其创建的陈列馆中得到了体现。从所给几个选项的搭配能力看，首先可以排除掉 D) длинна，因为它不是名词，而是形容词 длинный 的短尾阴性形式，不能与 взгляд 搭配。而 A) ширина (宽度)和 B) длина (长度)都必须与具体事物名词连用，如：ширина (длина) реки 河的宽度(长度)等，只有 C) широта 表示"宽广，开阔，宏大"时可以与抽象名词连用，所以 C) 是正确答案。

32. 正确选项为 B)。该题考查成语意义。本句译文：成语 семь пятниц на неделе 形容经常改变自己决定的人。семь пятниц на неделе 是形容人"反复无常、朝令夕改"的成语。所以 B) 是正确答案。而 A) работает эффективно 工作效率高，C) живет напряженной жизнью 过着紧张的生活，D) любит хвастаться перед людьми 喜欢在人们面前自吹自擂，都不符合本句意思要求。

33. 正确选项为 B)。该题考查对几种修辞手法的识别。本句译文：在高尔基的语句中《这群人像一只灰色的大鸟》使用了明喻修辞方法。明喻，指带有比喻词等形式的比喻。所以 B) 是正确答案。而 A) метонимия(换喻)，C) метафора (隐喻)，D) олицетворение(拟人)都不是本句所用修辞手法。

34. 正确选项为 C)。本句译文：长篇小说《穷人》是陀思妥耶夫斯基的第一部成名作。别林斯基高度评价了这部作品,称其为俄罗斯文学中社会小说的第一次尝试。《穷人》创作于1846年,采用书信体裁,说真实地反映了穷人的痛苦生活,揭示了穷人的性格以及他们所受的种种委屈。所以C)是正确答案。

35. 正确选项为B)。本句译文:1918年初,勃洛克发表了了自己最后一部长诗《十二个》,主题为纪念十二月革命。长诗《十二个》是前苏联作家勃洛克于1918年仿照十二使徒寻找耶稣基督的故事,写十二个赤卫军战士在十月革命后的风雪之夜巡视彼得格勒的大街。长诗《十二今》是诗人献给伟大十月的艺术杰作,他运用象征主义方法歌颂革命时代的精神,揭示旧世界灭亡的必然性,预示新生活的广阔前景。所以B)是正确答案。

36. 正确选项为C)。本句译文:杜勃罗留波夫是著名文章《什么是奥勃洛摩夫性格》和《黑暗王国的一线光明》的作者。杜勃罗留波夫,十九世纪俄国著名的革命民主主义者和文艺批评家。奥勃洛摩夫是俄国作家冈察洛夫代表作《奥勃洛摩夫》中的主人公。这是俄国"多余人"形象的一种,人称"奥勃洛摩夫性格"。《黑暗王国的一线光明》作于1860年,就俄国剧作家奥斯特洛夫斯基的戏剧《大雷雨》,进行了全面系统地论述。所以C)是正确答案。

37. 正确选项为D)。本句译文:在屠格涅夫《猎人笔记》中每个篇章都引起当时时代的重要问题之一,那就是同农奴制作斗争。《猎人笔记》是屠格涅夫的成名作,是一部通过猎人的狩猎活动,记述十九世纪中叶俄罗斯农村生活的随笔集。书中揭露了农奴主的残暴,农奴的悲惨生活,作者还因此被放逐。随着屠格涅夫充满优美调的叙述,俄罗斯的大自然风光、俄罗斯人民的风俗习惯、地主对农民的欺凌、农民的善良淳朴和智慧,像一首首抒怀歌曲在我们面前缓缓流淌出来,汇成一部色彩斑斓、动人心魄的交响诗。所以D)是正确答案。

38. 正确选项为B)。本句译文:文学流派浪漫主义、现实主义诞生于俄文学的黄金时代。18、19世纪随着俄罗斯国力的强盛以及社会文化领域的觉醒,俄罗斯文学产生了空前绝后的繁荣景象,在世界文学上有着举足轻重的地位,这个时期被学界称作"黄金时代"。所以B)是正确答案。

39. 正确选项为D)。本句译文:2014年,在俄罗斯和世界许多国家隆重庆祝伟大的俄罗斯诗人莱蒙托夫诞辰200周年。米哈伊尔·尤里耶维奇·莱蒙托夫(1814—1841),是继普希金之后俄国又一位伟大诗人。被别林斯基誉为"民族诗人"。所以D)是正确答案。

40. 正确选项为B)。本句译文:摩尔曼斯克,俄罗斯最大的港口之一,位于北极圈外,在巴伦支海岸线上。摩尔曼斯克,不冻港,俄罗斯摩尔曼斯克州首府,北冰洋沿岸最大港市,位于科拉半岛东北,临巴伦支海的科拉湾。由于受北大西洋暖流的影响,虽地处北纬69°,终年不冻。所以B)是正确答案。

41. 正确选项为D)。本句译文:在所列举的国家中,白俄罗斯、乌克兰和格鲁吉亚与俄罗斯有共同的边境。俄罗斯陆地邻国西北面有<u>挪威</u>、<u>芬兰</u>,西面有<u>爱沙尼亚</u>、<u>拉脱维亚</u>、<u>立陶宛</u>、<u>波兰</u>、<u>白俄罗斯</u>,西南面是<u>乌克兰</u>,南面有<u>格鲁吉亚</u>、<u>阿塞拜疆</u>、<u>哈萨克斯坦</u>,东南面有中国、<u>蒙古</u>和<u>朝鲜</u>。所以D)是正确答案。

42. 正确选项为B)。本句译文:从2005年开始,俄罗斯都在11月4日这一天庆祝民族团结日。该节日是为了纪念本国军民十七世纪初将莫斯科从波兰和立陶宛军队占领状态下解放出来,这一事件成为俄罗斯历史上混乱时代(俄罗斯16世纪末17世纪初长年战乱的时期)的转折点,随后俄全国实现了解放。为了纪念这一历史事件,同时彰显民族团结的重要性。所以B)是正确答案。

43. 正确选项为A)。本句译文:2011年9月21日马特维延科被选举为联邦委员会主席。2011年9月21日,在俄罗斯联邦委员会(即议会上院)举行的选举中,原俄罗斯第二大城市<u>圣彼得堡市市长瓦莲金娜·马特维延科</u>毫无悬念的当选为该委员会的主席。马特维延科也因此成为俄罗斯联邦历史上职位最高的女人。所以A)是正确答案。

44. 正确选项为B)。本句译文:油画《少女与桃子》出自谢洛夫的画笔。谈到谢洛夫的肖像画,人们普遍熟悉和赞赏的是他的这一幅《少女与桃子》。这幅肖像显示了画家卓越不凡的技法与才华。当此画第一次出现在展览会上时,许多人不敢相信是出自一位年仅22岁的画家之手。画家运用传统的艺术语言,在构图与用色上都予以创新。所以B)是正确答案。

45. 正确选项为A)。本句译文:瓦加诺娃是20世纪俄罗斯芭蕾舞学校的奠基人。瓦加诺娃是苏联古典芭蕾教育体系的奠基人。她批判地继承和创造性地发展了俄罗斯芭蕾优秀传统,从审美标准以及训练方法的系统性、科学性方面进行了一系列的改革。她所著的《古典舞蹈基础》系统地阐明了其教学思想和方法。1934年获俄罗斯共和国人民演员称号。所以A)是正确答案。

4. 阅读理解答案

| 46. A | 47. B | 48. B | 49. C | 50. A | 51. A | 52. B | 53. A | 54. A | 55. C |
| 56. B | 57. B | 58. A | 59. B | 60. C | 61. A | 62. C | 63. B | 64. A | 65. D |

5. 翻译答案

1) 俄译汉:

俄罗斯人是充满热情的人,他们善于在工作中"燃烧起来"。如果工作可以带来满足感,他们甚至愿意无偿工作,愿意把部分工作带回家,愿意拿很少的工资也不跳槽。分析师认为,对于俄罗斯人来说,工作强度和薪酬多少没什么联系,甚至在选择工作岗位时也常常不受这些因素的制约。

民意调查显示,半数受访者认为最重要的是工作团队的良好氛围、个人发展前景和弹性工作时间等条件。选择工作的基础是个人意愿,而不是追求高的物质收入或者快速升迁。

2) 汉译俄：
В настоящее время китайский народ непрерывно идет по пути к осуществлению китайской мечты о великом возраждении китайской нации. Китайская мечта значит осуществление процветания государства, подъема нашей нации, счастливой жизни народа. Для того чтобы осуществить китайскую мечту, мы будем всесторонне углублять проведение политики реформы и открытости, всесторонне осуществлять правовое государственное управления, неустанно продвигать модернизацию страны и непрерывно повышать уровень жизни народа.

2016 年俄语专八真题

ЗНАНИЯ ПО РУССКОМУ ЯЗЫКУ
（15 баллов, 20 минут）

Прочитайте предложения. Выберите правильный вариант и отметьте соответствующую букву на матрице.

ГРАММАТИКА, ЛЕКСИКА И СТИЛИСТИКА

16. Анна Николаевна, _____ скорее. Мы все ждем ваших лекций.
    A) поправляйтесь   B) поправься
    C) поправляться бы   D) поправилась бы

17. Коллекция музея стала быстро пополняться _____ пожертвований населения.
    A) в счет   B) по счету
    C) на счет   D) за счет

18. Родителей не оставляет надежда, _____ полиции удастся найти их сына.
    A) которая   B) когда
    B) что   D) чтобы

19. Я хочу уйти с этой работы, не могу больше терпеть, _____ ни день, то неприятности.
    A) если   B) что
    C) как   D) какой

20. Представим себе такую картину: молнией _____ кустарники, и все загорелось.
    A) зажжен   B) зажжено
    C) зажгло   D) зажгли

21. Как бы ни была богата последующая жизнь, воспоминания детства ни с чем _____.
    A) несравнимы   B) несравнима
    C) несравнимые   D) несравнимая

22. США не считают _____ смягчить введенные против России экономические санкции в обмен на борьбу против ИГ.
    A) возможно   B) возможным

C) возможные   D) возможной

23. Сбор _____ пошел на приобретение аппаратуры для детской больницы.

   A) в концерте   B) по концерту
   C) для концерта   D) от концерта

24. Количество мегаполисов в мире растет, _____ как экологическая обстановка в городах ухудшается.

   A) в то время   B) по мере того
   C) с тех пор   D) после того

25. Отдых проходил чудесно, _____ на побережье обрушился ураган.

   A) как вдруг   B) как раз
   C) до того   D) перед тем

26. Американцы и немцы расходятся _____, достаточно ли жесткой является позиция США и ЕС по отношению к России.

   A) о мнениях   B) во мнениях
   C) по мнениям   D) при мнениях

27. Александр Петрович, вы не могли бы _____ мне 10 минут?

   A) разделить   B) поделить
   C) отделить   D) уделить

28. Эпидемии гриппа _____ в городе практически каждую зиму.

   A) находятся   B) отражаются
   C) наблюдаются   D) оказываются

29. В годы Первой мировой войны Россия не _____ таких огромных людских потерь как в годы Второй мировой.

   A) внесла   B) нанесла
   C) перенесла   D) понесла

30. Во многих странах женщины имеют все права наравне с мужчинами, _____ в политической жизни.

   A) участвуя   B) участвовав
   C) участвующие   D) участвовавшие

31. Во фразе «Я этого Володю прекрасно знаю — золото, а не парень» используется стилистический прием _____.

   A) эпитет   B) метафора
   C) каламбур   D) оксюморон

32. Близким по значению к выражению «стоять в стороне» является «_____».

   A) сложа руки   B) не покладая рук

C) засучив рукава   D) положа руку на сердце
33. Восклицание «Этого еще не хватало!» можно услышать, когда _____.
   A) радуются успеху или удаче
   B) встречают опоздавшего гостя у себя дома
   C) выражают сожаление по поводу какого-л. события
   D) выражают удивление и неодобрение по какому-л. поводу

ЛИТЕРАТУРА

34. Андрей Соколов является главным героем произведения _____.
   A) «Тихий Дон»   B) «Судьба человека»
   C) «Смерть чиновника»   D) «А зори здесь тихие...»
35. Произведение «Живи и помни» принадлежит перу _____.
   A) А. П. Платонова   B) М. А. Шолохова
   C) В. Г. Распутина   D) Б. Л. Пастернака
36. Тема _____ является преобладающей в творчестве Н. А. Некрасова.
   A) гражданственности   B) одиночества
   C) любви   D) города
37. _____ является дебютным, но тем не менее принесшим А. И. Солженицыну мировую славу произведением.
   A) «Раковый корпус»   B) «Архипелаг ГУЛАГ»
   C) «Красное колесо»   D) «Один день Ивана Денисовича»
38. Роман Л. Н. Толстого «Война и мир» следует отнести к литературному направлению _____.
   A) романтизм   B) реализм
   C) классицизм   D) сентиментализм
39. 9 ноября 1933 года И. А. Бунин награждается Нобелевской премией по литературе за книги _____.
   A) «Господин из Сан-Франциско» и «Жизнь Арсеньева»
   B) «Темные аллеи» и «Господин из Сан-Франциско»
   C) «Антоновские яблоки» и «Жизнь Арсеньева»
   D) «Митина любовь» и «Антоновские яблоки»

СТРАНОВЕДЕНИЕ

40. Автором картины «Явление Христа народу» является _____.

A) А. С. Иванов B) В. С. Серов
C) И. Н. Крамской D) В. В. Кандинский

41. Во время царствования _____ был основан Московский университет.
    A) Елизаветы Петровны B) Екатерины II
    C) Ивана IV D) Павла I

42. _____ русская армия одержала блестящую победу, разгромив непобедимых шведов.
    A) Под Москвой B) Под Курском
    C) Под Куликовом D) Под Полтавой

43. 30 ноября 2015 скончался известный советский и российский кинорежиссер Э. А. Рязанов. Одной из его лучших картин является _____.
    A) «Сталинград» B) «Кавказский пленник»
    C) «Ирония судьбы» D) «Сибирский цирюльник»

44. _____ вошел в историю как исполнитель авторских песен под русскую семиструнную гитару.
    A) С. С. Прокофьев B) В. С. Высоцкий
    C) Ф. И. Шаляпин D) Н. С. Михалков

45. 2016 – 2017 годы были объявлены Китаем и Россией _____.
    A) Годами туризма
    B) Годами культуры
    C) Годами китайских и российских СМИ
    D) Годами дружественных молодежных обменов

ЧТЕНИЕ

(20 баллов, 35 минут)

Прочитайте тексты и задания. Выберите правильный вариант и отметьте соответствующую букву на матрице.

Текст 1

История знаменитого мультсериала началась задолго до создания первого выпуска. В 1969 году режиссер Геннадий Сокольский снял первую серию, главная идея которой — противостояние Волка и Зайца — легла в основу мультфильма. В дальнейшем менялись графика, юмор, возраст и внешний облик персонажей, однако идея оказалась неизменной.

Изначально проект «Ну, погоди!» был государственным заказом — чиновники решили дать ответ компании Уолта Диснея и выделили солидный по тем временам бюджет.

　　Задача была поставлена не из легких: четко разграничить добро и зло и показать, что такое хорошо и что такое плохо. Волк — бездельник, это плохо. Заяц — маленький, но смелый и находчивый, это хорошо. Один за другим режиссеры «Союзмультфильма» отказывались участвовать в проекте. Заинтересовался только Вячеслав Котёвочкин. Он с самого начала верил в успех мультфильма. И не ошибся.

　　Из привычной работы написание сценария в какой-то момент превратилось в увлекательное занятие: веселились сценаристы от души. Волка изобразили типичным мелким хулиганом, который охотится за Зайцем, но из-за находчивости последнего постоянно оказывается в нелепых ситуациях. А в Зайце воплотили образ советского пионера. Он занимается спортом и художественной самодеятельностью, вечно что-то мастерит.

　　В начале коллектив снял только одну серию. После того как фильм показали по телевидению, в студию пришли буквально мешки писем с просьбой снять продолжение. Новые выпуски мультсериала почти ежегодно выходили на экраны советских телевизоров, в течение семнадцати лет.

　　Несмотря на популярность среди взрослых и детей, легендарный мультсериал несколько раз был на грани закрытия. Однако «Ну, погоди!» упорно не желал умирать и стойко переносил все трудности.

　　В 1993 году после смерти Папанова, который озвучивал Волка, вновь встала проблема: закрывать ли мультфильм? Но выяснилось, что звукооператор бережно сохранил все записи актера, и их использовали в новых сериях. Заменять голос Папанова чьим-то другим тогда не рискнули — из уважения к памяти артиста. Хотя сам Анатолий Дмитриевич к этой работе относился прохладно и огорчался, что в народе его воспринимают только как Волка.

　　Но время безжалостно. В 2000 году умерли режиссер — Вячеслав Котёночкин и сценарист — Аркадий Хайт, в 2004 — Клара Румянова, чьим голосом говорил Заяц. Авторы «Ну, погоди!» ушли вслед за своей эпохой. Однако история мультфильма закончилась лишь в 2006 году, пережив своих создателей. В Минске на международном фестивале детского и юношеского кино состоялась премьера 19-й и 20-й серий мультфильма. Снял их сын знаменитого режиссера Алексей Котёночкин. А вот сценарий для новых серий написали авторы предыдущих выпусков Александр Курляндский и Феликс Камов, но уже без Аркадия Хайта. Волка озвучил «под Папанова» Игорь Христенко. Говорят, их голоса невозможно различить. А Заяц заговорил голосом молодой актрисы Ольги Зверевой.

Сразу же после показа Котёночкин-младший сообщил, что Волк и Заяц уходят на пенсию. Он объяснил, что нынче герои непопулярны, неактуальны и не выдерживают конкуренции. Но Волк с Зайцем не в обиде: пожизненная слава им в любом случае обеспечена, а догонять современных 3D-персонажей им нет никакой необходимости.

46. В чем заключается главная идея знаменитого мультсериала?

　A) Противостояние сильного против слабого.

　B) Противостояние компании Уолта Диснея.

　C) Добро всегда побеждает зло.

　D) Свет не без добрых людей.

47. Сколько лет снимался знаменитый мультсериал?

　A) В течение 10 лет.

　B) В течение 17 лет.

　C) Более 30 лет.

　D) Более 40 лет.

48. По какой причине прекратилась съемка этого мультсериала?

　A) Персонажам мультсериала уже обеспечена пожизненная слава.

　B) Персонажи и создатели уходят на заслуженный отдых.

　C) Умерли все создатели любимого детьми мультсериала.

　D) Мультсериал уже не выдерживает конкуренцию.

Текст 2

Отец хотел назвать ее Марией, а мать — Анной. И они нашли имя, которое совмещало оба: Марианна. Сокращенно: Маруся.

Отец с матерью жили спокойно, скучно. Разнообразие составляли редкие ссоры. Эти ссоры — как поход в театр. Все же эмоциональная разрядка. А потом все входило в прежнее русло, похожее на пенсионерское.

Маруся точно знала, что ни при каких обстоятельствах не повторит такую жизнь. У нее все будет, как в кино. Маруся обожала кино: как там любили, как умирали, какие красивые лица и одежды. Она мечтала сняться, чтобы все ее увидели, вздрогнули и влюбились. Все-все-все: студенты в общежитиях, солдаты в казармах, ученые в лабораториях и короли во дворцах. Она хотела, чтобы ее портреты продавались в киосках, как открытки, и ее лицо, растиражированное в миллион экземпляров, вошло в каждый дом.

Что лежит в основе такого чувства? Желание победить забвение? Человек приходит и уходит. Его век короток. Может быть, потребность остаться любой ценой. Продлить на подольше.

 Маруся приезжала к проходной киностудии, стояла и чего-то ждала. Ждала, что ее заметят и позовут. Ее замечали и звали, но не те и не туда. Она не шла. Те, кто звал, — мужской человеческий мусор. Но и среди мусора можно найти что-то стоящее. Помощник режиссера по кличке Ганс организовал ей маленькую роль медсестры. Она должна была сказать одну фразу: «Иванов, вас спрашивают»... На нее надели белый халат, скрывающий фигуру, надели шапочку, скрывающую лоб. Осталось только: «Иванов, вас спрашивают»... А самое потрясающее у Марианны были именно фигура и лоб. Она носила прическу балерины — все волосы назад, в хвостик, чтобы видны были лоб и шея. И уши — маленькие драгоценные раковинки. Было очевидно, что природа индивидуально трудилась над этим человеческим экземпляром. И труд увенчался успехом.

 Съемка фильма оставила тягостное впечатление: никакой организации, все сидят, чего-то ждут, у моря погоды. Ганс посылал ее в магазин за хлебом и колбасой, и она ходила, неудобно отказать... Но все равно съемка, дорога к славе. И к первой любви...

 Жизнь продолжалась тем не менее. Маруся по-прежнему хотела сниматься. И, как поется в песне Дунаевского: «Кто хочет, тот добьется»... Марусе поручили довольно большую роль. По сюжету от этой героини ничего не зависело. Она просто ждала главного героя с войны. Смысл ее роли — ожидание. Маруся изображала терпение, и лицо ее было неподвижным и туповатым, как само терпение.

 Однако фильм вышел на экраны. Марусю приглашали на встречу со зрителями, дарили цветы. Так начиналась слава. Не бог весть какая, но все же...

49. Почему Марусе не нравилась жизнь своих родителей?

 A) Родители были заняты разными общественными делами.

 B) Родители жили очень тихо и спокойно как пенсионеры.

 C) Жизнь родителей постоянно выходила из старого русла.

 D) Родители редко ходили в театр, зато утром энергично делали зарядку.

50. Что лежало в основе стремления Маруси сняться в кино?

 A) Мечта о личной славе.

 B) Мечта изменить жизнь своих родителей.

 C) Мечта об огромном тираже ее портрета на открытках.

 D) Мечта о том, чтобы родные и друзья любили не только ее, но и ее роли.

51. Как прошла первая съемка Маруси в фильме?

A) Удачно, к Марусе сразу пришла первая слова.

B) Тягостно, на нее никто не обращал внимания.

C) Весело, в эпизоде она ходила за хлебом и колбасой.

D) К разочарованию Маруси, она прошла не так, как представляла.

52. Как следует понимать фразы «Так начиналась слава. Не бог весть какая, но все же...»?

A) Добьется ли Маруся успеха, знает только бог.

B) Успех есть, но сильно гордиться пока нечем.

C) Маруся практически ничего не добилась.

D) Маруся добилась большого успеха.

Текст 3

Социальный пакет — это очень модный в последнее время термин, который только ленивый работодатель не использует в своих объявлениях о вакансиях. Но что понимать под соцпакетом? Ведь глупо указывать, например, предоставление обеденного перерыва как составляющую социального пакета. Что же положено по закону работнику?

Соцпакет — это набор бесплатных льгот на работе, выраженный в материальной и нематериальной форме.

В соцпакет входит обязательный соцпакет, конкурентный соцпакет и компенсационный соцпакет.

Обязательный соцпакет — это ежегодный оплачиваемый отпуск, оплата листков временной нетрудоспособности (больничных), отчисления в пенсионный и др. фонды, обязательное медицинское страхование (т. е. то, что работодатель обязан предоставлять своему работнику по законам РФ).

Конкурентный соцпакет — это все то, что компания добавляет к зарплате сотрудника по собственному желанию: льготное или бесплатное питание, добровольное медицинское страхование, оплату спортивных мероприятий, предоставление корпоративного автомобиля, льготные путевки и т. д. Благодаря этим дополнительным условиям работодатель является конкурентоспособным на рынке труда и привлекает в свою компанию лучших специалистов.

Компенсационный соцпакет — это возврат работнику личных средств, которые он затрачивает в процессе выполнения своих должностных обязанностей. Это может быть: оплата мобильной связи, компенсация бензина и амортизации при использовании личного автомобиля, частичный или полный возврат затрат на обучение и т. п.

Каждый работодатель под понятием «соцпакет» подразумевает разное. Поэтому на собеседовании обязательно следует узнать, какие именно льготы и компенсации вас ждут в данной фирме и при каких условиях они предоставляются. Спрашивать о соцпакете лучше тогда, когда решение о вашем приеме на работу практически принято.

На какой соцпакет можно рассчитывать? Это зависит от занимаемой вами должности и возможностей компании-работодателя.

Так, соцпакет для руководителей высшего звена включает в себя представительский автомобиль, корпоративный автомобиль с водителем, добровольное медицинское страхование (полный пакет страхования семьи), стоматологическая страховка, дополнительная пенсия от компании, квартира (оплата жилья для иногородних), путевки на отдых для всей семьи, ипотечный кредит.

Для сотрудников среднего звена в соцпакет включаются следующие льготы: добровольное медицинское страхование (частичная оплата), путевки, оплата фитнес-центра, мобильной связи, бензина, питания в офисе или кафе, беспроцентный заем или кредит, частичный ипотечный кредит.

А рядовым сотрудникам предлагается оплата проезда, питание на работе, спецодежда, частичная оплата мобильной связи, а также выплаты при внештатных ситуациях: смерть родственников или свадьба.

53. Что представляет собой «соцпакет»?

   A) Это набор льгот, которые можно получить на работе.

   B) Это то, что работник может получить по собственному требованию.

   C) Это компенсации сотрудникам с низким доходом.

   D) Это набор льгот, входящих в обязательное обеспечение.

54. Что подразумевается под понятием «конкурентный соцпакет»?

   A) Это то, что полагается работнику по закону.

   B) Это оплата профессионального обучения и отпуска.

   C) Это компенсация бензина при использовании личного автомобиля.

   D) Это то, что компания предоставляет работнику по собственному желанию.

55. В чем заключается главная цель «компенсационного соцпакета»?

   A) Компенсировать сотруднику оплату мобильной связи и затраты на бензин.

   B) Компенсировать работнику все его личные затраты в рабочее время.

   C) Компенсировать работнику все его расходы, связанные с лечением.

D) Компенсировать сотруднику расходы, связанные с выполнением рабочих обязанностей.

56. Когда уместно поинтересоваться «соцпакетом»?
    A) Когда компания заинтересовалась человеком и готова принять его на работу.
    B) Когда компания приглашает на собеседование.
    C) Когда человек займет какую-н. должность в компании.
    D) Когда испытательный срок подходит к концу.

57. Какими льготами не пользуются рядовые сотрудники?
    A) Оплатой проезда, питанием на работе.
    B) Дополнительной пенсией от компании.
    C) Частичной оплатой мобильной связи.
    D) Выплатами при внештатных ситуациях.

Текст 4

Как не купить лишнего в супермаркете? Первый совет, который психологи дают всем транжирам, не брать с собой лишних денег. Оценить приблизительную сумму поможет список — это второй очень важный совет.

В супермаркете вы наверняка наткнетесь на рекламную акцию или спецпредложение. Обойти эту ловушку можно, если не спешить. Не торопитесь класть товар в тележку — то, что в ней оказалось, психологически уже куплено. Рассмотрите его как следует — исчезнет спонтанность, на которую и рассчитаны рекламные акции.

Супермаркеты заинтересованы в том, чтобы заставить покупателя выбирать быстро, но оставаться в магазине дольше. Для этого используется расслабляющая музыка. Подсчитано: если человек провел в торговом зале больше 40 минут, он обязательно что-то купит. Хороший способ сохранить и время, и деньги подсказывает психолог Наталья Панфилова, член Общероссийской профессиональной психотерапевтической лиги:

— Полезно планировать после посещения супермаркета еще какие-то дела. Человек должен знать, что на покупки у него есть 20 – 30 минут и задерживаться нельзя. Когда у него мало времени, он возьмет только самое необходимое. Тем, кто любит музыку, можно посоветовать ходить по магазинам в наушниках, но при условии, что вы не будете слушать расслабляющие мелодии.

Главный соблазн — это, конечно, товары на полках. Они расставлены, кстати, по особым законам: самое дешевое — внизу, самое дорогое и самое привлекательное для среднего покупателя — вверху, на уровне глаз. Если вас привлекают красивые упаковки, и вы нередко уносите их домой, пользуйтесь тем же методом, что и в случае с рекламными акциями: берите в руки, рассматривайте, думайте. Если покупатель сомневается, он скорее скажет товару нет.

— Не стесняйтесь приставать к работникам супермаркета с расспросами: например, чем этот, более дорогой чай отличается от того, который дешевле, — объясняет Наталья Панфилова, — Не страшно, что они скорее всего будут говорить что-то непонятное — это и собьет ваш настрой на покупку.

Еще одна ловушка поджидает покупателя у самой кассы: вы не пройдете мимо стеллажей со жвачкой и шоколадками. Пока стоите в очереди, перечитайте списки. Или проведите в тележке ревизию — вдруг там ненужный товар? Или позвоните близким. Это позволит добраться до кассы, не набрав всякой ерунды.

У человека, который пришел в магазин не один, меньше шансов накупить лишнее — разговоры со спутником отвлекают от разглядывания товаров и снижают риск покупки чего-нибудь красивого, но не очень нужного.

58. В чем заинтересованы супермаркеты?

A) Помочь покупателям тщательнее выбирать товары.

B) Позволить покупателям оценить приблизительную сумму покупки.

C) Заставить покупателей выбирать быстро, а задерживаться дольше.

D) Напомнить покупателям о рекламных акциях и возможных ловушках.

59. Какой совет дает покупателям Наталья Панфилова?

A) Не подходить к стеллажам со жвачкой и шоколадками.

B) Сократить время нахождения в супермаркете при покупке.

C) Для принятия решения звонить близким, они могут дать полезный совет.

D) Не спрашивать ничего у работников супермаркета, они дают непонятные ответы.

60. Как расположены товары на полках в супермаркетах?

A) Дешевые товары расположены на самых верхних полках.

B) Дешевые товары расположены на средних полках, на уровне глаз.

C) Дорогие и привлекательные товары расположены на нижних полках.

D) Дорогие и привлекательные товары расположены в центре поля зрения.

61. У кого больше шансов накупить лишнего в супермаркетах?

A) У того, кто ходит по магазину и слушает расслабляющую музыку.

B) У того, кто планирует еще дела после супермаркета.

C) У того, кто ходит по магазину со списком.

D) У того, кто ходит в супермаркет не один.

Текст 5

 Комиссия Российского союза промышленников и предпринимателей (РСПП) по жилищно-коммунальному хозяйству опубликовала список подготовленных по поручению премьера Дмитрия Медведева предложений о развитии конкуренции в ЖКХ. Среди них — отключение электроэнергии физлицам за задержку платежей по любому из коммунальных ресурсов. Компенсировать потери доходов энергосбытов предлагается за счет потребителя. Также, по мнению комиссии, должники должны оплачивать поставщику ресурсов стоимость коммерческого кредита на сумму невыплаченных вовремя денежных средств. В Минэнерго и Минстрое инициативу РСПП комментировать не стали.

 Сейчас для населения неоплата большинства коммунальных ресурсов проходит безнаказанно, поскольку отключить, по сути, можно только электричество. Тепло и водоснабжение жильцов ограничивать по закону нельзя. При наличии технической возможности, говорит глава Российской ассоциации водоснабжения и водоотведения Елена Довлатова, можно ограничивать водоотведение путем установки специальных устройств, «причиняющих потребителю острый дискомфорт», что является «необычайно действенной мерой», однако недешево и требует длительных согласований.

 Практика отключения электричества за неоплату других ресурсов с 1995 года введена в Казахстане, отмечает глава некоммерческого партнерства «Российское теплоснабжение» Виктор Семенов, горячо поддерживающий идею воспроизвести ее в России. По мнению господина Семенова, для «правильного воздействия» на неплательщика нужно выбрать такой ресурс, чтобы отключение его подачи оказалось «болезненным, но позволяющим гражданину существовать». Были попытки, рассказывает он, отключать канализацию в России — сначала полностью, что оказалось незаконным, потом с ограничивающими устройствами. Но, по мнению Виктора Семенова, оптимальный ресурс это электроэнергия. В России, уточняет он, некоторые управляющие компании (УК) это уже практикуют, пусть и не совсем законно: объединяют все платежи в общий платеж и отключают за недоплату именно электроэнергию. Но поскольку часть граждан самовольно подключается снова, «было бы разумно» установить счетчик с отключающим устройством: он незначительно дороже обычного многотарифного счетчика, но отключает электроэнергию за неоплату автоматически. Подключение же в обход счетчика — предмет разбирательства с органами охраны порядка.

Поставщики электроэнергии, которые могут пострадать от новой меры, реагируют на инициативу РСПП сдержанно. «В целом мы за упрощение процедур введения ограничений в отношении должников, — говорит глава некоммерческого партнерства гарантирующих поставщиков и энергосбытовых компаний Наталья Невмержицкая. — Но правовая сторона реализации предлагаемого механизма, в том числе в части компенсаций, неясна». Елена Довлатова согласна, что практическая реализация идеи РСПП вызывает вопросы: у управляющих компаний нет стимулов к повышению собираемости платежей с жильцов, поскольку они не вознаграждаются за высокий процент собираемости. Если будет введена возможность такого стимулирования, оно сработает лучше, чем ограничивающие меры, уверена Елена Довлатова. Виктор Семенов также признает, что наличие у УК возможности оставлять себе хотя бы 3% в награду за полную собираемость платежей было бы для них стимулом прилагать усилия.

62. Что поручил Д. Медведев РСПП?
    A) Создать комиссию по ЖКХ.
    B) Обеспечить энергосбережение.
    C) Развить конкурентоспособность ЖКХ.
    D) Разработать законопроект по отключению электроэнергии.
63. Какое из следующих суждений соответствует содержанию текста?
    A) В России пока нет практики, отключения электроэнергии.
    B) Ограничивать подачу воды не является эффективной мерой.
    C) Неоплата коммунальных ресурсов пока строго не наказывается.
    D) По закону можно ограничивать тепло и водоснабжение физлицам.
64. Как поставщики электроэнергии реагируют на возможные новые меры?
    A) Они не хотят комментировать инициативу РСПП.
    B) Они выступают категорически против инициативы РСПП.
    C) Они выступают за правовую сторону реализации предложения РСПП.
    D) Они комментируют лишь правовую сторону реализации предложений РСПП.
65. В чём уверена глава ассоциации водомнабжения и водоотведения Е. Довлатова?
    A) В эффективности ограничивающих мер для УК.
    B) В эффективности стимулирующих мер для УК.
    C) В том, что награда для УК повысится на 3%.
    D) В том, что собираемость платежей повысится на 3%.

6. 全国高校俄语专业八级水平测试试卷真题

ПЕРЕВОД
(20 баллов, 45 минут)

1. Переведите следующий текст на китайский язык.

Когда человек упорствует в своей ошибке или слишком переживает, думает, что жизнь кончилась, «все погибло», — это досадно и для него и для окружающих. Окружающие испытывают неловкость не от самой ошибки, а от того, какое неумение проявляет тот, кто ошибся, в ее исправлении. Признаться в своей ошибке перед самим собой не всегда легко, нужно мужество. Нужно, чтобы после совершенной ошибки как можно скорее и как можно легче включиться в работу, продолжить ее. И окружающим не надо принуждать человека к признанию ошибки, надо побуждать к ее исправлению; реагируя так, как реагируют зрители на соревнованиях по танцам на льду, которые иногда даже награждают аплодисментами того, кто упал и быстро исправил ошибку.

2. Переведите следующий текст на русский язык.

京剧是中国流行最广的一个剧种，有近 200 年的历史。京剧在形成过程中吸收了很多地方戏的精华。又受到了北京方言和风俗习惯的影响。京剧并非北京的地方戏，中国各地都有京剧剧团。

京剧在国内外都有很大影响。许多优秀京剧演员经常出国巡回演出，受到了国外观众的喜爱。

СОЧИНЕНИЕ
(20 баллов, 40 минут)

1. Прочитайте и изложите свое мнение по прочитанному (не меньше 180 слов).

Вы взрослеете, а родители стареют. Настало время подумать, как отблагодарить ваших родителей за все, что они сделали для вас. Напишите сочинение о том, что вы готовы сделать для них.

2. На следующей неделе будет китайский национальный праздник. Сообщите вашему российскому преподавателю о перенесении занятий в этой связи, укажите дату, время и номер аудитории для перенесенных занятий.

2016年俄语专八真题解析

📌 **1. 语法、词汇和修辞试题答案**

| 16. A | 17. D | 18. C | 19. B | 20. C | 21. A | 22. B | 23. D | 24. A |
| 25. C | 26. B | 27. D | 28. C | 29. D | 30. A | 31. B | 32. 无 | 33. D |

📌 **2. 文学知识试题答案**

| 34. D | 35. C | 36. A | 37. B | 38. B | 39. A |

📌 **3. 国情知识试题答案**

| 40. A | 41. A | 42. D | 43. C | 44. B | 45. C |

📌 **试题1-3答案解析**

16. 正确选项为 A)。该题考查第二人称命令式的用法。本句译文：安娜·尼古拉耶夫娜，快点康复吧。我们所有人都在等着听您的课呢。首先可以排除选项 C 和 D，完成体命令式强调动作的完成，未完成体命令式强调行为本身，且句中命令式的对象是老师，应该带-те 表示尊敬，所以 A)是正确答案。

17. 正确选项为 D)。该题考查 счёт 带不同前置词的意义和使用场合。本句译文：博物馆的藏品因居民捐赠而迅速增加。本句要表示的意思是：博物馆的藏品迅速增加靠的是居民捐赠。几个搭配中只有 за счёт 可以表示"靠……"的意思，所以 D) за счёт 是正确答案。而 A) в счёт 表示：考虑、计算；B) по счету 表示：按要求；C) на（чей）счёт 表示：由……负担费用、关于、对于，都不适合本句。

18. 正确选项为 C)。该题考查说明从句所用的连接词。本句译文：父母始终没有放弃希望，希望警察局能够找到他们的儿子。首先，从句中有 удастся（将来时），说明 D) чтобы 不能用于此句。另外，удастся 要求主体名词用第三格，那么 A) которая（第一格）也可以排除，另外，从句表示的是主句中 надежда 的内容，而不是其本身怎么样，故 которая 不能用。主句中的 надежда 要求从句解释说明其内容，这时必须用 что 在句首作连接词，而不能用 B) когда，所以 C) что 是正确答案。

19. 正确选项为 B)。该题考查习惯搭配的语义结构。本句译文：我想辞掉这份工作，我无法再忍受了，天天都是不开心的事（没有一天不发生不开心的事）。要表达"没有一天（不发生不开心的事）"，须 что ни день...，（то）结构，что

ни день 意思是"每天"(ежедневно, изо дня в день, каждый день),所以 B) что 是正确答案。

20. 正确选项为 C)。该题考查无人称句的形式和用法。本句译文:想象一下那样一副画面:闪电点燃了灌木丛,所有的一切都燃烧起来。俄语中有一种表示自然现象发生的无人称句,其中动词过去时要用中性形式(现在时用单数第三人称)表示,自然力要用第五格形式作主体。句中有"闪电"一词五格形式 молнией,所以 C) зажгло 是正确答案。

21. 正确选项为 A)。该题考查主谓语搭配形式问题。本句译文:不管以后的生活多么富裕,童年的回忆都是无与伦比的。句中有 воспоминания 作主语,根据"形容词作谓语如带从属词(ни с чем)必须用短尾形式"这一原则,可以排除掉 C) несравнимые D) несравнимая。再看 A) несравнимы(复数)和 B) несравнима(单数阴性),由于 воспоминания 很容易被误认为是以 ия 结尾的单数阴性形式,而实质是复数形式,所以 A) несравнимы 是正确答案。

22. 正确选项为 B)。该题考查动词的支配关系。本句译文:美国不认为放缓对俄罗斯的经济制裁可以作为反对伊斯兰国家的交换条件。俄语动词 считать 接 что каким(какой, какими)可以表示"认为……是……样的",按此结构,形容词须用第五格,那么即可排除掉不能用于此结构的 A) возможно 和 C) возможные,再看皆为第五格的 B) возможным 和 D) возможной,由于此结构中 что 可以是名词,也可以是不定式,本句中是不定式。接不定式时,形容词要用中性第五格形式。所以 B) возможным 是正确答案。

23. 正确选项为 D)。该题考查 сбор 一词的意义搭配。本句译文:音乐会所得的款项用于购买儿童医院所需的仪器设备。表示"由……征收的款",要用 сбор от (чего),所以 D) 是正确答案。

24. 正确选项为 A)。该题考查时间从句连接词结构与主句之间的逻辑语义关系。本句译文:世界百万人口城市的数量日益增长,与此同时城市的生态环境日趋恶化。首先,本句后部分中有 как 一词,决定了 B) по мере того(随着……)不能用,因为那样一来,句子的意思变成了"随着城市的生态环境日趋恶化,世界百万人口城市的数量日益增长",逻辑关系颠倒了。但 по мере того как 放在前半句句首是可以的,即 По мере того как количество мегаполисов в мире растет, экологическая обстановка в городах ухудшается. 随着世界百万人口城市的数量日益增长,城市的生态环境日趋恶化。其次,C) с тех пор "从……时候起"和 D) после того "从……之后",在时间关系上也都不对,所以都不能用。根据句子要表达的实际意思,A) в то время 是正确答案。

25. 正确选项为 A)。该题考查时间从句连接词的构成和用法。本句译文:本来休假休得好好的,没想到海岸上突然遭遇飓风袭击。首先,本句需要加连接词,但 B) как раз(正好)不是复合句连接词,所以首先可以排除。其次,我们再看 C)

до того 和 D)перед тем,这两个组合若没有 как 便不能作为连接词使用,所以也可以剔除掉。这样只剩 A)как вдруг,这是个多用于口语的连接词,表示主句行为之后"突然"发生的行为或现象,再看实例:Был тихий солнечный день, как вдруг поднялся сильный ветер. 本是一个平静的艳阳天,却突然刮起了大风。从本句要表示的意思来判断,A)как вдруг 是正确答案。

26. 正确选项为 B)。该题考查动词的固定接格关系。本句译文:美国人和德国人在美国和欧盟针对俄罗斯态度的立场是否足够坚定上意见不一致。расходиться 接 в чём 表示"发生分歧,不一致",所以 B)во мнениях 是正确答案。

27. 正确选项为 D)。该题考查同根词的词义辨析。本句译文:亚力山大·彼得洛维奇,您能给我十分钟时间吗?根据句中有 мне 10 минут,表明所选动词的支配关系应为 кому что,带有这样的搭配关系的动词是 D)уделить "分给、抽出(时间等)",所以 D)是正确答案。而 A)和 B)表示"分享、划分",其支配关系都为 кого-что с кем-чем,C)表示"分开、使分清",其支配关系为 кого-что от чего,显然 A)、B)和 C)都不适用本句。

28. 正确选项为 C)。该题考查词义辨析。本句译文:几乎每个冬天城市里都会出现(发生)流行性感冒。A)находятся 表示"坐落",B)отражаются 表示"反映出来",D)оказываются 表示"是、原来是",只有 C)наблюдаются 表示"出现、发现",根据句子要表达的实际意义,C)是正确答案。

29. 正确选项为 D)。该题考查同根词词义辨析,几个词区别在于前缀。本句译文:在第一次世界大战中,俄罗斯没有遭受像二战中那样巨大的损失。从上下文来看,空白处应该填入表示"经受、遭受"之义的动词,从这个意义来要求,首先可以排除 A)внесла(搬进、列入)和 B)нанесла(带来、使……遭受许多)。而单纯从词典所列意义来看,C)перенесла 和 D)понесла 都可以表示"遭受、经受"某种不愉快、损失、灾难等意义,两个动词的区别在于 C)перенесла(前缀 пере-)表示主体承受住一系列磨难、损失等,而 D)понесла(前缀 по-)则单纯表示"经受、遭受",只表示过程的完结,即有过这种经历。根据句子要表达的实际意义,D)понесла 是正确答案。

30. 正确选项为 A)。该题考查动词不同形式的用法。本句译文:在很多国家,妇女在参与政治生活时与男人拥有完全一样的权力。首先,在主句中有 наравне с мужчинами,如使用形动词与其连用必须与 мужчинами 性、数、格相同,从这点来分析,C)участвующие 和 D)участвовавшие 均为一格形式,故不能用。再看 A)участвуя 和 B)участвовав,其中,B)участвовав 是没有的形式(因 участвовать 不是完成体,不能构成完成体副动词)。现在只剩 A)участвуя,主句中有 женщины имеют все права,副动词 участвуя 可以表示主要动作的时间。根据句子要表达的实际意义,A)是正确答案。

31. 正确选项为 B)。该题考查修辞手法辨析。本句译文:在句子"我非常了解这个瓦洛佳，是个金不换的宝贝，而不是个小伙子"中采用了隐喻的修辞方法。A)эпитет 修饰语，B)метафора 隐喻，C)каламбур 一语双关，D)оксюморон 矛盾修饰法，根据句中实际所用的修辞手法，B)метафора 是正确答案。

32. 正确选项为 A)。该题考查成语辨析。本句译文：跟 стоять в стороне"站在一旁，(转)袖手旁观"这种说法意思相近的是 сложа руки（抄着双手不干活，(转)无所事事）。

我们先来分析 стоять в стороне，这个短语常跟 смотреть 等连用，其中心意思是说某人"站在一旁，(转)袖手旁观(不参与做事)"，那么跟这种说法相近的应该是 A)сложа руки"抄着双手不干活，(转)游手好闲、无所事事"。请比较：Нет, он не может стоять в стороне и смотреть, как Алланон умирает. 不，他不能站在旁边看着阿拉侬怎么死去。Неужели можно сложа руки смотреть? 难道可以抄着双手看着吗？Мы не можем сложа руки смотреть на то, как люди просто умирают — или от голода, как вы здесь сказали, либо без медикаментов и без оказания медицинской помощи. 我们不能什么也不做看着人们死去——或因为饥饿，就像你们在这儿说的，或者没有药物并且没有提供医疗救护。根据句子要表达的实际意义，A)是正确答案。而 C)засучив рукава"卷起袖子"和 B)не покладая рук"一刻不闲地"经常与 работать 等连用，意思是"努力工作"；D)положа руку на сердце 经常与 говорить, заявлять 等连用，意思是"十分真诚地，坦白地"。都与该题意思不符。

33. 正确选项为 D)。该题考查习惯用法知识。本句译文："Этого еще не хватало!（这还了得！岂有此理！居然有这种事！）"这个感叹句在人们用来对某件事情表达惊讶和不满时可以听到。分析所给几种说法：A)радуются успеху или удаче 人们对成功表示高兴，B)встречают опоздавшего гостя у себя дома 人们在自己家里迎接迟到的客人，C)выражают сожаление по поводу какого-л. события 人们对某个事件表示遗憾。D)выражают удивление и неодобрение по какому-л. поводу 人们对某件事情表达惊讶和不满。根据句子要表达的实际意义，D)是正确答案。

34. 正确选项为 D)。该题考查文学知识。本句译文：安德烈·索科洛夫是作品《这里黎明静悄悄》的主人公。这部作品作家鲍里斯·瓦西里耶夫的代表作，小说通过一个凄美的故事，向人们展示战争对人，尤其是对妇女的摧残，对美好生活和人类文明造成的灾难，表达了强烈的反法西斯和反侵略的主题思想和深刻的人性关怀主题。所以 D)是正确答案。

35. 正确选项为 C)。该题考查文学知识。本句译文：作品《活下去，并且要记住》是拉斯普京的著作。这部长篇小说讲述了卫国战争最后一年发生在西伯利亚安加拉河畔的故事。当兵的丈夫安德烈因眷恋妻子、家庭及和平的乡村生活，在伤愈重返前线途中从医院逃回故乡,藏匿于离村子不远的荒山野岭,冒着随时都可能受到国家法律制裁的危险,与妻子纳斯焦娜频频相会,终于使多年不育的妻子怀了孕,时间一久便被村里人看出了破绽,陷入走投无路的绝境。所以 C)是正确答案。

36. 正确选项为 A)。该题考查文学知识。本句译文:涅克拉索夫的创作中"公民责任感"是绝大多数的主题。涅克拉索夫的诗歌紧密结合俄国的解放运动,充满爱国精神和公民责任感,许多诗篇忠实描绘了贫苦下层人民和俄罗斯农民的生活和情感,同时以平易口语化的语言开创了"平民百姓"的诗风,他被称为"人民诗人",他的创作对俄罗斯诗歌以及苏联诗歌都产生了重大影响。所以 A)是正确答案。

37. 正确选项为 B)。该题考查文学知识。本句译文:《古拉格群岛》是索尔仁尼琴的首次创作,但却是带给他世界荣誉的作品。这是一部反映苏联奴隶劳动和集中营故事的书。实际上前苏联并没有古拉格群岛这个地理名称,它是索尔仁尼琴的一种比喻说法,他把整个苏联比作海洋,在这个海洋上处处皆是监狱和集中营的岛屿。作者亲自在古拉格集中营中生活过,并且是书中事件的目击者和第一手材料的获得者,出狱后采访了 270 位人士,为书中所写的事提供了证词。所以 B)是正确答案。

38. 正确选项为 B)。该题考查文学知识。本句译文:列夫·托尔斯泰的小说《战争与和平》属于现实主义文学流派。作家以 1812 年拿破仑入侵俄国为中心,描写了俄国人民奋起抗击侵略者的英勇场景,同时也探索了贵族阶级的历史命运问题。小说围绕着鲍尔康斯基等四大贵族家庭的生活展开,以四个家庭的主要成员的命运为贯穿始终的情节线索,描绘了俄国的社会风尚,展示了广阔的生活画卷。所以 B)是正确答案。

39. 正确选项为 A)。该题考查文学知识。本句译文:1933 年 11 月 9 日蒲宁因其作品《旧金山来的先生》和《阿尔谢尼耶夫的生活》被授予诺贝尔文学奖。所以 A)是正确答案。

40. 正确选项为 A)。该题考查国情文化知识。本句译文:图画《基督显圣》的作者是伊万诺夫。《基督显圣》是伊凡诺夫于 1832 年开始构思,直到 1845 年才基本完成的作品。画面上是一群来到约旦河接受洗礼的人们,构图以施洗者约翰为中心,在他身后跟着一群未来的圣者。画面中央部分和右面,是无数为约翰的预言所震惊的人群。所以 A)是正确答案。

41. 正确选项为 A)。该题考查国情文化知识。本句译文:莫斯科大学建立于女沙皇伊丽莎白·彼得罗芙娜时期。1755 年 1 月 25 日,俄罗斯女沙皇伊丽莎白·彼得罗芙娜 下令建立莫斯科大学,同年 4 月 26 日该大学开始授课。至今为止在俄罗斯 1 月 25 日是大学生节。所以 A)是正确答案。

42. 正确选项为 D)。该题考查国情文化知识。本句译文:在临近波尔塔瓦的地方俄罗斯军队击败了不可战胜的瑞典军队,取得了辉煌的胜利。所以 D)是正确答案。

43. 正确选项为 C)。该题考查国情文化知识。本句译文:俄罗斯著名电影导演梁赞诺夫于 2015 年 11 月 30 日逝世,他最优秀的影片之一是《命运的捉弄》。他代表作品有《意大利人在俄罗斯的奇遇》、《命运的捉弄》、《办公室的故事》、《两个人的车站》等。梁赞诺夫是中国影迷熟悉的导演,影片《办公室的故事》1985 年曾在中国上映,造成轰动。所以 C)是正确答案。

44. 正确选项为 B)。该题考查国情文化知识。本句译文:维索茨基作为一个原创歌曲的演唱者带着俄罗斯七弦吉他步入历史。维索茨基是苏联著名诗人、戏剧演员和音乐家。自 1971 年起,维索茨基开始在塔甘卡剧院饰演哈姆雷特,成为"70 年代世界上最优秀的扮演哈姆雷特的演员之一",并因在电影中的出色表演荣获过国际电影节大奖和苏联国家奖。同时,他还是六七十年代盛行的行吟诗歌的主要代表。所以 B)是正确答案。

45. 正确选项为 C)。该题考查国情文化知识。本句译文:2016~2017 年是中俄媒体交流年。2016 年莫斯科时间 5 月 8 日下午,中俄两国共同宣布,中俄两国将于 2016 和 2017 年举办"中俄媒体交流年"。所以 C)是正确答案。

4. 阅读理解答案

46. C	47. B	48. D	49. B	50. A	51. D	52. B	53. D	54. D	55. D
56. A	57. B	58. C	59. B	60. D	61. A	62. C	63. C	64. C	65. B

5. 翻译答案

1) 俄译汉:

如果一个人坚持自己的错误,或者面对生命结束了一切就都"熄灭"了的情形过于悲伤,这对于他本人和周围的人都是一件懊恼的事。周围的人并非因为错误本身为感到尴尬,而是因为犯错误的人在纠正错误时表现出来的能力不足而尴尬。面对自己真心承认自己的错误不总是轻松的,这需要勇气。犯了错误后,应该尽快地、尽可能轻松地投入工作并继续工作。周围的人不应该强迫他承认错误,应该鼓励他改正错误,应该像冰舞比赛观众那样,用掌声来鼓励那些摔倒后又很快改正错误的人。

2) 汉译俄:

Пекинская опера — это самый распространенный в Китае музыкальный жанр. Этот вид оперы появился 200 лет назад. Пекинская опера в процессе своего формирования вбирала в себя многие местные оперные традиции и испытывала влияние пекинского диалекта и обычаев. Пекинская опера — это отнюдь не просто местная опера Пекина, в разных местах Китая есть труппы пекинской оперы.

  Пекинская опера оказывала большое влияние как внутри страны так и за ее пределами. Многие замечательные актеры пекинской оперы выезжали за границу на гастроли и вызывали восхищение со стороны иностранной публики.